新时代农村基层治理法治化研究

洪碧华　著

中国原子能出版社

China Atomic Energy Press

图书在版编目（CIP）数据

新时代农村基层治理法治化研究／洪碧华著 . —— 北京：中国原子能出版社，2021.1
ISBN 978-7-5221-1178-0

Ⅰ.①新… Ⅱ.①洪… Ⅲ.①农村－社会管理－法治－研究－中国 Ⅳ.① D920.0

中国版本图书馆 CIP 数据核字 (2021) 第 021068 号

内容简介

本书属于农村基层治理中关于治理法治化研究方面的著作，由引言、国内外研究现状、理论剖析、研究的内容和意义、农村基层治理法治化诉求、法治化所面临的的困境、农村基层治理法治化的实施路径与对策等部分组成。全书在农村基层治理实施的背景下，以如何推进农村基层治理的法治化，保障农村公共服务、利益均衡等为主要研究对象，分析了我国当代进行农村基层治理法治化建设的重要意义和影响。对启发相关政府工作人员、维护农民利益、农村和谐稳定的发展等具有学习与参考价值。

新时代农村基层治理法治化研究

出版发行	中国原子能出版社（北京市海淀区阜成路 43 号　100048）	
策划编辑	高树超	
责任编辑	高树超	
装帧设计	河北优盛文化传播有限公司	
责任校对	冯莲凤	
责任印制	潘玉玲	
印　　刷	定州启航印刷有限公司	
开　　本	710 mm×1000 mm　1/16	
印　　张	18.5	
字　　数	330 千字	
版　　次	2021 年 1 月第 1 版　　2021 年 1 月第 1 次印刷	
书　　号	ISBN 978-7-5221-1178-0	
定　　价	75.00 元	

前　言

　　农村基层治理的法治化是中国法治建设的基础工程，是基层依法治国方略的具体实践。基层作为国家和社会的重要组成部分，其法治化程度直接影响着我国法治建设的进步，制约着国家治理体系现代化的实现程度。自改革开放以来，基层法治建设取得了比较显著的成绩，但与全面推进法治建设这一目标还有很大差距，基层治理仍存在诸多困难和问题。

　　我国农村地域广阔，村落基数大且情况千差万别，农村具体事务十分繁杂，对于农村生活中遇到的实际问题在相关法律法规上还存在一些空白，或者不同级别部门出台的规章制度存在冲突，因而引发了矛盾纠纷。农村基层治理法治化强调的是在治理的过程中注重法治的作用，使农村治理的多元主体在参与各项公共事务管理时能够有序开展、依法进行、遵法治理。近年来，随着城市化进程的加快，农村社会出现了很多新情况、新变化，这些都对农村基层治理提出了新的挑战和要求。

　　本书共八章，第一章对我国农村基层治理的发展沿革进行了概述，第二章对国内外关于农村基层治理法治化的研究情况进行了阐述，第三章对农村基层治理法治化的内涵及理论进行了阐释，第四章论述了乡村振兴战略下农村基层治理法治化的目标，第五章论述了农村基层治理与法治化的关系，第六章提出了农村基层治理法治化进程中存在的问题，第七章提出了农村基层治理法治化推进的策略，第八章对农村基层治理法治化展开了思考。本书旨在为农村建构纠纷行政化解机制提供有益参考，从而为纠纷的化解提供多种途径。本书适用于从事农村基层治理法治化研究，以及对此感兴趣的人员阅读，对于书中存在的不严谨和疏漏之处，恳请各位专家、学者批评、指正。

目 录
Contents

第一章　我国农村基层治理的发展沿革

有好的治理，才能有理想的发展。在当代农村问题研究中，治理已成为一个非常流行的话题。乡村治理的状况不仅直接关系着广大村民的生活和命运，还关系着国家的治理和整个社会的发展。改革开放以来，随着农村改革的不断深入，农业和农村经济结构加快调整，农村社会结构、组织形式、农民就业方式日趋多样化，农业和农村发展进入了新的阶段，乡村治理日益成为影响农村社会和谐发展的一个重要因素。在构建农村和谐社会的过程中，乡村社会对现代治理模式的基本诉求与相对滞后的乡村两级组织不断发生碰撞，因此需要用新的治理模式理顺农村诸多方面的关系。乡村发展的过程也必然是治理的过程。今天的农村特别需要一种治理理念来指导工作，通过有效的治理方式来解决现实冲突，建构良好和谐的秩序，从而让社会充满活力，推动农村全面和谐发展。

第一节　中国古代农村基层治理

一、元朝以前的农村基层治理概述

在古代中国，乡村治理包含国家行政权力和社会自治两个方面，乡村社会在这两种权力的相互作用下实现其治理过程，实现"双轨政治"。从秦汉至明清，封建中央集权国家组织就一直在基层社会实行一定程度的乡村自治，乡村治理的一个重要特点是皇权只达于县。郡县之下不设治，由职役组织承担乡村社会的各种社会政治职能。郡县以下设乡官，如秦汉时期的亭长、三老、啬夫、游徼，晋朝的里史，北魏的三长，隋唐的族正、里正等，均属乡官。一方面，乡官具有国家官员的性质，由上一级委任，享禄秩，或者给职田、免徭役，称"少吏"，执行税收、徭役、捕盗等政府行政职能。另一方面，乡官又属地方社会人士，后人称"乡大夫"，负责处理国家行政之外的乡里事务，如劝农、教化、治安、民事调解、公益建设、互助救济等。乡官的设立以及他们对各种社会自治性质事务的主持处理使乡村社会保持有序。

唐宋时期，乡官地位急剧下降，具"长人之责"的乡官变成遭贪官污吏"追呼笞棰"的差役。由于失去了为人所尊重的地位和为人所服从的权力，他们至多只能在赋役、捕盗等行政事务方面供官吏驱使，而在乡村社会的治理方面，他们却爱莫能助。同时，村制在唐代得以确立，村正式成为乡里组织的一级单位，并为国家法令所确认。唐代不但设有村正之职，而且对村正名额编制也有具体规定，一般依村之大小而有所不同。为了维护乡里社会的秩序与安宁，也为了纯化民风人情，北宋神宗年间，陕西蓝田的吕大临和吕大坊兄弟创立了"吕氏乡约"，旨在扬善惩恶，教化、感化世道人心，在乡里形成一种互敬互爱、患难与共的淳朴社会风气。吕氏乡约具有民间士绅自发组织的性质，也可以认为是现在村规民约的起源。

二、元、明、清封建社会的乡村基层治理

元代时，为加强对地方的控制以及加强农业生产，安定农村社会，县以下实行里甲制和村社制并行，国家政务和民众事务分别由两个不同系统的组织管理。至元七年（1270）2月，元朝公布《立社令文》，以自然村为基础编制村社，以 50 家为一社，自然村在 50 户以上达到 100 户的可另立一社，不足 50 户的自然村及地广人稀的山区边远地区也可自成一社，每社设社长1 人，由社众推举一位年高而通晓农事且家中有 2 个劳力以上的人担任。社长的职责是管理农业生产，没有官俸。村社是与里甲并行的监督农民和农业生产的一种基层社会组织，是贯彻元朝"劝农"政策的执行者。元朝后期，村庄社长又承担了征调赋税的责任，从而有了行政管理的职能。许多社长因难以完成催征苛重赋税的任务，惧怕惩罚而纷纷逃脱，村社名存实亡。

明代在继承元代村社制的基础上推行里甲制。以 110 户为 1 里，每里设里长 1 人，由里中向官府缴纳赋粮最多、承担徭役的成年男子最多的 10 户

轮流担任，每年轮换 1 次。其余的 100 户分为 10 甲，每甲 10 户，设 1 甲首。朝廷明令，里甲除配合官府征派各种赋役外，还具有和睦邻里关系、调节民事纠纷、实施互助保障、维护村社治安和督劝农桑等乡村自治职能。

清代承袭都统制，地方自治的性质日益明显。顺治十七年（1660 年），要求民间设立里社。其制"以一百一十户为里，推丁多者十人为长，余百户为十甲，凡甲十人。岁役里长一人，管摄一里之事"。其乡里保甲长的选任愈发严密，"保长以保甲编制之当任者，先选保长、保正及甲长，挨保甲编成后选任之。保长选任之法，先出告示，示保长辖统保正，有稽查资盗贼逃人奸宄职掌，并持以破格优异之殊礼，免除各种杂役。先依各乡约总地及庄镇长，合词公举能适任者，每乡举正副二人为候补者报县，县官详审其推荐书，召之县堂。此见于公庭，免其下跪叩头，礼观其容仪，审其应对，择二人中最堪胜任者，于某月某日，行公任式，于一人备候补"①。可见，其选取方式分两步，先是公举，后是任命，既要考察其推荐书，又要当场面试。清代县以下的基层机构是一种以"地方之人""按地方公共之意""治地方公共之事务"的制度体制。至此，乡村自治已臻完善。

从乡官制度到里甲（社）制度的演变过程说明中央集权的国家组织允许乡村实行一定程度自治的做法是基本一致的。虽然乡村自治的具体情形因朝代而异，而且各个地区有所不同，但总的说来，完全的自治是不存在的。无论就村内还是村际的自治而言，中央集权国家组织的介入和渗透都是不可避免的。"一般说来，只有在高度发达的中央集权之下，才有可能对基层社会实行直接统治，否则就只能实行间接统治。由于国家的间接统治主要表现为某种程度的乡族自治，因此我们把中央集权的削弱和乡族势力的增强称为'基层社会的自治化'。明清时期的国家统治体制经历了从直接统治向间接统治的演变过程，基层社会的自治化程度不断提高。"② 从中国古代乡村治理的历史演变过程来看，其由主要依靠乡官、朝廷和官府对乡村社会实行全面严密控制，逐渐发展到官府对乡村社会的管制有所放松，乡绅成为乡治的重要角色，形成了中国独特的乡绅治理体制。这是国家与地方分权背景下的一种乡村治理体制，自治的主体是乡村地方。乡绅治理得到官府的认可，并接受其指导和监督，同时需完成官府交待的任务，实质上是一种官绅结合、"官督绅办"的乡村治理体制。乡绅作为乡村领袖的治理权力是君授的，而

---

① 〔清〕乾隆官修.清朝文献通考[M].杭州：浙江古籍出版社，2000：258.

② 郑振满.明清福建家族组织与社会变迁[M].长沙：湖南教育出版社，1992：188.

不是民众委托的，乡绅以国家安排的乡里组织为重要依托，依据国家法律和乡里制度处理乡村公共事务。

第二节　中国近代农村基层治理

一、清朝末年农村基层治理

1840 年鸦片战争的爆发标志着中国进入近代社会。伴随着传统中国向现代中国的转变过程，乡村治理也逐渐发生了从"皇权不下县"到"政权下乡"的根本性转变。20 世纪初，清政府推行新政，国家政权力图深入乡村基层社会，加强对乡村社会的控制，乡村治理开始国家化、行政化、权力化。国民政府时期，实行地方自治性质的县、区、乡、保甲体制。1949 年中华人民共和国成立后，随着农村集体化运动的推进，我国逐渐建构起一套"政社合一"的乡村治理体制——人民公社制度。国家权力一直延伸到农户，公社社员成为国家政权体系的一份子，实现了真正意义上的"政权下乡"。

在太平天国时期，中国的乡村治理出现了新的变化，即采取寓兵于农的方法，建立守土乡官制，县以下通称乡土官。其主要特点是政府只对郡县以上的官吏进行委派。在太平天国所建立的制度中，乡官制度包含的民主性与自治性因素较为突出。乡土官任期长短不一，但有明确的定期或不定期的保升奏贬制度，这种基层乡土官制度具有很强的自治性。太平军所到之处，往往"声以兵威，令各州县并造户册，即于乡里公举军帅、旅帅等，议定书册并各户籍敛费，呈伪国宗检点，申送江宁"。由农民公举乡官，这是中国历史上的第一次，比起古代社会乡土民事操纵于乡绅地主之手有很大的进步。

为解决内忧外患的困境，晚清政府的一些有识之士提出了"秉西法，重乡权"，建立"地方自治政体"的主张[①]，从而带来自治观念和政治视野的重大变化。光绪三十四年（1908 年），宪政编查馆奏呈了《城镇乡地方自治章程》，共 9 章 112 条。该章程对自治的含义、范围、自治经费、选举人及被选举人资格、自治职员的任期及处罚等都做了较为详细的规定，这在中国自治立法史上尚属首次。其结构和规范设计都对后世产生了不同程度的影响。

[①] 　梁启超.饮冰室合集（专集第6册）[M].北京：中华书局，2015：188.

清政府决定逐年推行自治，预计在民国二年（1913年）全国普遍实行乡镇自治。清末的乡镇自治由统治者主动提出并加以推行，这在中国历史上还是第一次。它从西方引进了"自治"概念，在具体规定中有诸多合理的因素，对中国传统封建政治制度的改革，有其不可否认的积极意义。

二、民国时期的农村基层自治

民国时期阎锡山的"村制"较有代表性。他认为"村是人类第一具有政治性的天然团体"，是人民政治生活的基层组织，所以"编村组织是政治的根本，如果不从编村着手，实施政治，毫无办法"；"村无编制，等于军队散乱，号令不行，难于指挥如意"，"村无组织，政治上如无串之钱，散漫无纪"。1917年9月，阎锡山在山西实行"村本政治"，颁布《各县村制简章》，1922年又颁布《改进村制条例》，并在全省普遍推行。阎锡山"村政建设"的理论、办法和经验受到国民党政府"农村复兴委员会"的重视，被大力宣传和推广，成为"乡村建设运动"的一个样板。1928年，南京国民政府公布了《县自治法》，确立了县以下实行区、村、闾、邻四级行政编制。1929年3月，中国国民党第三次全国代表大会通过了《确定地方自治之方略及程序以立政治建设之基础案》，接着又重新修正了县组织法及其施行法，公布了区自治与乡镇自治施行法等；1934年又公布《改进地方自治原则》，通令全国遵照执行。乡村自治成了当时政治建设的前沿，"农村复兴委员会"指令所属地方官吏操办乡村事务，大力支持各地兴起的"乡村建设运动"。然而，由于没有解决与农民切身利益相关的土地问题，更由于土豪劣绅掌握了乡村自治的权力，"政治下层，实由官治而沦为半官式之绅治。故所谓地方政治者，不操于官，即操于绅，其或操于地痞恶棍，生杀予夺，为所欲为，民之所能自存、自立、自治者，亦几稀也"[①]，所以其得不到村民的普遍支持，很多农民缺乏参与的动力。

在新民主主义革命时期，中国共产党也一直注重民主建设，在根据地和解放区大力发展乡村民主，建立了各种农会、苏维埃政权等农民组织，激发了农民参与斗争的革命热情。其主要表现在以下几个方面：人民当家做主，以主人翁的姿态参政议政；民众的主观能动性和创造性得到了前所未有的发挥；人民享有自由、民主和平等的言论权和监察权等；重视互利合作。在民

---

① 黄强.中国保甲实验新编[M].南京：正中书局，1935：185.

主建设过程中，中国共产党创立了代表会议的政治制度；创新了投票方式；许多地区由村民直接选举产生村政府；竞选成为一种合法的方式，并且有一定的竞选程序和竞选限制规定；建立村选举诉讼和差额选举制度；等等。这些对今天的村民委员会选举仍具有借鉴意义。

第三节　中华人民共和国成立以来的农村基层治理

中华人民共和国成立以来，中国的农村基层政权组织变迁大致经历了三个时期，即乡政权制时期、人民公社时期和乡政村治时期。前两个时期，农村基层政权重在"建设"，主要是为国家工业化和社会主义建设积累原始资本；后一个时期，农村基层政权开始向民主化转型，农村、农业发展的基础性地位和农民问题逐渐被人们所认识并得到重视。就国家政权组织结构而言，中国的政权组织设置到乡为止，其下的"生产大队""生产队"或"村委会"等组织形式都不属于国家政权组织的范围。乡镇人员一般是国家干部，其工资及福利待遇基本由国家财政负担；而村级干部保持农民身份，一般不脱产，其办公经费、工作补贴和有关待遇主要由村提留负担。这是区分乡政与村政的重要标志。

一、乡政权制时期

中华人民共和国的农村基层政权建设是从土地改革开始的。土地改革将一部分积极分子吸收为农会干部、共产党员，他们成为乡村社会的新领导者。这些新崛起的乡村权力精英在政治和组织上与党和政府保持着紧密联系，成为国家深入乡村社会的一支主要力量，有效地帮助国家把政治权力延伸到村庄之中。土地改革时期，农会集行政、司法、武装、治安等职权于一身，俨然是一个比较完备的"基层政府"，是最基本的村级组织形式。

土地改革结束后，各级农会很快被改建为农村基层政权组织。1950年12月，中华人民共和国中央人民政府政务院颁布的《乡（行政村）人民代表会议组织通则》和《乡（行政村）人民政府组织通则》规定，乡与行政村并存，同为农村基层行政区划，其规模由一村或数村构成，户数在100～500户之间，人口在500～3 000人不等；乡、行政村的人民代表大会一般由直接选举的乡村人民代表构成，任期1年，可连选连任，一个月召开一次会议，不设常设机关，只由会议选举主席 1 人，正、副乡长当选后可兼任，其职务主要是主持会议，联系代表，并协助乡人民政府筹备下届会议，人民代表会议的职权为听取、审查政府工作报告，向政府反映人民群众的意见和要求，建议和议决本乡兴革事宜，审议本乡人民负担及财粮收支事项；乡、行政村政府是本行政区域行使政府职权的机构，它由同级人民代表会议选举的正、副乡村长和若干名委员构成，任期 1 年，可连选连任，选举产生的正、副乡长须经县政府批准，每 10 天或半月召开一次乡政府委员会会议，领导全乡工作，乡政府设文书 1 人，承乡长之命办理文书事宜。此外，乡政府还可视工作需要设立各种长期或临时的工作委员会，其主任委员由乡政府委员兼任，乡政府的职权主要有执行上级政府的决议和命令、实施乡人民政府会议通过的决议、领导和检查乡政府各部门的工作；县以下大多置区，区为政权实体或为县的派出机构，由它们领导乡（村）政府的工作。因此，中华人民共和国成立初期的农村基层政权组织实际上为两级结构：一种是区村两级建制，即在县以下设立区和行政村政权；另一种是区、乡建制，即在县以下设立区公所，作为县政权的派出机关，在区公所之下设立乡政权。

1951 年底，中共中央下发了《关于农业生产互助合作的决议（草案）》，此时的农业生产互助合作是一种自发的农业生产组织形式。1953 年 2 月，中共中央发表了《关于发展农业生产合作社的决定》，此前的以互助组为中心的互助合作转化为以初级合作社为中心的合作运动。同时，国家在全国开始推行粮食“统购统销”政策。为适应农业合作化和集体化的需要，1954年 9 月，第一届全国人民代表大会第一次会议通过了《中华人民共和国宪法》和《中华人民共和国地方各级人民代表大会和地方各级人民委员会组织法》，对中国的乡村基层政权建制做了原则规定。1955 年，农业合作化进入高潮阶段。这一时期的自然村是乡政权以下的治理单位，其村务治理的组织包括村党支部、合作社、青年团、妇女会等。村庄社区治理的公共权利主要由村党支部和上级下派的工作组来行使。这种治理结构是乡（村）政权“共治”结构的发展。

总之，中华人民共和国成立后，国家通过土地改革以及在乡村社会建立基层政权组织直接征收农业税，提取乡村社会经济资源，从而在较短时间内增强了国力。

二、人民公社时期

合作化运动悄然改变了乡村政治结构，孵化出新的权力结构，这一机构直到我国实行改革开放初的几年才被废除。事实上，从初级农业生产合作社开始，农村的经济组织就已具备了一定的政治参与功能。到了高级农业社，集体经济组织已基本掌握了农村基本的生产和生活资料，农民的附属性已基本形成，实行更为严格和系统的政社合一体制的条件已经成熟。东北一些地方出现了村政府和合作社合署办公、一个机构两块牌子的现象。1958 年 8 月，中共中央政治局会议通过了《中共中央关于在农村建立人民公社问题的决议》，从此，我国农村基层政权建设正式进入人民公社时期。人民公社是农业生产的集体组织，也是农村的基层政权机构。人民公社下设生产大队和生产队，形成公社—生产大队—生产队"三级所有，队为基础"的治理组织体系。大队是公社的执行机关，是国家行政机构向乡村延伸的一种表现。公社对大队实行完全领导，大队表面上是代表公社，实质是代表国家直接面向农民承担起组织农业生产、落实上级下达的计划任务，交纳公粮或农业税收、督促生产队进行决算分配、管理社区集体财产、维持社会治安等工作，还承担着安排农户生活，从公共事业到社会福利、从政治教化到社区控制这些在传统社会中主要由基层社会自身履行的职能。生产队是社员集体经济生活和政治活动的基本场所，是农民集体劳动、集体分配的基本单位。生产大队和生产队的组织十分完备。在生产大队一级，设有生产大队党支部和管理委员会以及民兵、青年和妇女等组织。其中，党支部是这些组织的领导核心，实际上是生产大队的最高权力机构。一般地，大队党支部设书记 1 人、副书记 1 ～ 2 人和委员 3 ～ 5 人。党支部除党务工作外，更重要的是进行社区管理、执行上级计划和落实各项分配任务。通常由党支部副书记兼任生产大队长（或管理委员会主任），委员们兼任民兵连长、团支部书记、妇联主任、贫协主席和大队会计等职。所以，当时的生产大队干部一般都有 15 ～ 17 个，少的也有十余个。

大队干部的权力和权威主要由体制赋予，而不是来自社区。一般而言，大队党支部书记由公社党委提名，大队其他干部由党支部提名。即使存在某种形式的表决，也主要是对提名给予认可，追加合法性。在生产队一级，基本上与生产大队的组织"同构"，设有生产队党小组、队委会和民兵、青年、妇女等组织。队委会一般设队长、副队长各1人，会计、保管、出纳、记工员、妇女队长、团小组长、民兵排长各1人。通过这支庞大的生产大队和生产队大大小小的干部，国家的政权组织进一步下延至生产大队（行政村）和生产队（自然村）。在人民公社制度中，在国家和社会之间没有明确的组织边界，尽管公社行政是国家组织的最低一层（从形式上看），但实际的国家边界无法清楚地划出，公社经由村社组织，即民兵、党支部、大队、小队、农会、妇联、共青团等各种正式的和非正式的关系联系起来。这些组织均非村庄内部自发形成的，而是有国家嵌入的，以保证对村庄的控制；人民公社的准军事组织形式依从的是国家权力的逻辑。

第四节　改革开放以来的农村基层治理

一、改革开放初期农村基层治理

我国于1978年开始实施改革开放政策，当时人民公社制度尚未被废止。1982年12月4日，中华人民共和国第五届全国人民代表大第五次会议颁布了《中华人民共和国宪法》，明确了村民委员会是基层群众性自治组织。宪法的规定首次确认了农村村民委员会作为基层群众性自治组织的法定地位，使之成为重要的宪法关系主体，奠定了中国农村村民委员会基层群众性自治制度的宪法基础，也对农村基层群众性自治组织的存在、发展和有关法律法规的制定提供了宪法依据，对村民自治法律的建设和完善起到了巨大的作用。同年，中共中央在下发的第36号文件中，要求各地开展建立村委会的试点工作。

1984年，我国正式废除人民公社体制，恢复建立乡镇政府，作为国家在农村的基层政权，在乡以下设立村民委员会，自我管理基层事务。人民公社体制终结后，农村出现了"治理真空"，这为村民自治的缘起提供了契机。同时，以家庭联产承包责任制为主要内容的农村经济体制改革的深入推广，客观上为村民自治这一新的制度奠定了经济基础。20世纪80年代初，当一些地方基层组织体系处于瘫痪状态时，农民创造了自己管理自己的村民自治的组织形式——村民委员会，以缓解人民公社解体后"治理真空"

的局势，随后的村务管理沿着村务自治的发展轨迹而发展。1983—1985 年，伴随着撤销人民公社、实行政社分开、恢复乡政府的运行，村委会普遍建立起来。与此同时，作为村务自治发展到一定程度的村务公开也蓬勃发展起来。

所谓村务公开，就是将村里关系村民切身利益的政务、经济事务和重大事项的决策以及村民关心的热点问题向广大群众公布，让群众了解、参与管理和监督。1987 年 11 月颁布的《中华人民共和国村民委员会组织法（试行）》规定："村民委员会是村民自我管理、自我教育、自我服务的基层群众性自治组织。"村民委员会实行民主选举、民主决策、民主管理、民主监督。同时，该文件对村务公开制度的实行起到了推动作用，其中规定："收支账目应当按期公布，接受村民和本村经济组织的监督。"一些省、市、区在贯彻村组织法过程中相继建立了村务公开制度，如山东省的"两公开、一监督"、河北省的"八公开、一参与、一监督"等。

1990 年 8 月，中共中央组织部、中央政策研究室、民政部、共青团中央、全国妇联在山东省莱西县联合召开了中华人民共和国成立以来第一次村级组织建设工作座谈会，会议充分肯定了村务公开的作用。1990 年 12 月，中共中央关于转批《全国村级组织建设工作座谈会纪要》的通知提出，"要增加村务公开程度，接受村民对村民委员会工作的监督"。1994 年 12 月，民政部颁布布《全国农村村民自治示范活动指导纲要（试行）》，把"建立村务公开制度和村民监督机制，实行民主管理"作为"村民自治示范活动的目标和任务"，从而使这一制度得到进一步推行。

1997 年 9 月，中国共产党第十五次全国代表大会报告再次强调，城乡基层政治机关和基层群众性自治组织要实行政务和财务公开。1998 年 4 月，在总结各省（市）、县（市）、乡镇和村的实践经验基础上，中共中央办公厅、国务院办公厅联合发布了《关于在农村普遍实行村务公开和民主管理制度的通知》，对村务公开做出了具体部署。随着各项政策文件的颁布，一些村开始尝试制定村务公开的具体规则。同年 11 月 4 日，第九届全国人民代表大会常委会第五次会议审议通过了《中华人民共和国村民委员会组织法》，该法是中国村民自治的基本法律依据，规定了村民自治的基本制度，并且在第 29 条中还明确规定："村民委员会应当实行少数服从多数的民主决策机制和公开透明的工作原则，建立健全各种工作制度。"

二、21 世纪以来的农村基层治理

2003 年，中央成立了由中央纪委、中央组织部、农业部等六部门组成的全国村务公开协调小组。时任中央书记处书记、中央纪委书记何勇在2003 年全国村务公开协调小组第一次会议上提出，要充分认识进一步做好村务公开工作的重要意义，切实加强对村务公开工作的领导，必须主动适应形势的变化，解放思想，与时俱进，用创新的精神做好村务公开工作。

为认真贯彻落实党的十六大提出的"健全基层自治组织和民主管理制度，完善公开办事制度，保证人民群众依法直接行使民主权利，管理基层公共事务和公益事业，对干部实行民主监督"的要求，适应农村发展的新形势，进一步推进农村社会主义物质文明、政治文明、精神文明协调发展，中共中央办公厅和国务院办公厅于 2004 年 6 月就健全和完善村务公开和民主管理制度提出具体意见。

党的十六届五中全会做出了加快社会主义新农村建设的重大决定，并提出了"生产发展、生活宽裕、乡风文明、村容整洁、管理民主"的总要求。新农村建设是我国现代化进程中的重大历史任务，对我国村务管理提出了新的要求。

始于 20 世纪 90 年代的大学生"村官"计划（筛选的专科以上学历应届或往届毕业生，担任村党支部书记助理、村主任助理或其他"两委"职务的工作者）从无到有，快速发展，为新农村建设和农村基层组织建设培养了建设骨干。2005 年 6 月，中央办公厅、国务院办公厅下发《关于引导和鼓励高校毕业生面向基层就业的意见》；2006 年 2 月，中央组织部、人事部、教育部等八部委下发通知，联合组织开展高校毕业生到农村基层从事支教、支农、支医和扶贫工作。截至 2008 年 2 月底，全国共有 28 个省、直辖市、自治区启动大学生"村官"计划，其中 17 个省、直辖市、自治区启动了村村有大学生"村官"计划。2008 年 3 月，中央组织部会同教育部、财政部、人力资源和社会保障部召开选聘高校毕业生到村任职工作座谈会，部署选聘高校毕业生到村任职工作，大学生"村官"工作进入一个全面的发展时期。

2008 年 10 月 12 日，党的十七届三中全会通过《中共中央关于推进农村改革发展若干重大问题的决定》，对农村管理工作做出了全面的政策决定。一方面，加快发展农村公共事业，促进农村社会全面进步。要想建设社会主义新农村，形成城乡经济社会发展一体化新格局，必须扩大公共财政覆盖农村的范围，发展农村公共事业，使广大农民学有所教、劳有所得、病有所医、老有所养、住有所居。具体有以下几个方面：①繁荣发展农村文化；②大力办好农村教育事业；③促进农村医疗卫生事业发展；④健全农村社会保障体系；⑤加强农村基础设施和环境建设；⑥推进农村扶贫开发；⑦加强农村防灾减灾能力建设；⑧强化农村社会管理。另一方面，加强和改善党的领导，为推进农村改革发展提供坚强政治保证。推进农村改革发展，关键在党。要把党的执政能力建设和先进性建设作为主线，以改革创新精神全面推进农村中党的建设，认真开展深入学习实践科学发展观活动，增强各级党组织的创造力、凝聚力、战斗力，不断提高党领导农村工作水平。具体有以下几个方面：①完善党领导农村工作体制机制；②加强农村基层组织建设；③加强农村基层干部队伍建设；④加强农村党员队伍建设；⑤加强农村党风廉政建设。实现全面建设小康社会的宏伟目标，最艰巨、最繁重的任务在农村，最广泛、最深厚的基础也在农村。

第五节　十九届四中全会乡村振兴战略下的农村基层治理

一、乡村振兴战略的内涵

实施乡村振兴战略是党和国家为了从根本上解决"三农"问题、决胜全面建成小康社会提出的重大战略举措，具有着深刻的时代背景和理论内涵。

改革开放40多年来，我国经济社会持续快速发展，人民生活水平不断提高，社会主义现代化事业取得了举世瞩目的成就。但与此同时，我国广大农村地区经济发展相对滞后，城乡差距不断扩大，"三农"问题日益凸显，严重影响了我国社会主义建设的总体进程。

进入21世纪，党和国家十分重视"三农"问题，并将其作为全部工作的重中之重。从2004年起，党中央以促进农民增收、农业增产、农村和谐稳定为主题，连年出台指导农村工作的中央一号文件，基本形成了党对"三农"工作的基本思路和政策体系。2005年，党的十六届五中全会明确提出了社会主义新农村建设的目标要求，即按照"生产发展、生活宽裕、乡风文明、村容整洁、管理民主"的要求稳步推进新农村建设。党的十八大以来，以习近平为核心的党中央不断推进新农村建设，农业持续健康发展，农村贫困人口逐年减少，农民生活水平显著提高，农业、农村、农民发展取得了历史性成就。然而，随着改革开放步入深水区，我国城乡发展不平衡、不充分的问题日益突出，农村发展的整体水平亟待提升。基于上述成就和问题，中国共产党第十九次全国代表大会报告首次提出了"实施乡村振兴"的重大战略，并明确指出"农业农村农民问题是关系国计民生的根本性问题，必须始终把解决好'三农'问题作为全党工作的重中之重。要坚持农业农村优先发展，按照产业兴旺、生态宜居、乡风文明、治理有效、生活富裕的总要求，建立健全城乡融合发展体制机制和政策体系，加快推进农业农村现代化"。大会还决定将"实施乡村振兴战略"作为社会主义新时代的七大战略之一写入党章。2017年12月，中央农村工作会议对实施乡村振兴战略进行了谋篇布局，对贯彻落实乡村振兴战略提出了明确具体的要求，并发布了实施乡村振兴战略的总动员令。会议按照党的十九大提出的决胜全面建成小康社会、分两个阶段实现第二个百年奋斗目标的战略安排，为乡村振兴战略的实施规划了任务进度表，即"到2020年，乡村振兴取得重要进展，制度框架和政策体系基本形成；到2035年，乡村振兴取得决定性进展，农业农村现代化基本实现；到2050年，乡村全面振兴，农业强、农村美、农民富"。2018年年初，中共中央和国务院发布了中央一号文件——《中共中央国务院关于实施乡村振兴战略的意见》，对乡村振兴战略进行具体部署，搭建起了实施乡村振兴战略的政策体系和框架，从而成为现阶段推进乡村振兴的行动纲领。

二、乡村振兴战略的目标

根据乡村振兴战略的基本内涵以及乡村振兴战略的总要求，新时代中国乡村振兴战略的基本目标可归结为五大类：产业振兴、文化振兴、人才振兴、组织振兴和生态振兴。

（一）产业振兴

产业是农村发展之根基，当前我国农村产业单一，主要以第一产业为主，农村集体经济薄弱，农民收入较低。因此，应转变农村生产发展方式，推进新型农村经营制度改革，在保证农村土地制度不变的基础上，让农村土地"活起来"，使农村"三产业"兴起来。

（二）文化振兴

文化是农村发展的灵魂，缺少文化的农村如同缺乏灵魂的躯壳。当前，我国农村传统美德日渐缺失，农村原子化趋势加深，正逐渐由"熟人社会"变成"半熟人社会"。因此，应加强农村文化基础设施建设，丰富农村文化方式，提升农村文化发展质量，同时守好农村传统文化之根，弘扬和传承优秀文化。

（三）人才振兴

人才是农村发展的关键，乡村振兴需要培养"两懂一爱"型的农村人才。因此，应选优配强农村基层干部，让懂农村、懂农业、爱农民的人来治理农村，提高农村基层治理战斗力。

（四）组织振兴

组织是农村发展的坚实保障。当前，我国农村基层干部的组织功能与职责不相匹配，管理、服务农村的能力较弱。因此，应增强农村基层党委能力建设，做好农村治理的领导决策；建立"三治合一"的乡村治理体系，让德治、法治和自治共同促进农村发展。

（五）生态振兴

生态是农村发展的基础，当前我国部分农村生态环境遭到严重破坏，农村人、地、资源向城镇转移，加剧了农村自然和社会生态环境的"二次破坏"，因此应加大农村生态环境的保护力度，提高农民对生态环境的保护意识，使农村既要"留得住人"，又要"住得进人"。

五个"振兴"是构成乡村振兴战略的重要组成部分，它从产业、文化、人才、组织、生态五大方面将农业农村发展的任务有机统一起来，有利于农业农村现代化的最终实现。

三、乡村振兴战略视域下农村基层治理的逻辑

农村基层治理是主体和对象的统一。

首先，农村基层党委、村委会、村民监督委员会是农村基层治理主体，

它们相互合作、相互配合，共同治理农村。农村基层党委是我国农村基层治理事务的领导核心，对农村基层治理起统揽作用，领导和决策农村重大事务；村民委员会是村民自治的农村基层组织，是农村基层治理的具体执行者，为民谋利并促进农村经济不断发展；村民监督委员会是农村基层治理红线和底线的守门员，让农村基层党委和村委会的权力在阳光下运行。三者相互制约又相互合作，共同形成实现农村基层治理现代化的发展合力。农村基层党委在农村事务中具有核心地位，对农村基层治理进行领导和决策，但它并不是农村决策的"一言堂"，其权威也并非不容挑战。村委会是由村民直接选举出来的，其对村民负责，为村民提供公共服务，维护农村社会秩序的基层治理组织。村委会必须能维护村民利益。村民监督委员会是守好农村治理底线的守门人，让农村"微权力"在阳光下运行，促进农村基层治理健康发展。

其次，农民是农村治理有效的直接感受者。农民与农村基层治理密切相关，离开农民的农村治理和离开农村治理的农民对乡村振兴战略视野下农村基层治理来说都是不利的，两者相辅相成，缺一不可。

因此，乡村振兴战略视野下农村基层治理的逻辑就是农村基层治理主体与对象的统一。农村基层治理就是农村基层党委、村委会、村民监督委员会之间相互合作、相互配合，共同促进乡村振兴目标的实现，农民与农村基层治理、农村基层治理主体也是紧密相连的命运共同体，它们共同促进农村发展。

四、十九届四中全会中的农村基层治理思想

2019 年 10 月 28 日，在党的十九届四中全会上提出了"构建基层社会治理新格局"的概念，再次明确了新时代乡村治理及加快推进乡村治理体系和治理能力现代化的新方向和要求。此次会议明确指出，中国特色社会主义制度是党和人民在长期实践探索中形成的科学制度体系，我国国家治理一切工作和活动都依照中国特色社会主义制度展开，我国国家治理体系和治理能力是中国特色社会主义制度及其执行能力的集中体现。众所周知，乡村治理是实现我国乡村全面振兴的重要基础，若不能实现乡村治理体系和治理能力的现代化，便永远无法实现国家层面治理体系和治理能力向现代化的转变。我们作为新时代中国特色社会主义的建设者，必须认真、深入地学习、领会党的十九届四中全会会议精神，在工作实践中进行全面彻与落实，加速推动

我国乡村的全面振兴。

按照十九届四中全会会议内容，针对乡村基层的治理，应着重加强农村基层党组织对其他各类组织的全面领导，并依次构建以农村自治和村务监督组织为基础、以集体经济组织和农民合作组织为纽带、以其他各类组织为补充的组织体系，为农村基层治理的法治化做好前期铺垫。此外，关于推进农村基层治理的法制化，我们还应加强引导，让农民群众切实发挥其主体作用。党的十九届四中全会通过了《中共中央关于坚持和完善中国特色社会主义制度、推进国家治理体系和治理能力现代化若干问题的决定》，其中指出，要把尊重民意、汇聚民智、凝聚民力、改善民生贯穿到治国理政的工作中，巩固党的执政阶级基础、厚植党的执政群众基础等。由此可知，我国的治理意识是将农民作为乡村的主人、振兴乡村的主体力量。

乡村振兴战略是一个全面系统的工程，其内涵丰富，涉及农村社会发展的诸多方面。依据产业兴旺、生态宜居、乡风文明、治理有效、生活富裕的总体布局和总要求，乡村振兴战略的内容主要包括以下五方面：①坚持农业农村优先发展，致力构建现代农业产业体系、生产和经营体系，加大力度推进农业现代化，有力夯实乡村振兴的战略之基；②推进乡村绿色发展，统筹山、水、林、田、湖、草系统治理，加强农村突出环境问题的综合治理，建立市场化、多元化生态补偿机制，增加农业生态产品和服务供给，打造人与自然和谐共生新格局；③坚持物质文明和精神文明一起抓，加强农村思想道德建设，传承发展农村优秀传统文化，健全乡村公共文化服务体系，不断提高乡村社会文明程度；④着力推进农村基层治理体系与治理能力的现代化，建立健全党委领导、政府负责、社会协同、公众参与、法治保障的现代乡村社会治理体制，坚持自治、法治、德治相结合，确保乡村社会充满活力、和谐有序；⑤提高农村民生保障水平，围绕农民群众最关心、最直接、最现实的利益问题，发展农村教育事业，促进农村劳动力转移就业和农民增收，加快基础设施建设与农村社会保障体系建设，等等，努力把乡村建设成为幸福美丽的新家园。

五、乡村振兴战略背景下我国农村基层治理的挑战和机遇

历史证明了机遇和挑战在新时期的中国将长期存在并相互作用。在新时代中国特色社会主义背景下，乡村振兴战略将为中国提供新的发展机遇，也

将为中国社会的发展带来挑战。乡村振兴战略是新时代农村基层治理的科学指南，新时代农村基层治理只有在乡村振兴战略这个科学指南的指引下，正确看待农村基层治理过程中机遇与挑战的关系，化挑战为动力，化机遇为目标，让机遇和挑战在一定条件下相互转化，才能实现农村基层治理挑战与机遇的协调统一。

（一）乡村振兴战略下我国农村基层治理的历史机遇

乡村振兴战略是改革农业、农村、农民发展的重要措施，是农村基层治理发展3.0版，它继承和发扬了中国农村治理建设的优良传统，创造性地提出了新时代改革农村发展的现实途径。乡村振兴战略体现出了改革农村、农业、农民的决心。乡村振兴战略总要求与社会主义新农村建设总要求虽然字数相同，但发展侧重点、时代基础、所处环境不同，两者在目标的实践上都契合农村社会的发展。但乡村振兴战略更贴合新时代农业、农村、农民的发展规律，是对前者的超越创新，其意义更深远，内涵更深刻。乡村振兴战略的实施坚定了我们改革农村基层治理和实现乡村振兴的决心，不仅增强了我们进行农村改革的自信，还为新时期农村基层治理提供了强大的历史机遇。

1. 有助于推动农村产业的现代化

乡村振兴是乡村全面振兴。党的十九大对农村提出了更高的要求，要求新时期农业产业进一步完善，实现现代化。农村产业兴旺是乡村振兴的前提和基础。只有农村产业兴旺，才能拉动农村其他"马车"共同发展，实现农村繁荣稳定。农村产业是我国农村发展的根本，是农村生产方式发展的决定条件，农村产业化发展对农村经济和农民生活质量有着巨大的影响。农村产业的发展、生产方式的调整、产业环境的改善都是当前中国农业产业现代化的关键，要想农村产业兴旺、产业实现现代化，就必须使第一、二、三产业融合发展，营造温和有利的氛围。从农业生产经营关系、土地产权制度和产业条件改进出发，坚持新型农业经营发展制度，坚持稳定的土地产权制度，有利于保证农民的土地权益不受侵害，土地收益得到法律支持，从而促进农村、农业、农民在产业发展方面的创造性。保持土地承包经营权30年不变，在30年不变的基础上再后延30年，为实现农村农业现代化提供了制度保障。乡村振兴战略释放了我国进行农村产业现代化改革的坚定信心，坚持乡村全面振兴，坚持农村产业发展兴旺，建立新型农村经营制度，坚持土地产权制度，不仅有利于将流失出去的人、地、资源吸引回来巩固农村发展，还有利于外来力量的进入，为农村产业的发展贡献智慧。农村产业兴旺是农村人、地和资源盘活的源泉，是实现村落全面苏醒的前提，是实现现代农村的关键，有利于实现农村产业的现代化。

2. 有助于促进美丽乡村宜居建设的落实

生态宜居作为乡村全面振兴的重要组成部分，是乡村振兴的关键。没有良好的生态环境，农村就不能"留得住"和"引得进"人才，就不能建设美丽乡村。乡村振兴是乡村生态环境的振兴，而乡村生态环境振兴又要求人与物和谐共生。人与物的和谐共生，其实就是人利用资源发展满足了基本的发展需求；物被人利用又反作用于人，两者之间相互合作，相互配合，形成了一个良性的生态环境。中国农村发展的生态环境其实有两层含义：①将农村生态环境视为农村自然生态，其中包含农民栖身的生活自然条件；②从其现实角度上来说就是人的问题，特指农民的环保思想。人的环境思想的改善是当前村庄基层发展的根本出发点和立足点。随着党和国家对中国农村建设的重视，我国农业、农民生存的生态环境得到进一步改善。作为新农村建设升级和继承的乡村振兴战略，从其现实性和理论性上为农村基层治理中的生态环境改善提供了历史机遇。乡村振兴战略内涵丰富，涉及产业、生态、治理、文化，尤其对生态环境的深层规划，为农村生态宜居提供了重大理论内核。我国农村独特的地理构造和复杂环境造就了中国农村地区不同的发展风貌。经济发展和城市化的推动正逐渐打破经济社会发展与人民日益增加的物质需要的桎梏，城乡差距逐渐缩小，主要体现于农民生活得到极大改善，人民的需求开始由对物资生活的需求转向对美好乡村环境以及青山绿水、蓝天白云等良好生态环境的需求，新时期农村、农业、农民对生态宜居的要求。生态宜居除了强调自然环境的改善之外，更加注重农村自然、社会、人之间的和谐共生。不只是城市需要生态环境，农村也需要良好的生态环境来提升乡村生活质量。农村生态改善是吸引农村精英回乡，支持农村、振兴农村的重要条件。农村精英和乡贤是农村繁荣的推进者，建设美丽的农村生态是吸引精英"留得住"和"引进来"的主要举措。此外，农民生存发展也需要优美的农村生态的支撑。良好的土壤肥力和土地条件也是确保农民粮食安全的保障。农村生态环境是农业发展的根本条件，缺失这一条件必然使农业发展受到影响。乡村振兴目标使生态宜居在中国农村治理中被赋予了特殊意义，使农村自然环境和生活条件得到改善。没有农村生态环境的改善，就没有农村生活质量和生活环境的改善，农业发展和农民生活水平就会降低，乡村振兴目标就难以实现，因此乡村振兴战略的实施必须依赖良好的生态环境，只有适合和满足农村农民对美好生态环境宜居的展望，才能有助于乡村生态宜居建设。

3. 有助于促进乡村文明村风习俗的营造

村庄文化是农村发展的基础，良好的村庄文化是确保农村文化多元、农村生活充满活力，增强农村文化质量的前提。自中华人民共和国成立以来，为解决我国的现实矛盾，满足人民生存和生活的日常需要，党和国家高度重视物质文明和精神文明的发展，提出坚持物质文明和精神文明两手抓，以适应当前民众日益增加的生存发展要求，使民众收入增加，发展质量提高。物质的增加为精神的提高提供了优越条件。精神文明建设是社会主义国家发展软实力、国家综合实力的展现和国家繁荣富强的重要标志。对于国家而言，精神发展是社会文化繁荣、人民快乐的动力来源，增强国家的软实力，提升精神文明建设不仅是对社会经济发展的补充，为人民幸福目标补足文化灵魂和精神动力，促进社会和谐稳定，还是提升广大民众获得感的应然目标。对于基层农村而言，"精神"就是农村乡风的发展，它是农民情感交流、心灵释放以及生活质量提升的标志，是实现农村农业现代化和农民精神富裕的内在要求。乡风文明建设对农业农村发展、农民生活具有十分重要的作用，随着市场化和城镇化的加快推进，农村在社会结构转型中发生了巨大变化，城市规划和农村开发使人们对中国农村乡土文化、乡风民俗、礼仪节庆、宗教信仰、乡土感情的记忆缺失，使具有浓厚中国乡土地方特色和蕴藏着丰富历史文化艺术价值的建筑村落的农村遭到城市化发展的破坏，使拥有千百年乡村历史的文化及精神家园日渐消失。农村记忆和农村文化日益变得模糊，寄托广大中华儿女深刻感情的农村及昔日和谐安定、嬉戏打闹的繁荣的乡村就只能是城市化发展代价中的记忆碎片，旧日的农村文化一去不返。同时，随着市场经济的发展，农村社会利益分化严重，农村由"熟人社会"变为"半熟人社会"，农村邻里关系淡薄，互帮互助的人情疏离，农民淳朴之情不再。可见，城市化和市场化对农村的发展产生着负效应。因此，乡村文明建设，即乡风文明建设对乡风民俗、传统节庆及地方特色文化的重建发挥着积极的正效应，而且具有促进农村生活丰富、实现农村振兴繁荣的重要意义。城镇化发展不能忽视对乡村文化的传承和弘扬，市场经济的建立不能忽视农村邻里团结友爱互助的淳朴之情，乡村振兴繁荣需要构建一个让农民记得住乡愁、唤得起乡村记忆，农民和睦团结的精神家园。保护、珍惜、弘扬中华民族传统的有中国特色的乡土文化，使农村成为一个具有良好社会主义风尚和淳朴民风的家园。农村的历史与文化是农村发展的因素，是农村发展稳定有序、农民生活愉快的基础和前提。乡村振兴战略是新时代下农村精神家园重建的重要战略，是满足农村农业精神文化生活发展需要的呼唤，重拾农村文化既是对当前农村发展的诉求，也是农民情感升华的要求，有利于乡风建设文明化。

4. 有利于实现乡村治理的法治化

党的十九大报告中提到，党把治理有效作为农村基层治理工作和乡村振兴的要求，是实现全面振兴的强力保障。同时，在党的十九届四中全会上提到，要构建基层社会治理的新格局，即完善群众参与基层社会治理的制度化渠道，健全党组织领导的自治、法治、德治相结合的城乡基层治理体系，健全社区管理和服务机制，推行网格化管理和服务，发挥群团组织、社会组织作用，发挥行业协会商会的自律功能，使政府治理和社会调节、居民自治产生良性互动，夯实基层社会治理基础；加快推进市域社会治理现代化，推动社会治理和服务重心向基层下移，把更多资源下效到基层，更好地提供精准化、精细化的服务；注重发挥家庭、家教、家风在基层社会治理中的重要作用；加强边疆治理，推进兴边富民。

治理有效是乡村振兴的保障，而治理有效的实质就是做好中国农村基层治理。治理有效是加强农村基层治理工作的新时代内涵，建立健全农村治理体系，让自治、法治、德治相结合，是有效的农村基层治理的主要形式。

在党委领导下，中国的农村地区主要实行的是村民自治，它是农民维护和实现自身权益的"三自"组织，是宪法和法律保护下实现农民当家做主的自治组织。但是在新形势下，村民自治组织在处理农村事务和执行农村农业政策中还存在诸多新问题，不断挑战着中国农村基层群众性自治制度，破坏了当前中国乡村制度的科学性和民主性，给新时代中国基层民主发展带来了负面影响。其具体表现为以下几个方面：①城镇化引起农村大量中青年精英流失，造成农村干部老龄化及人才缺失，农村基层治理和基层民主实践不适应新时期治理要求，等等；②在集体经济发达的农村地区，农村选举中存在大量贿选现象，造成农村民主选举和民主监督流于形式，给农村基层民主造成不良影响；③在民主性不强的农村，农民参与农村事务的积极性不高，给具有势力的村霸、村恶上台制造了机会，使农村基层民主制度和基层治理遭到破坏，损害了农民的合法权益。这一系列问题严重损害了农村基层民主和农村基层治理的科学性和民主性，践踏了村级民主，使农村依法治理践行受到损害。

作为农村基层治理的另一主要形式，法治是我国农村民主发展和村级组织治理的科学形式，为农村基层治理提供了重要保障，有利于提高村干部依法治理农村的水平，推进农村治理的法治化进程，是维护农村社会稳定基石。但由于历史社会和经济文化等原因，农民法治意识淡薄，农村法治进程滞后，法制文化落后，制约着新时代农村法治进程。法治在农村的实践中存在诸多问题，农村中忽视法治、漠视法治的现象屡见不鲜，甚至有些村干部在处理农村事务时将个人意见凌驾于法律之上，有些农民在权益受损后不能利用法律维护自身利益，这都使农村群体性事件和突发性事件屡屡发生，破坏农村稳定。同时，法治在农村实践中也面临着机遇，具体体现为农村法治建设有利于提高农民的法制观念，增强农民的法制精神和法制素养，提升农民参加农村事务的能力。

与依法治理农村对应的是德治，德治是道德精神和价值原则对法的支撑和性质的规定，使社会成员具有遵法守德的品行，使社会具有良好的道德风尚。德治通过农村治理体系发挥教化作用。但在市场经济发展中，随着市场经济的冲击，农村传统道德规范及社会风尚日益消失，乡村精英脱离农村，农村陷入衰败，德治在农村治理中发挥的作用越来越小。在此背景下，乡村的振兴目标随着农村治理环境的急剧转化被赋予治理实践的含义，这是党和国家在新时代引领农村工作的总体战略。新时期，推进农村德治发展对农村日益凋敝的道德规范及农村风尚的重建具有重要影响，可以为农村的发展创造良好的环境。

因此，要想保障乡村振兴战略的顺利实施，仅靠自治，依靠农民自身是不能成功的；仅靠法治，利用法律强制推行农村振兴也不科学；仅靠德治构建农村社会道德体系，通过增强农民道德信仰刺激农村发展也是不够的。只有把自治、法治、德治结合起来，共同发力才能推动乡村振兴。自治是农村发展之根本，法治是农村发展之保障，德治是农村发展之心灵动力，只有三者互相合作，才能推动农村的全面振兴。

（二）乡村振兴战略下我国农村基层治理的历史挑战

新时代，新征程；新任务，新挑战。这是新时代给中国农村发展布置的新作业。当前，乡村振兴是中国新时代的新任务和新挑战。然而，我国不平衡、不充分发展的城乡问题已成为社会关注的焦点，城乡发展不平衡、不协调问题，乡村生态环境破坏问题，村民自治有效性与合法性等问题正成为我国乡村振兴战略下农村基层治理必须思考及解决的问题，也是我国农村基层治理面临的历史挑战。乡村振兴战略下我国农村基层治理的问题主要有以下几个。

1. 城乡发展不平衡、不协调问题突出

中国是文化悠久的农业大国，农业是国家生存之根基。在历史上，重视农业和抑制商业的政策是中国成为农业国的基础，但自近代以来，随着船坚炮利的列强进入中国，我国成为半殖民地半封建国家，传统的农业发展受到城市经济的冲击，农业与商品经济成为中国经济的主要方式，城乡发展不平衡、不协调问题开始产生。中华人民共和国成立后，为巩固国家地位，党和国家对城乡发展战略中心做出调整，由"城乡独立发展"向"农村给养城市"转变，牺牲"三农"利益发展工业，城市越发强大，农村越发弱小，城乡发展不平衡、不协调问题进一步凸显。同时，严格户籍制度，限制农民进入城镇，也从政治方面对后来城乡发展不协调、不平衡的局面产生了一定影响，这也是城乡二元结构形成的重要原因。20世纪70年代，国家实行改革开放，发展重心发生转移，由政治向经济转移，城市赢得了更多资源，农村发展的资源仍旧匮乏。如今，城市与农村不平衡、不充分发展成为现代化的重大问题。城市化加快推进了中国乡村社会利益结构的改变，人、地、资源纷纷进入市场化程度高、市场利益高的城市，造成农村产业、资源的空心化，而农民流向城市，进一步加剧了农村空心化现象，导致农村衰落，进而使城乡发展矛盾成为当前城乡关系的主要矛盾，而农业、农村、农民问题正是这种城乡发展不平衡、不充分问题的主要方面。无论是古代重农抑商政策、近代商品经济制度萌芽，还是现代城乡一体化制度，都是社会资源不断分配的结果，由市场分配资源规律及社会规律决定，它使城乡关系、城乡发展呈现出符合中国社会发展的状态。当前城乡发展不协调、不平衡问题使城乡融合发展、农村共享城市资源、城乡共同发展面临着体制机制供给困难，而乡村振兴战略是顺利推进农村共享社会资源、城乡融合成长、城乡共同进步的制度供给。由历史社会造成的城乡发展不平衡、不协调问题仍然存在，并将在很长的一段时间内存在，这成为当前中国农村基层民主发展面临的巨大挑战。

2. 乡村生态环境破坏严重

中国美则农村必须要美，这是社会发展基本规律决定的。生态宜居是乡村振兴的基础，乡村生态环境是新时代农村宜居的前提。生态环境具有深刻的内涵：其一，广义上生态环境是指自然、社会、人三者之间的和谐发展，尤其是指自然环境为人类提供生存生活的物质基础，因此在自然环境下人类活动需要遵循社会发展规律，与自然和谐相处，合力推动社会前进；其二，狭义上生态环境指自然社会的环境，即美丽和丑陋。包括山水林田湖草、鸟兽鸡禽鸭等动植物资源，尤其是指自然社会中的自然环境对人类社会的价值即有用性等。生态环境对社会形成具有深远意义，特别是对当下农村的振兴具有深刻含义。良好的农业生态条件有助于营造温和的发展氛围，恶劣的生态条件则使农村改革艰难。近年来，我国农村基层治理在加快推进城市化中存在着很多威胁生态环境危机的因素。①城市化发展。农村中青年人外出务工，留下人数众多的老弱病残和儿童，大量空置和闲置的土地被浪费，导致自然环境恶化。②市场经济利益的驱动。中国乡镇政府及农村村干部为追求经济利润最大化和市场效益，大量引进会污染空气、污染水源、污染土地的乡镇农村企业，使中国部分农村地区空气、土地、水源遭到污染，甚至对人们的身体健康造成影响，引起农村大量农民的反对和抵抗。这类乡镇和村级企业是破坏农村自然资源、破坏农村自然环境的最大杀手，不仅会造成农村生态环境的恶化，还严重影响农村社会稳定。乡村生态环境是农村居民生存生活的根本和前提，自然资源是农村治理发展的物质条件。因此，农村生态环境的破坏会造成农村自然资源的减少，从而影响农村生产生活需要，进而造成农村群体性事件发生，影响农村稳定。③乡村生态环境意识不足。在农村的实践过程中，农村发展往往忽视农民思想素质的提高，农民环境保护意识落后，伐木砍林、过度捕捞、农田过度开采等行为严重破坏了农村生态环境。产业落后和生态环境保护意识不强，又造成农村农民生活质量不高，农业农村现代化难于实现。乡村生态环境危机是当前中国农村基层发展过程中应引以重视的关键问题，不提高农民环保意识，不合理利用土地资源，只看效益不注重可持续发展，不解决农村生态环境破坏问题，建设生态宜居的农村就只能成为空想，因此乡村生态环境被破坏是农村基层治理危机产生的来源，是制约乡村振兴的重要因素。

3. 村民自治的有效落实与合法性受到考验

中国农村基层民主发展体现了中国特色的制度优势，村民自治作为中国农村基层民主践行发展过程中的具体形式，发扬了我国农村生产互助和协调为一体的传统，它激发了农民参与农村发展、农业生产的热情。但是，农村基层群众自治制度在农村的实践与发展中面临着村民自治有效性与合法性的考验与质疑。①在农村治理实践中,中国农村基层自治组织与农村党委力量对比悬殊,使其在农村活动中有效性不足。中国农村基层是一个关系复杂、利益多元的社会领域,具有治理主体多元、基层治理特殊的特征。特别是协调中国农村基层治理主体之间在农村治理活动中的关系是农村稳定发展的关键。中华人民共和国建立后的中国农村基层治理制度是在农村基层党委的领导下充分发挥农民自我管理、自我服务作用的农村基层群众自治制度。从法律文件上可知,农村党委、村民自治组织和农村其他社会组织是农村治理的主体,农村基层党委在农村治理中居核心地位,对农村治理具有领导作用,而村民委员会是农村治理具体实施的主体。在治理实践中,农村基层党委有着较大的政治权力,与村委会形成悬殊的力量对比,形成农村集体行动逻辑悖论。②中国村级民主自治组织在实际农村治理场域的合法性受到考验。虽然中国农村村委会表面作为"国家助手",有着光鲜的外表,但其在实际农村治理过程中面临着合法性不足的考验。这是因为当前村委会往往是对上级政府负责,对基层百姓的坐视不管,是一种典型的"对外不对内",从而使中国村民自治缺乏合法性。③从农村治理效度看,由于是农民当家做主,农村基层自治组织,代表着农民群众的利益,是中国农村民主检验及农民利益实现的发言人,促进了农村和谐。但是,由于农村基层党组织强大的领导优势,其在农村治理实践活动中"一家算数",弱化了村委会自治功能,不利于农村基层的民主发展。

综上所述,乡村振兴战略坚定了改革农业、农村、农民的决心,为在新时代建设现代农业产业化、乡风建设文明化、乡村治理法治化的农村提供了重要的历史机遇;同时,在社会变迁的高速转型的敏感期,社会主义新时代农村建设存在城乡发展不平衡、不充分,乡村生态环境破坏,村民自治有效性和合理性考验等问题,只有充分、深刻地理解了乡村振兴战略的历史意义和面临的机遇和挑战,才能形成农业、农村稳定发展的合力,实现中国农业现代化。

六、新时代乡村振兴下农村社会治理法治化的特殊涵义

(一)乡村振兴实践需要法治提供保障

乡村振兴战略"总体要求"中提出要实现乡村社会治理的现代化。与城

市治理相比，当前我国乡村社会治理的现代化程度相对较低，其中非常重要的一个因素是乡村社会的法治化程度较低，无论从法律制度体系、法治运行机制，还是民众的法治意识等方面来看，乡村法治建设与城市的法治实践仍然存在巨大差异。同时，法治承担着推动乡村振兴的重任。

乡村振兴战略从农业、乡村生态、文化、治理、民生保障、脱贫攻坚、体制机制创新、人才支撑、资金保障、党的领导十个方面提出了具体的要求和重大举措。上述的任何一个具体领域的制度完善和举措落实都需要从规范制度上进一步深化改革，将乡村振兴的每一个环节纳入法治的轨道内运行。特别是乡村振兴战略的第九部分"推进体制机制创新，强化乡村振兴制度性供给"中对乡村振兴的关键领域，即经营体制、土地、集体产权、农业支持保护几个方面的制度改革的进一步深化，为乡村振兴提供了有效的制度保障。这些关键制度改革的最终目的是从根本上扭转一直以来劳动力、土地、资金等生产要素从乡村单向流向城市的局面。这些制度和机制的创新涉及众多的法律法规和地方性规章制度的制定和完善以及各领域执法机制的完善，只有将乡村振兴关键领域的制度及其运行法治化，才能真正实现城乡融合、乡村振兴。

除了从国家治理现代化和法治建设、乡村社会治理法律制度机制等治理理念和制度创新和完善层面出发外，乡村社会发生的巨大变迁也突出了法治对乡村社会治理的必要性。首先，自全面取消农业税费，不再向农村单方面提取资源开始，国家对乡村的政府转移支付数额逐年增加，乡村振兴战略的实施使乡村建设资金具有更加稳定和充沛的来源。要使政府每年超亿万元的乡村发展资金在乡村振兴中最大程度地得到利用，需要通过国家法律对资金发放、使用、监督等每个环节予以严格和规范的制度设置，尽可能防止乡村振兴资金被挪用、侵吞等。其次，乡村社会变革使法治成为必需。由于乡村社会大量青壮年劳力进城务工，除少数"中坚"农民外，留守村庄的多数是妇女、老人和未成年人。乡村社会"原子化"现象越来越明显。原本以宗族、门子等家庭联合体为主的村治结构已经大体消解，乡村精英、乡规民约在传统乡村社会治理中的作用也大大减弱，原本具有很强约束力的道德伦理规范的影响力也逐渐被淡化。在社会结构发生变化的同时，乡村社会的价值观和世界观也发生了巨大变化，在农民的价值追求中，经济利益成为人们普遍关注的对象。乡村振兴战略中提出了"加强农村思想道德建设""传承发展提升农村优秀传统文化"，但是社会伦理道德的重塑过程漫长。另外，由于市场经济对乡村社会的冲击，以及几亿农民工在城市生活经历所带来的法律意识的提高，法律规范越来越被乡村社会所接受，因此以公平正义、秩序、和谐等为核心价值的法治在乡村社会治理中具有特别重要的意义。

（二）乡村基层社会治理法治化中"法治"的特殊涵义

要在乡村社会中实现法治的公平正义、秩序、和谐等价值追求，需要建构完善的乡村社会法治化治理运行机制。该机制应该由全面的多元主体、完善的多层次法律制度规则、多向度的治理权力运行和多方面的乡村社会法治化专门领域构成。

乡村社会治理是多元主体对乡村社会的治理，我国的乡村社会治理是由基层党组织领导、基层政府负责、村民自治组织及社会协同、村民主体积极参与的共同治理。乡村社会治理的法治化最主要体现为主体本身及其行为的法治化。基层党组织是乡村社会治理的领导力量，在乡村社会治理法治化中包括法治型党组织建设和对乡村社会治理的依法领导和依法执政；乡（镇）政府是乡村社会治理的主要责任主体，法治化治理意味着在法治政府的基础上保证治理活动过程中的依法行政；村民自治是乡村社会治理的主要表现形式，村委会是村庄群众自治的主体，亦是乡村社会治理的基本主体，该层面的法治化治理具有丰富的内涵，包括依法选举产生村委会、全体村民对村庄重大事务依法进行民主决策、对村庄公共事项的实施进行民主管理和对村委会本身及其成员工作依法进行民主监督。各类乡村社会组织和现代乡贤精英是乡村社会治理的重要主体，在法治轨道内参与治理，是我国乡村社会治理的重要特色。

我国地域广阔，东西部发展存在很大的地域差异，长期的城乡二元结构导致城乡之间发展存在差异，社会结构和民族种群复杂性造成不同阶层和种群之间存在经济、文化价值、利益的多元需求。以上综合因素使我国大国法治具有更加丰富的内涵。在我国乡村社会阶层分化、城乡融合过程中，国家对乡村振兴的巨大投入带来了乡村利益多元化，使乡村社会法治秉持法律多元主体或"软法亦法"的科学、理性的理念，也充分符合我国乡村社会的实情。在乡村社会治理的法治化中，治理所依据的法律制度体系不仅包含主流法治理论认为的法律规范——国家立法机关制定的国家法和国务院制定的行政法规，还包括大量的各级党组织和政府部门制定的规范性文件和部门规章、乡规民约、民间习惯法等规范。这些规则构成了我国乡村社会治理的法律制度体系，国家立法在规则体系中位于效力最高位阶。各种与乡村社会治理相关的国家法直接规范着或者引导着乡村社会某领域的治理。为贯彻和落实国家法关于乡村社会的治理，各级党和政府根据国家法制定的规范性文件具有具体的操作性，以规范自上而下的基层党组织的依法领导和执政、乡（镇）政府的依法行政。乡规民约和民间社会习惯法在不违反国家制定法的前提下，在乡村社会治理中发挥着不可或缺的作用。

在乡村社会的多元主体法治化治理中，作为领导力量的基层党组织依法领导、依法执政，主要负责主体乡（镇）政府的依法行政；基本治理主体村民委员会的依法自治和乡村社会组织、村民依法参与治理都是在当前我国乡村社会的"乡政村治"治理模式框架内展开的。此外，基于法治在乡村社会治理中对秩序、和谐等价值的追求，乡村社会的治理法治化程度还重点体现在几个专门领域的工作效果上，如乡村社会普遍法律意识的提高、乡村公共法律服务体系的完善、乡村社会治安的建设和乡村社会纠纷的解决等。

第二章 农村基层治理法治化国内外研究现状

第一节 国内研究现状

一、农村基层治理法制化的概念和意义

基层治理的重心是民主，其方式是通过行使权力调整各类社会活动，以尽可能地扩大国家公共利益；事实证明，只有实现民主化与法治化，才能符合如今时代发展的要求。[①] 对农村基层依法治理的研究，经历了"研究农村法律"到"研究农村法治"的过程，后者不但主张完善法制，而且注重培育人们的法治意识。应当注意的是，"基层治理法治化"是党近些年新提出的概念，这意味着在此之前的研究是使用其他概念予以表述的。例如，农村法治是指在坚持国家法治统一的前提下，通过法律方式推动公共事务的治理，以推动经济发展与保障农民正当权益，最终发挥法律推动农村社会发展进步的系统保障作用。自党提出"基层治理法治化"这一概念后，一些学者对此表达了自己的理解。有的学者认为，它是指在坚持基本要求的基础上，在县级以下行政区域实现整体法治建设，将多领域的种种工作纳入国家法治体系，推进国家治理的整体现代化。毫无疑问，"基层治理法治化"是法治国家建设的根本性工程，它对国家治理及改革发展大局等意义重大。

[①] 陈家刚.基层治理：转型发展的逻辑与路径[J].学习与探索，2015（2）：47-55.

综合来看，学者们从不同的角度对依法治理表达了自己的看法，为本书正确地认识相关概念奠定了基础。但学者们的观点也存在一定的不足之处，他们更多地着眼于整个基层层面的法治化治理，所进行的论述也是一种宏观层面的体现而缺乏对农村这一基层治理法治化的论述，尤其是对农村的地域性特征体现不强，未将基层治理法治化看成一种活动的过程与状态，未具体针对农村基层与非农村基层治理法治化各自具有的特点进行区分论述。当然，可以肯定的是，农村基层治理法治化对全面建设法治国家、应对农村新变化，抑或是促进农村发展、化解农村纠纷及实现和谐稳定都具有重大意义。

二、国内研究的主要层面

与乡村社会法治化治理相关的国内学者的研究内容主要集中在对乡村社会本身、基层法治建设以及社会治理法治化三个方面，其具体内容如下。

（一）乡村社会治理研究现状

对于传统的中国乡村社会治理，国内学者有过相当广泛和深入的研究，其中不乏经典之作，大部分学者都认为，在传统的乡村社会中，地方性的组织（主要是宗族）构成治理实践的主体，即宗族是农村社会中权力与权威的载体，构成了传统农村社会秩序得以维系与再生产的组织基础。对于中华人民共和国成立以后的乡村社会治理，学者们根据乡村社会治理模式的转变展开研究，现有的研究成果主要集中在国家对乡村社会的治理和村民自治两个方面。其中，国家对乡村社会的治理包括党的基层组织以及基层政府对乡村的治理。

首先，关于党对乡村社会治理的研究。徐勇对"政党下乡"过程进行了梳理，展现了党在我国乡村工作的整个历程，其中重点是中华人民共和国建立以后，党组织从乡到村的延伸，并且以立法形式确立了中国共产党在乡村社会治理中的领导核心作用。[①] 由于乡村基层党组织被法律、法规赋予治理乡村社会的国家权力，如果缺乏必要的监督和规范机制，这种权力的行使就必然产生腐败现象。因此，对于党的基层组织在乡村的治理研究，大部分学者的关注点在党组织自身建设方面。其中，周挺以马克思主义理论为指导，

---

① 　徐勇．"宣传下乡"：中国共产党对乡土社会的动员与整合 [J].中共党史研究，2010（10）：15-22.

运用社会学、政治学的有关理论和方法，在剖析我国乡村社会治理的历史、现状和成绩的基础上，指出当前乡村社会出现的利益群体之间的矛盾和冲突、治理实践和制度的偏离是农村治理面临的主要困境，要想摆脱困境，必须加强党与群众之间关系的建设，建立密切和谐的乡村基层党群关系，通过提高村级党组织的能力、理顺村两委关系、创新村级党组织工作机制等途径加强党组织在乡村基层的领导。康晨对乡村基层党组织建设的理论基础、历史进程、实践途径进行了深入阐释，以西部地区为背景，对乡村基层党组织建设的实践进行了分析，指出当前乡村基层党组织建设面临的问题和挑战，并对加强和完善乡村基层党组织建设进行了制度设计。王同昌在考察当代我国乡村实际情况的基础上，系统分析了党在乡村基层组织建设方面存在的问题和原因，认为新时期乡村基层党组织的建设应该加强党员队伍建设，以提高政策措施的执行力，通过合理划分村两委之间的职能，建立相互协调的监督制约机制，进一步推进服务型村级党组织建设。以乡村基层党组织建设为研究主题的学术论文更是不计其数，从知网中搜索便可看到 1 000 多篇，其中相当数量的论文都是对某特定地区的乡村基层党组织建设进行的研究。这些论文大都是从乡村基层党组织建设的紧迫性或意义、乡村基层党组织建设存在的问题及原因、具体的建设和完善的内容、党建机制建构等方面进行阐述，对基层党组织建设进行科学的路径或制度设计。

其次，关于乡村基层政府的乡村社会治理研究。在知网中，关于乡村社会治理领域中以政府或政权为研究主体的论文数量达上千篇。其中，近 10 年的成果主要包括以下方面：徐勇深刻阐述了国家政权向乡村基层渗透的过程，在此过程中，党的政策发挥着至关重要的作用，他认为除政权组织外，政府还能通过公共服务加强对乡村的治理；很多学者对农业税费取消后的政府对乡村的治理进行研究；于建嵘认为，乡村基层政府对村庄的治理出现悬浮，维稳任务繁重，并且提出应对当前困境的举措；姚锐敏对中华人民共和国成立以来的"行政下乡"进行了分析，并揭示了乡村行政的未来走向或发展趋势；赵晓峰从社会基础角度探讨乡（镇）基层政权建设，认为国家应该尊重乡村居民"大私"单位存在的事实，并在此基础上建立政权，否则政权建设就极有可能因为缺乏实施的社会基础而走弯路。①

最后，对村民自治的研究。对于村民自治，以徐勇为代表的乡村学派进

---

① 　赵晓峰.公私定律：村庄视域中的国家政权建设[D].武汉：华中科技大学，2011.

行了相对系统和深入的研究。徐勇认为，村民自治制度是我国乡村社会治理对中国宪政制度的重要创新，通过村民自治制度，国家向农民让渡部分治理权。广大乡村基层居民在通过人民代表实现管理国家事务权利的同时，还切实实现了对村庄事务的管理。村民自治制度的发展与深化，需要理性化的农村社区的构建，需要在国家制度确认的基础上，尊重社会的自主性、创造性，对资源和机制进行整合，实现村民与国家一起协调治理乡村基层社会。徐勇和一些学者还对村民自治的组织单元展开研究。他们认为，在国家经济发展的同时，农村也随之发展变化，面对社会具体情况的变迁，行政村作为村民自治的唯一单位似乎也面临困境，需要探索更加有效的方式。以自然村或村民小组为单元的村民自治不失为一种有益的探索。徐勇认为，自治的内在要素（自主性、自力、自律性）决定了自治具有形成一个社会的基础性动力和秩序的内在价值。村民自治的内在价值在于它是一种通过社会内在力量进行的、低成本的治理，而且是国家治理的基础。在当前的农村社会，应该构建多层次、多类型、能够充分发挥村民自治内在价值的、自治与他治互动的村民自治体系。

从基层民主建设层面出发是研究村民自治的另一个角度，张厚安认为乡、村两级治理主体之间的良性互动是村民自治制度健康发展的关键。徐勇和沈乾飞从除选举民主以外的其他几个基层民主实施环节的真正落实出发，指出在村庄成立村民议事组织行使民主权利是村民参与村庄治理的有效途径。陈雪松从民主决策环节对村民自治进行了研究，认为村"两委"的权力之争、村民代表大会和村民大会内部存在问题及贿选、宗族势力等外部因素对民主决策的干扰是当前村民自治的民主权利行使所面临的困境，因此应该完善村民决策机制。[①]

更多的学者对村民自治制度的完善、创新路径、发展走向等提出了自己的看法。全志辉认为，当前直接选举制度已经在农村社会普遍建立，村民自治已经进入"后选举时代"，应该对村民的决策能力进行培育。袁方成和李增元认为，村庄自治是农村治理形态适应经济以及社会发展的结果。

（二）乡村法治建设研究现状

---

① 陈雪松.村民自治中民主决策的困境与对策 [J].重庆交通大学学报（社会科学版），2012，12（5）：4-7.

学术界对乡村法治建设的研究主要集中在乡村基层执法和法治文化建设两个方面。

首先，关于农村执法建设的研究。执法环节是法治建设的关键，对于乡村的执法问题，人们关注的是与乡村社会发展紧密相关的领域，学者也将关注点集中于乡村环境执法和农业综合执法。

近年来，乡村环境污染事件频发，引起社会的普遍关注，学界出现相当数量的以乡村环境执法为对象的研究成果。这些成果多数主要对农村社会环境污染的现状进行客观描述，进而从不同角度对引起污染的原因进行深入分析并提出各自的建议和对策。关于乡村环境问题，大多数文献主要阐述以下几个方面：农业生产、农村居民生活本身产生的污染，工业和城市等因素给农村环境带来的损害。农业生产过程造成的污染，包括农药、化肥、地膜的使用，焚烧秸秆、规模化畜牧业养殖产生的废水和粪便给农村土壤、水质和大气造成的污染。农村居民生活本身产生的大量生活垃圾没有规范地收集和处理，来自城市转嫁的工业废水、废气和废渣都极大地损害着农村环境。以上因素甚至造成有些地区的农村局部生态环境系统的严重破坏。对于农村环境恶化的原因，研究者们从不同的角度进行剖析，大致得出以下几个方面的结果：从法律制度层面考虑，国家有关农村环境保护的法律体系不健全，各层级的法律、法规、部门规章和地方立法不统一；从执法制度和机制设置上考虑，存在执法依据不完善、执法机构设置不合理、执法监督体制不健全、执法人员素质不高的现象；另外，地方保护主义严重、执法经费缺乏和企业违法成本过低等因素也是造成当前农村地区环境污染严重的重要原因。针对这些原因，研究者们提出的建议和对策是完善关于农村环境保护方面的法律体系；增加环境污染责任主体的违法成本。有的学者提出从宪法层面为公民规定环境权，对农业环境保护进行专门立法或者在《中华人民共和国环境保护法》中增设农村环境保护的专章规定，并且在此基础上加强单行立法和地方性立法，修改关于保护农村环境的现行法律制度，使各层级、各部门的规定内容相互协调一致。

在农业综合执法研究方面，对农业综合执法问题进行研究而发表论文的作者，多数是农业行政综合执法单位的工作人员或者他们的上级领导单位（农业委员会）的工作人员。他们普遍认为：①乡村基层综合执法所依据的法律法规不健全，或者虽然有相关规定，但是实践操作性不强，因此应该完善农村综合执法立法，减少不同法律法规之间的冲突，提高规范的可操作性；②农村综合执法机构的性质和范围不确定，执法主体对外行使的是行政执法职能，但是执法人员并不属于公务员系列，综合执法的范围有的是单纯的种植业，有的包括畜牧业，有的甚至是大农业加农产品质量安全，要改变这种不确定性，应该妥善解决农业综合执法机构的性质和编制问题，建立一支参照公务员管理的农业综合执法队伍；③农业综合执法队伍大部分成员缺乏专业的学习背景，整体素质不高，因此应该对执法人员加强素质培训，以提升业务水平，转变执法理念；④农村综合执法工作缺乏物质保障，执法经费短缺、设备落后，不能满足执法工作的需要，国家应该对农业综合执法加大投入力度，以保证执法工作的有效、有序进行；⑤农村综合执法管理人员的法律意识水平普遍较低，应加强对乡村基层社会成员的法律意识的培育。

其次，农村法治文化建设研究。在近几年的有关农村法治文化建设的文献中，多数学者从农村法治文化建设所面临的问题出发，分析原因和提出相关对策。吴云、杨青友等认为，对于乡村社会法治文化体系的建设，应该从有关农村问题立法开始加强，并且同时从乡村基层司法、村民法律意识等方面进行努力。姜平平重点分析了影响当前乡村基层法治文化建设的因素，认为基层党组织建设、农村经济文化发展、农村法律信仰、基层法律服务等因素是当前乡村基层法治文化落后的主要原因，因此应该从完善以上几个方面进行努力，以促进我国乡村基层法治文化的健康发展。闫弘宇和王西阁则分析了农村法治文化的渊源，并都强调政府在其中的重要作用。王洁以对河南乡村人民法庭的调研为基础，分析了民间调解制度与中国传统文化的关系，指出优秀传统文化对乡村基层法治文化建设有促进作用。

此外，还有更多的学者从农民的法律意识的培育角度阐释农村法治文化建设。早在 2000 年，王海涛就以社会调查结果为基础，对我国农村居民法律意识进行剖析，认为农村经济关系简单是造成乡村居民法律意识薄弱的最主要的原因。刘金海也是以社会调查结果为基础，认为现阶段我国乡村居民的法律意识已经有了很大的提高，但是乡村法治建设还有相当长的路要走。在对农民法律意识的研究方面，更多的文献是关注法律意识培育的路径选择和对策。例如，司小莉、王明刚、赵林林等认为，加快农村经济、民主政治、文化教育发展和法治宣传是农民法律意识培育的重要路径。叶国培对农民法律意识培育的向度进行分析，认为政府单向度"自上而下"的"送法下乡"不能完全满足当前农村法治教育的需要，乡村基层居民应该在政府的引导下，根据自身需求自发学习法律，建构乡村基层法治教育的迎送结合模式，提高农民的法律意识。

（三）乡村社会治理法治化研究

对于乡村社会治理法治化研究，有些学者或从法治的某一专门视角进行深入剖析，或对乡村社会治理的某一专门领域进行法治化研究，更多的学者则是分析当前乡村社会治理法治化面临的困境并提出路径设计。

1. 法治专业视角的乡村社会治理法治化研究

专门从事我国乡村社会治理方面研究的学者很多，但是从法治化角度对乡村社会治理进行研究的学者并不多。近几年来，以乡村基层法治化为研究主题的学术成果主要由姚锐敏、彭澎等学者做出。

姚锐敏主要以乡村社会治理的行政法治化为研究主题，发表了一系列论文。他认为改革开放以后，我国乡村基层行政机制发生了本质的变化，即乡村基层行政不再由政治支配转而由法律支配。我国乡村社会治理行政机制的这种转变表明政治权力在乡村基层的运行已经进入法治轨道。姚锐敏还从基层民主制度的运行角度指出，重构乡村行政机制，建立乡（镇）政府依法行政的运行机制是基层民主法治的重要保障。彭澎从宪政角度探究乡村社会治理法治化。他认为，在农村社会转型期，乡村社会治理向法治化目标渐进的过程中，乡村社会治理的宪政化建设是当前治理变革的方向。彭澎认为我国乡村社会治理法治化体现了宪政精神。他还具体阐述了乡村社会治理法治化的实践重心、根本重任、关键环节、基础模式、运行原则及核心理念。

2. 乡村社会治理专业领域的法治化研究

村民自治的法治化研究是乡村治理的一个专门研究领域。学者主要从法学的角度对村民自治的法律性质、主体、内容、权利，以及相关的法律制度和司法活动进行研究。例如，唐鸣分析了村民自治制度的法理基础，并从当代农村社会变迁的角度剖析了村庄治理的困境和应该采取的相关措施。郭华阐述了司法介入对村民自治制度完善的重要意义及其实现途径。刘颖、刘志鹏等从村民自治权利主体、内容等具体角度入手，对村民自治权利进行阐述。冯乐坤、梁成意等则重点研究村民自治立法，对当前的村民自治法律制度体系进行利弊分析，并提出制定专门的"村民自治法"等措施以完善村民自治法律体系，建构多元的村民自治模式。

农村信访法治化研究是乡村社会治理法治化的另一个专门研究领域。李红勃从司法救济实现在乡村基层社会的有限性的角度进行分析，提出加强乡村地区的法律援助工作以促进社会的和谐。李长健等人从农民利益保护的视角对信访制度法治化建设进行研究，认为应该构建保障农民权益的信访制度法治化多元机制。冯炬、史向军和古玲等都强调在农民信访工作中应该强化法律的权威作用。李明、邵华、田刚、李燕等分析了当前社会转型期我国农村信访事件的特点及原因，并且提出农村信访工作进行法治化治理的若干具体途径。

3. 乡村社会治理的法治化路径设计研究

有关乡村社会治理法治化路径设计研究的学术成果相对较少。张西道重点分析了乡村社会治理法治化实现的基础、路径、保障和目标。倪怀敏认为首先需要从法律制度上为基层民主的实现提供制度保障。刘志永等则在强调社会治理的基础上对乡村社会治理法治化的路径进行了分析，认为在农村依法自治的基础上构建多元主体参与的治理体系是实现乡村基层法治化治理的有效路径选择。张霜、王颖则在分析乡村社会治理法治化理论基础的前提下，强调完善立法，强化民众的法治意识培养，从机制及建设重点等方面加强法治服务。孙静从更加具体的层面探讨了乡村社会治理法治化的路径，认为要实现农村治理的法治化，应该从以下几个具体方面入手：在法律层面明确乡村两级治理主体的职责范围；在实践过程中对村民自治制度进行不断完善；提高乡（镇）政府工作人员和农村农民的法律素养；健全和完善农民的利益表达机制。周铁涛深入分析了由村级组织推进乡村社会治理法治化的困境，认为在乡村社会治理法治化的过程中，发挥主导作用的应该是乡村基层政府。

第二节　国外研究现状

一、国外对我国农村社会治理的研究

近代以来，我国农村社会治理与发展逐渐受到国外学术界的重视，众多国外学者或深入农村实际探求治理现状，或关注历史现状剖析运行规律，形成了很多经典论述，为我国研究乡村治理法治化提供了参考。

（一）关于乡村治理的研究

中国传统乡村的社会结构、农民的生活方式、社会的治理模式、权力的运行状态等一直为国外学者所关注。近代以来，随着我国国门被打开，西方思潮和各界人士不断涌入我国传统社会，特别是西方传教士和学者深入我国农村社会，记录和分析传统社会的生产生活状况、社会管理格局和婚姻家庭生活等，由此产生了很多经典著作和文章。如美国学者威廉·韩丁通过考察我国山西省的一个普通村落——张庄村的生产生活状况，深入分析了人民公社时期农村地区经济改革的原因和经过，认为"土地改革实现了农村生产者之间基本的平等"①。美国学者杜赞奇利用"南满洲铁道株式会社"资料提出了"国家政权建设""内卷化""赢利型经纪人""权力的文化网络"等概念，用以解释农村社会宗族与宗教作用、地方政权与权力运作，论证近代以来国家权力与农村社会的互动关系和连接渠道。②美国学者欧博文和李连江在《中国乡村中的选择性政策执行》一文中对基层政策的执行者——基层干部进行分析，认为乡村干部是"多面手"，拥有相当广泛的权责，对当地全面的治理和发展工作负责，为了限制基层干部的自主性，中央探寻了村民政治参与的新路径。卢杰通过探讨本土成长机构与外部强加机构在维持乡村治理中的作用来研究中国农村地方治理的制度基础，认为只要有效解决本土机构和外部机构的集体行动和责任问题，就能有效维护地方治理，实现各自效能。戴（Day）与亚历山大（Alexander F）认为自农业税取消以来的农村危机引发了关于农村社会形态的新辩论，他们将这些辩论置于近百年来农村改革的背景下，认为当下农村改革倡导者所处的情况与百年前的情形相似。

（二）关于乡村治理法治化的研究

美国学者希尔曼在《惠顾与权力：中国农村的地方国家网络与政党弹性》一书中总结了对我国西南地区某农村十多年的实地调查，并通过观察省市政府举措实施过程，表明我国农村政治在很大程度上是由赞助网络驱动的，赞助网络不仅影响地方政府内部资源的分配方式，还提供了一套不成文

---

① 威廉·韩丁.深翻：中国一个村庄的继续革命纪实[M].香港：中国国际文化出版社，2008：188.

② 杜赞奇.文化、权力与国家：1900—1942年的华北农村[M].王福明，译.南京：江苏人民出版社，2010：168.

的规则，这些规则是对地方政府事务的补充而非破坏。李杰认为在中国法治化进程中，中国过多地关注西方的法律文化，而忽略了中国的国情，这导致国家法律难以下乡，民间法律在法治建设中无法有效地发挥其应有的作用。苏珊娜·勃兰特在借鉴中国农村地区的实地调查资料和其他资料的基础上，探讨当代中国乡村治理文化与参与平等权利问题之间的相互关系，并认为社会主义国家所创建的平等守法的公民的文明制度与中国农民之间的一种新的自我推动的法律行动主义密切相关，他们不仅要维护自己公民的权利，还要作为新的权利主体重新塑造公民。

总而言之，国外学者对我国乡村治理的历史变迁、治理方式和权力运行等都有比较独到的见解与研究，为我国乡村治理及其法治化研究提供了一定的借鉴。但从某种意义上来说，国外学者的研究更加侧重乡村人权的发展以及乡村社会制度的发展等方面，同时相关理解与研究多带有一定的感情色彩，很少结合我国乡村社会的现实民情、社情和国家发展现状等。

二、国外自身的相关研究现状书评

西方对法治的研究已有很久的历史，相应地，农村基层治理及其法治化的研究也较早出现于西方发达国家，并取得了丰硕的研究成果。综合来看，国外的相关研究比较全面，内容较为丰富。

（一）关于治理的相关研究

马克思、恩格斯对社会管理进行过深刻、系统的现实考察，提出的观点主要有以下方面：人民是社会管理的主体，人民自主管理社会；社会管理要"以人为本"；社会管理的目标在于实现公平正义；法律是社会管理的依据。前苏联学者阿法纳西耶夫、奥马罗夫、波波夫和休休卡洛夫都在各自的著作中提出了自己的看法、见解，推动了社会管理学科的发展。同奥马罗夫一样，保加利亚学者马尔科夫也赞同把社会管理确立为单独的研究对象，他在其著作《社会管理学》中认为，管理的社会关系是集体与个人之间的关系，是社会管理理论的首要对象。20世纪90年代以来，国外出现了多种有关治理的概念，它们注重主体多元化，主张完善社会责任的承受形式，鼓励治理对象的积极参与，方法和技术更为多样化。

"治理"其实并非新创的术语，其本意是"控制""引导"。该术语首先被用于 14 世纪的法国，意思是"政府所在地"。一直以来，它经常和"统治"一词穿插运用，基本体现在与国家公共事务有关的管理及政治行为中。"治理"一词风靡全球始于 20 世纪 80 年代末世界银行对撒哈拉以南非洲的研究报告，报告主张非洲极其需要的是"良好治理"。世界银行通过引用"治理"概念来体现全新的趋势，即发展务必构筑于信念基础之上，缺乏最低底线的依法治国与民主，经济繁荣将无从保证。此后，随着对"治理"研究的持续加深，逐步形成了一种比较成熟的理论。

英国学者爱尔克·劳夫勒对"治理"的内涵做过总结，认为它是借助政治权力实现国家事务的管理，包含传统、制度和过程等方面；它发生于政治体制的排列结构，体现了参与各方互动的共同成果，它不能减为一方或特殊的几方。[①] "治理"理论的重要代表人物詹姆斯·N. 罗西瑙认为，与政府统治相比，治理的内涵更为丰富，涵盖了政府机制以及非正式的、非政府的机制等。另一代表学者罗茨同样对"治理"的含义进行了梳理，认为它包含五个方面：作为共同行为的治理；作为新公共管理的治理；作为善治的治理；作为社会控制系统的治理；作为"国际依存"型的治理。

当前社会中出现的社会团体与公民个人参政议政、参与公共事务、居民自治等，都超出了政府管治的范围，所以内涵更加丰富的"治理"概念应运而生，增加了公民社会参与国家政治生活的内涵。这样，治理的主体不仅包括各级政府，还涵盖了社会本身。全球治理委员会曾经下过权威定义，认为治理是各类机构与个人治理共同事务的多种方式的总和，是将矛盾或各异的利益最终实现和谐并积极联合行动的过程。

总体上看，上述机构、学者对治理理论的阐述，凸显出充分关注治理在主体上的多元性，强调突出社会组织、公民等主体的作用，治理多元主体间的关系不再是政府占绝对的主导地位。因此，国外相关研究着重肯定非政府组织等社会单元在治理中的重大意义，鼓励他们参与到公共事务的治理中来。这种理念与当前的社会实际需要相符，有利于新型合作治理结构的形成。

（二）关于法治的研究

在西方，柏拉图始终认为人治优于法治，并不重视法律的规则之治。尽

---

① 托尼·鲍法德，爱尔克·劳夫勒. 公共管理与治理 [M]. 孙迎春，译. 北京：国家行政学院出版社，2006：168.

管如此，柏拉图在其最后一部著作《法律篇》中也突出了法律的重要作用，他是古希腊最早提出法治理论的学者。他的学生亚里士多德紧随其后，是西方最先全面论证法治的哲学家。一方面，他在著作《政治学》中提出"法治应当优于一人之治"；另一方面，他首次对法治进行了系统的定义，认为法治应涵盖两方面的内容：一是法律得到普遍的服从，二是社会所服从的法律是"良好的法律"。[①] 自古希腊时期的斯多葛派提出人人平等才是正义的思想原则后，西方形成了诸多法学流派，它们都对法治的发展、演进提出了不尽相同的理解。例如，自然法学派提出了"三权分立"与人民主权理论；分析法学派赞成法律和道德相分离，否认二者之间一定存在关联；历史法学派主张法律是民族精神的体现，因此要关注传统习俗。马克思、恩格斯经过长期的思考与实践，提出了与众不同的马克思主义法律理论，认为法律是不断发展的经济状况的反映，是进行阶级统治的一种方式。

综合分析可知，经过长时间持续的演变，西方法治理论涵盖了法律的完善性与至上性、人民主权、人权、权力制约、依法行政、司法独立和司法审查独立等原则。毫无疑问，在这些法治理论指导下，西方法治建设持续推进，并得以不断发展和完善。众所周知，西方法治强调权力约束，甚至也约束民主权利。它所崇尚的"自由民主"和"法律至上"等法治模式，虽然在促进西方社会发展中起到了重要的作用，但是在治理过程中存在一定的局限性，反倒容易成为"多数人的暴政"。

（三）农村基层依法治理的研究

国外学者对农村这一地域概念进行了研究，认为农村社区是一个地域结构性明显的区域，大致包括散居型、集居型和条状型社区三种类型，都由中心区与外围区构成。[②] 在农村基层治理的研究上，有学者认为，公民在社区公共事务治理中要发挥更为重要的作用，在制定公共政策时应遵守公民积极参与的包容性准则，对政府只将公民视为公共服务的消费者而非选择公共服务的决策者的行为予以否定。[③] 小型社区是传统民主的集中区域，这是由于

[①]　亚里士多德.政治学[M].南昌：江西教育出版社，2014：198.

[②]　埃弗里特·M.罗吉斯，拉波尔·J·伯德格.乡村社会变迁[M].王晓毅，王地宁，译.杭州：浙江人民出版社，1988：168.

[③]　理查德·C.博克斯.公民治理：引领21世纪的美国社区[M].孙柏瑛，等，译.北京：中国人民大学出版社，2014：62.

它可以使人人都参与到公共事务的讨论中。美国学者罗斯则深入地强调了权利保障对公民参与的积极意义，他主张公民是在逐步参与的过程中确定自身的需求和目标，以寻找自身所需的资源的。治理理念在西方的提出推动着国家对社会的影响从统治向管理并进一步向治理的转变，其中最突出的表现就是对多元治理主体的推崇。多数国外学者注重厘清农村治理的对象，即治理公共事务；充分肯定公民在农村治理中的重要作用；强调权利保障对公民参与的重要作用；等等。由此可见，国外研究体现出了很强的问题意识，具有明显的针对性，然而它存在缺乏系统思考的瑕疵，忽略了公民法治意识及民间组织在农村治理中的作用。

第三节　现状综述

综上所述，我们发现，当前学界关于乡村治理法治化的研究，虽然数量上不足，但内容丰富，涵盖了内涵解读、必要性分析、存在问题和实现路径等诸多方面，既有理论分析也有实践探讨，基本形成了乡村治理法治化的轮廓，为进一步研究乡村治理法治化打下了基础，提供了重要的参考依据。但是，由于乡村治理法治化问世相对较晚，学界的研究还存在一些不足。

第一，从研究视域来看，关于乡村治理法治化的研究系统性不足。如前所述，虽然内容上涉及内涵解读、必要性分析、存在问题以及实现路径等，但是缺乏对乡村治理法治化的整体把握与系统解剖。实际上，乡村治理法治化是一个内容丰富、要素多样、目标明晰的有机体。对于乡村治理法治化的把握，笔者认为要注意两点，一是站位要高远，要站在国家治理现代化的全局来剖析乡村治理法治化；二是视野要宽广，乡村治理法治化虽出现在现代文明中，但有历史渊源和现实必然，要从历史和现实两个维度把握。

第二，从研究内容来看，一是关于乡村治理法治化的内涵解读深度不够。当前学界的解读侧重从治理主体、治理目标等入手，却忽视了法治的价值和功用，实际上，乡村治理法治化主要是着眼现代法治目标和价值，以实现治理的制度化、程序化和规范化为最终取向。二是关于乡村治理法治化的必要性分析不足。乡村治理法治化有现实必要性也有历史必然性，应该多维度分析和探讨。三是关于乡村治理法治化的路径研究不够系统。乡村治理法治化固然需要针对现实问题以探讨对策，但不可忽视宏观理论上的把握和构建。

第三章　农村基层治理法治化概述

　　自人类进入阶级社会以来，各类社会纠纷的碰撞、多元利益的整合就成为一种常规社会现象，成为促进社会变革、进步的先导和动力。近年来，随着改革的深入推进与经济社会的高速发展，整个社会生活出现了深刻变化，社会阶层随之分化，同时带来了社会纠纷的复杂化与多样化等各种问题。应该说，各种权益及其主体多样化越发明显的趋势构成了各类纠纷、冲突迸发的现实条件。这表明现代社会并非不存在纠纷，恰恰相反，各种纠纷的存在才是其显著特征。显然，原有的社会管理模式已不足以应对这些新变化，由此需要实现由以往行政管理式向社会治理式的转换。在创新社会治理的过程中，要完善社会矛盾纠纷预防化解机制，以保障广大群众的权益。这深刻表明化解社会纠纷在社会治理中的重要作用。在此背景下，有必要透过纷繁的现象直击事物的本质，从理论层面对农村基层治理活动进行概括，剖析其实质与核心问题，进而厘清其中的纠纷类型，以便更好地指导农村基层治理实践。

第一节　农村基层治理的基本内涵

一、治理与农村治理

　　治理（governance），指在特定范围内行使权威。"governance"的原意最早可追溯到古典拉丁语和古希腊语中的"操舵（steering）"，主要指控制、指导或操作。治理理论兴起于 20 世纪 80 年代，并在 20 世纪 90 年代掀起理论探讨高潮，因为当时社会组织等民间力量对公共治理的影响不断扩大，理论界不得不重新审视公共部门与社会各界的关系。西方政治学家和经济学家对"governance"重新进行了定义，"不仅其包含的范围远远超出了传统的经典意义，其含义也与 government 相去甚远。不再局限于政治学领域，而被广泛作用于社会经济领域"①。在此基础上形成了公共管理的治理理论。与此同时，各国政府根据经济政治生态和意识形态变化实践回应了治理理论。以奥斯特罗姆为代表的制度分析学派在公共部门实践回应治理理论的背景下，提出多中心治理理论："多中心则意味着在社会公共事务的管理过程中，并非只有政府一个主体，而是存在着包括中央政府单位、地方政府单位、政府派生实体、非政府组织、私人机构以及公民个人在内的许多决策中心，它们在一定的规则约束下，以多种形式共同行使主体性权力。这种主体多元、方式多样的公共事务管理体制就是多中心体制。"在公共事务领域中，多中心治理体制要求国家和社会、政府和市场、政府和公民共同参与，结成合作、协商和伙伴关系，形成一个上下互动，至少是双向的，也可能是多维度的管理模式。在国家公共事务、社会公共事务甚至政府部门内部事务的管理上，借助多方力量共同承担责任，其中既有对事务的管理，也有对人和组织的管理；既有对眼前事务的管理，也有对长远事务的管理。其特别之处在于用一种新的眼光思考什么样的管理方式可以实现公共利益的最大化。

治理理论的主要创始人之一詹姆斯·N·罗西瑙认为："治理是通行于规制空隙之间的那些制度安排，或许更重要的是当两个或更多规制出现重叠、冲突时，或者在相互竞争的利益之间需要调解时才发挥作用的原则、规范、规则和决策程序。"法国学者辛西娅·休伊特·阿尔坎塔拉的研究表明："治理是在众多不同利益共同发挥作用的领域建立一致或取得认同，以便实施某项计划。"英国学者格里·斯托克则认为："治理的本质在于，它所偏重的统治机制并不依靠政府的权威或制裁。"② 1995 年，全球治理委员会将治理定义为："治理是或公或私的个人和机构经营管理相同事务的诸多方式的总和。它是使相互冲突或不同的利益得以调和并且采取联合行动的持续的过程。它包括有权迫使人们服从的正式机构和规章制度，以及种种非正式安排。而凡

---

① 俞可平.治理与善治[M].北京：社会科学文献出版社，2000：168.

② 格里·斯托克，华夏风.作为理论的治理：五个论点[J].国际社会科学杂志（中文版），1919（1）：19-30.

此种种均由人民和机构或者同意、或者认为符合他们的利益而授予其权力。"善治理论（good governance）是随着治理理论的发展而出现的新概念。置身中文语境，就治理主体而言，善治是"善者治理"，尤其是作为元治理（meta governance）功能发挥者的政府，更应是温良、公正的治理者；就治理目标而言，善治是"善意治理"，即政府治理的根本目的应该是让公众享受到更充分的公共物品，享有更高满意度的公共管理，从而实现公众福利的最大化；就治理方式而言，善治是"善于治理"，强调建立在契约基础上的良性互动和合作；就治理结果而言，善治是"善态治理"，即多元和谐治理的社会状态，在这种社会状态下，出现的矛盾和冲突能被社会所包容，被机制所化解。另外，善治也可被理解为"好的治理"，或理解为"越来越好的治理"，善治是国家治理现代化的一种理想状态，是实现公共利益最大化的治理活动和治理过程。运用治理理论使善治在我国农村基层落地生芽，从某种角度讲可以成为我国政府推进国家治理体系和治理能力现代化的参照。但必须认识到，我国传统的官僚主义政治文化根深蒂固，农村基层长期受特权等级观念荼毒，村民畏惧政府，参政意识薄弱，村庄能否实现善治还有很长一段路要走。

农村基层治理是指运用治理理论在农村村庄场域实施善治，通过公共权力的配置与运作，对村域社会进行治理，实现公共利益最大化的政治活动，具体而言，要"以全面提高农村居民生活质量和文明素养为根本，完善村民自治与多元主体参与有机结合的农村社区共建共享机制，健全村民自我服务与政府公共服务、社会公益服务有效衔接的农村基层综合服务管理平台，形成乡土文化和现代文明融合发展的文化纽带，构建生态功能与生产生活功能协调发展的人居环境"[①]。

二、农村基层治理概念解析

在社会学意义上，"基层"是指人们日常生活所发生的共同空间，是社会的所有成员在日常生活中共同分享到的各种社会关系和社会情感，直接接触的各类组织和制度。在中国，"基层"一词具有鲜明的政治内涵，它特指处于乡镇的农村和城镇的社区等基层社会，是一个与政治国家相对应的概

---

① 中共中央办公厅，国务院办公厅.关于深入推进农村社区建设试点工作的指导意见[M]. 北京：人民出版社，2015.

念。"基层治理"则可以解释为在我国基层地区的一定范围内，以基层政府为主导，在村级基层组织和民间组织的参与下，共同解决农村社会在新型城镇化进程中面临的新的治理问题，以达到对基层社会治理的最佳状态。"基层治理"是国家治理体系的基础性组成部分，是基层的公共权威相互合作、共同管理基层社会政治生活，保障基层民众福祉和公共利益的过程。它既是国家贯彻落实某项具体政策的手段和方法，又是一种推进民主、完善民主、发展民主的路径选择，也是建立理性、规范、制度化的现代国家制度的重要途径。

"农村基层治理"是"治理"在农村基层社会的运用，是对农村社会所有公共事务或问题的治理。已有的研究也用"乡村治理""农村治理"等词来描述类似的过程。例如，赵树凯从治理过程和手段的视角出发，认为乡村治理是指"多种主体相互依存，通过参与、谈判和协调等合作的方式来解决冲突，实现一种良好和谐的秩序"。这一概念将"农村治理"与传统的政府单一权威主导的命令——服从型权力运行方式区分开来。党国英则着眼基层治理的公共产品供给功能，将乡村治理定义为"以乡村政府为基础的国家机构和乡村其他权威机构给乡村社会提供公共品的活动"。可见，"农村治理"的结果指向社会公共服务水平的提升以及公共利益的最大化。结合上述学者的观点，笔者认为，"农村基层治理"就是在村委会、党支部、民间组织、农民群众等多元治理主体的共同参与下，通过沟通、对话、协商、谈判、合作等手段，解决农村发展过程中遇到的各种问题，从而实现公共权力的有效运转、公共资源的合理共享，最终达到农村社会公共利益最大化的过程。

这一概念主要从五个方面对"农村基层治理"进行描述：①农村基层治理坚持社会本位的发展理念，以实现农村、农业、农民的全面、可持续发展为出发点，尊重和维护农村基层社会自身的现实需求；②农村基层治理涉及多元化的治理主体，其中不仅包括基层乡镇政府、基层党委会、村民委员会等政权组织或群众性自治组织，还包括农业生产合作社、基金会、老年人协会、红白理事会等各类非政府组织，同时包括乡镇企业、商铺、村集体企业等各种形式的营利型组织等；③农村基层治理的方式和手段具有多样性，尤其倡导通过共同参与、协商合作、说服教育、优势互补、精神鼓励等非强制性的方式和手段解决公共事务中的矛盾和分歧；④农村基层治理的对象和内容非常广泛，包括经济发展、文化教育、社会保障、医疗卫生、基础设施、生态环境等一系列与农村基层社会公共生活相关的各种议题；⑤农村基层治理的最终目的是通过建立多元主体有序参与的现代基层治理体制，实现基层公共权力的有效运转以及公共资源的合理共享，进而促进农村基层社会各项事业的全面发展。

三、农村基层治理的内容解读

在农村基层治理中，乡镇政府担负着社会管理、协调多种利益主体和各种价值取向、化解社会矛盾与利益冲突、维护社会公正和社会秩序以及提高社会认同的责任。目前，乡镇政府的主要职责是维护社会稳定、发展经济，以及为农村提供基本的公共服务；农村党组织和村民委员会协助乡镇政府开展工作。

（一）经济发展

①深入推进农业供给侧结构性改革，营造有利于激发劳动、知识、技术和资本等生产要素创造活力的发展环境，培育农业农村发展新动能，促进农业现代化建设。②培育和壮大龙头企业，带动农产品基地建设和农民增收。③推进农村产权制度改革，维护和保障家庭联产承包责任制。四是招商引资，为农民创造更多就业岗位。

（二）基层党组织建设

中国共产党作为中国特色社会主义事业的领导核心，是坚持和发展中国特色社会主义事业的根本保证。中国共产党在农村基层治理的领导核心由农村基层党组织来行使。建设好农村基层党组织，能夯实国家治理体系的基石。具体要做到以下几点：①要设置完善的农村基层党组织，选好用好农村基层党组织带头人，做好大学生村官和选派"第一书记"的工作，加强农村党员队伍建设，让农村基层党建强起来；②要围绕中心、服务大局，推动党建工作带动改善民生，促进改革发展；③要认真落实农村基层党建责任制，列出责任清单，强化工作问责，狠抓任务落实。

（三）公共服务

政府为满足社会所提供的公共产品总称为公共服务。根据中共中央办公厅、国务院办公厅印发的《关于加强乡镇政府服务能力建设的意见》可知，乡镇政府公共服务内容主要包括以下几方面：①改进基本公共教育服务，巩固提高义务教育质量水平；②加强劳动就业服务，推动农村实用人才队伍建设；③做好社会事业保险服务，推进基本养老保险、医疗保险、工伤、失业和生育保险的落实；④落实对弱势群体的基本社会服务，落实社会救助等优抚政策；⑤做好公共卫生等基本医疗卫生服务；⑥加强历史文化村镇的保护，组织开展群众文体活动，共享文化信息资源；七是提供其他公共服务。

（四）综治信访维稳

①组织处置辖区内的各类社会不稳定事件；②组织开展社会不安定因素及重大矛盾纠纷排查，开展社会治安重点整治及突出问题联合整治；③组织相关部门对下级调解组织移送上来或直接受理的矛盾纠纷进行调解，对突发性易激发的矛盾纠纷实行联合调解；④对村级综治信访维稳工作站（包括基层调委会、治保会、帮教小组、村民小组、警务室）进行管理和指导，不定期地开展工作检查，落实工作措施；⑤组织开展好刑释解教人员的安置帮教和社区矫正工作；⑥组织开展法制宣传教育，落实预防青少年违法犯罪的工作措施，开展特殊人群维权援助工作；⑦接待处理群众来信来访，协助有关部门控制好集体上访、越级上访和重复上访。

（五）生态文明

①深化制度改革，发挥科技创新的市场作用，构建系统完整的生态文明体系；②培育生态文化，提高全社会生态文明意识，加强生态文化的宣传教育，倡导绿色健康的生活方式；③打好生态文明建设攻坚战，着力解决对经济社会可持续发展制约性强的突出问题，持之以恒，全面推进生态文明建设。

（六）贫困治理

消除贫困，实现共同富裕，全面建成小康社会，是中国共产党践行马克思主义为无产阶级奋斗终生在中国成果化的路线，是中国梦的实现途径。中国共产党第十八次全国代表大会明确了"2020 年全面建成小康社会"的宏伟目标。中国共产党第十九次全国代表大会更是明确了"中国共产党是为中国人民谋幸福的政党，也是为人类进步事业而奋斗的政党，中国共产党始终把为人类作出新的更大的贡献作为自己的使命"。农村贫困人口脱贫是全面建成小康社会最艰巨的任务，也是直接影响农村基层治理的突出因素。打赢脱贫攻坚战是全面建成小康社会的底线目标，这个目标的主要内容是："到 2020 年稳定实现农村贫困人口不愁吃、不愁穿，农村贫困人口义务教育、基本医疗、住房安全有保障"。当前，农村基层治理最重要的内容是贫困治理，即带领群众脱贫，经济助政治发展，促进村庄善治。

四、农村基层治理的特征

联合国全球治理委员会总结了"治理"的特征，即"首先，治理是一个过程，不是一种活动，也不是一套规则；其次，治理的基础是协调，而不是控制；再次，治理同时涉及公共部门和私人部门；最后，治理是持续的互动，而不是正式制度"。结合实际，当前我国农村基层治理呈现以下特征。

（一）是村民民主参与公共事务的过程

人民公社制度在 1983 年 10 月 12 日被彻底瓦解，原本政社合一集中开展活动的农村基层出现村民组织软弱或涣散的状况。以广西宜州市三寨村为例，当时村里偷盗赌博、乱砍乱伐现象频发，为维护社会稳定，三寨村制定了村规民约和封山公约，形成了村民自治的雏形。在三寨村的村规民约基础上，经过几年实践，《中华人民共和国村民委员会组织法（试行）》出台，原本涣散的村民组织重新聚集起来，村民参与公共事务的热情也被重新唤醒。在法律框架下，村民自由民主地行使权利，对村庄治理各抒己见，对公共产品提要求，使村庄治理呈现良性互动，促进了村庄政治生态的发展。

（二）是多方利益协调的治理艺术

"上面千根线，下面一根针"是农村基层治理的形象写照。农村基层承担着大量的繁杂琐碎事务，尤其是精准扶贫，农村基层是前线主战场。多方利益诉求在农村基层交织，处理过程中稍有不慎，就会引发社会矛盾，影响基层政权稳定。要达成协商一致的利益共识，就需要有高超的治理"艺术"，收放张弛，拿捏到位。

（三）是政府行政权和村民自主权并存的博弈

《中华人民共和国村民委员会组织法（试行）》第三条规定，"乡、民族乡、镇的人民政府对村民委员会的工作给予指导、支持和帮助。村民委员会协助乡、民族乡、镇的人民政府开展工作"。按法律规定理解，村民委员会在乡镇政府指导下开展工作，同时乡镇政府要求村民委员会协助政府以及政府直属的"七所八站"事业单位开展工作。行政权和自主权没有明确的权限界定，有时乡镇政府会给村委会布置过多工作，造成村委会无暇管理自我事务。行政权与自主权在博弈中推动农村基层治理向前发展。

（四）是多元参与的互动

随着经济社会发展和社会组织等民间力量壮大，对公共服务和公共产品的质量提出了更高的要求，对公共管理的影响日益增加。农村基层治理主体不再只是乡镇政府和村民，还出现了其他社会主体和经济主体。同时，农村基层是一个熟人社会，宗族姓氏派系林立，邻里互相认识和了解。各宗族姓氏为本宗族利益服务，有着不同的诉求，不同阶层、不同群体的诉求更多。要在农村基层实现良性政治生态，需要多元互动参与，使利益分配最大化。

五、农村基层治理的主体

（一）乡镇政府

乡镇政府是我国最基层的行政单元，行使管理基层地方公共事务的职能，是为增强人民群众的获得感和幸福感，打赢脱贫攻坚战和实现中华民族伟大复兴的中国梦做出重大贡献的平台。乡镇政府主要有七大职责：①执行上级有关决定和命令；②发展经济，促进科教文卫事业发展，管理安全生产、民政、计划生育等公共服务；③保护公有制财产和集体所有制财产以及公民合法的私有财产不受侵犯，维护社会稳定；④保护各种经济组织的合法权益；⑤贯彻执行民族宗教政策，尊重民族宗教信仰；⑥保障宪法和法律赋予的各项权利；⑦办理其他的交办事项。

乡镇政府在农村基层治理中起主导作用，对于每一步治理活动的开展和走向，乡镇政府都有绝对的话语权。尽管密切联系群众是我国执政党的优良传统，但是受数千年封建传统的等级观念的影响，乡镇政府在许多群众心目中仍是遥不可及、威严不可侵犯的形象。

（二）自治主体

1.村民委员会

村民委员会由自然村落组成的行政村的村民选举产生，是群众性自治组织。其主要职责有以下方面：①贯彻法律法规规定的义务，开展社会主义精神文明建设；②管理集体土地和其他财产，保护和改善生态环境；③服务和协调农村生产和促进社会主义市场经济的发展；④保障集体财产和村民合法的财产，维护家庭联产承包责任制；⑤管理公共事务和发展公益事业；⑥实施兴修水利、兴建道路等建设规划；⑦调解纠纷，维护社会稳定；⑧执行村民代表会议的决议；⑨推行村务公开等民主管理制度；⑩其他职责。

2.村党组织

村党组织是中国共产党在农村最基层的组织，是治理农村的领导核心，其主要职责有以下方面：①贯彻上级党组织的决议；②讨论决定本村重大事项；③保障村民依法开展自治活动，支持工、青、妇等群团组织开展活动；④搞好自身建设，发展农村党员；⑤教育监督村（组）干部；⑥搞好社会主义精神文明建设。[①]

（三）社会主体

农村社会组织指在农村地区为完成特定社会目标，制定规章、开展活动，而依法组成的人群共同体，包括各种农民专业合作社、基金会和志愿者组织。近年来，随着经济的发展，社会主体越来越迫切希望和公共部门合作，希望得到更多公共服务和公共产品。

1.农民专业合作社

农民专业合作社是以农村家庭承包经营为入会条件，通过成员之间互相帮助，实现农产品的销售、加工、运输、贮藏以及与农业生产经营有关的技术、信息等共享的组织，从成立开始就具有经济互助性。农民专业合作社的主要职责是："以其成员为主要服务对象，提供农业生产资料的购买，农

---

① 中国共产党中央委员会.中国共产党农村基层组织工作条例[M].北京：中国方正出版社，2004：89.

产品的销售、加工、运输、贮藏以及与农业生产经营有关的技术、信息等服务。"① 农民专业合作社目前普遍存在于农村基层，它原本是弱势农民为争取更多权益而成立的组织，但随着经济的发展，它已然成为迈入富裕阶层的农民呼吁权利的组织。为促使本组织得到更大利益，农民专业合作社不断介入农村基层治理中，对公共部门的公共服务提出不同见解和执行方案。

2. 基金会

基金会在农村基层一般指农村合作基金会，是农村地区为农业、农民、农村服务的资金互助组织。农业部（今中华人民共和国农业农村部）负责制定有关的政策法规，指导农村合作基金会的管理和发展。地方农业行政部门为农村合作基金会的主管部门。中国人民银行依法对农村合作基金会的业务活动进行监督，并会同农业行政部门对违反规定办理存贷款业务的行为进行处理。1990—1995 年，农村合作基金会在农村基层发展得如火如荼，1997年受亚洲金融风暴影响，农村合作基金会一蹶不振。2000 年以后，仍有各种名义的基金会在农村基层出现，大部分是巧设名目，有些村民会相信，但大部分村民不认可。如今，基金会在农村基层的认可度不高，尽管有较强的参政意识，但缺乏广泛的群众基础。

3. 志愿者组织

农村志愿者组织是指自愿进行社会公共利益服务而不获取任何利益、金钱、名利的活动组织。目前，在我国农村基层，这类组织相对较少。农村是熟人社会，讲究人情往来，一般是宗族之间为个人利益互相帮助，较少考虑为公共利益服务。

（四）经济主体

经济主体包括龙头企业、农业公司、农业行业协会、农村经济能人等。

1. 龙头企业

龙头企业指的是对农业行业做出突出贡献并对其他企业具有深远的影响力和号召力以及示范引导作用的企业，是农业中的翘楚。龙头企业集成农村先进要素，是农村先进生产力的代表，是农村产业融合发展的示范和引领力量。依托强大的实力和影响力，龙头企业可以吸引下游企业和金融、

---

① 全国人民代表大会常务委员会.中华人民共和国农民专业合作社法 [M].北京：中国法制出版社，2006：89.

信息等配套产业共同发展，形成区域经济的增长极；可以与农户联系形成利益联结机制，带动农民共享融合成果；可以推动普通农户发展、打造成家庭农场、农民合作社等新型农业经营体；可以带动农民参与农业功能拓展，改变传统的农业生产方式和营销方式；可以顺应农业供给侧结构性改革的要求，带动农户调整种养结构，由普通、低效农产品生产向优质、高效农产品生产转型。龙头企业有较强的区域性辐射作用，较少直接存在农村基层，一般由政府等公共部门引进。在农村基层扎根的龙头企业一般对公共服务的要求更高，要求参与更多的农村基层治理事务，以便达到经济活动的目的。

2. 农业公司

农业公司是指从事农林牧副渔等产业经营的经济组织。农业公司具有法人资格，有较高的商业性，以盈利为目的。农业公司在生产经营上不但实行一业为主，多种经营，而且管理上实行联产承包、统分结合。大型的农业公司甚至可以通过发行股票债券上市交易达到融资的目的。随着"三农"经济的快速发展，越来越多的农业公司出现在农村基层。大部分农业公司由农民创办，也有商人投资的。随着生产要素在社会的重新分配，很多农业公司的经营采取"公司＋农户"模式，有的采取"公司＋家庭农场"模式。伴随着农业公司的壮大，它们要求在农村基层治理中得到更多话语权，以便更好地服务公司的未来发展，因此不少农业公司的法人代表竞选乡镇或者县级以上人民代表委员或者政治协商委员。

3. 农业行业协会

农业行业协会指介于政府和农业企业之间的社会中介组织，为农产品生产者与经营者提供咨询、沟通、监督、公正、自律、协调等服务，主要职责包括以下方面：贯彻落实农业政策，为农业行业的生产销售提供服务；做好农业发展数据统计收集，为行政部门宏观调控提供决策依据；协调会员之间经济利益关系；培育农业产业品牌，做好行业自律；维护行业公平竞争；组织反倾销活动，协调贸易纠纷；承担其他委托责任。农业行业协会斡旋于农业企业与政府等公共部门之间，同时在农产品生产者与经营者之间进行沟通协调。农业行业协会对公共产品要求较高，参政能力较强。

4. 农村经济能人

农村经济能人又称乡村精英，是指乡村中在创业、营销与技术等方面能力突出、德才兼备的群体。乡村能人按照不同的标准有着不同的分类，主要有创业能人、技术能人、村干部能人等，他们对乡村的发展和社会的进步做出了杰出的贡献。

六、农村基层治理的实质与核心

（一）农村基层治理的实质：化解社会纠纷

改革开放以来，经济社会的持续进步使得我国原有的利益关系和格局也相应出现了转变，即开始由利益高度集中的整体性向利益逐渐分化转变，使得我国社会逐渐进入较之以往更为多元化的利益时代。不可避免的是，在利益异化的当今社会，各个群体对自身利益的合理表达和追求成为一种常规化的社会现象。有学者指出，追逐利益的能力及权利的失衡逐渐成为改变我国利益分配格局与社会结构的关键因素和机制。各利益主体诉求上的差异性必然会导致相关利益纠纷和冲突的出现，农村基层治理必然会直面这些纠纷与冲突。

不可否认，在市场经济社会中，各种社会纠纷归根结底都体现为人的纠纷，即人与人的纠纷，而其实质是人与人之间的利益纠纷与冲突。在实际生活中，不同的人最终得到的利益是不一样的，如此一来人与人之间就会产生利益纠纷，这是不可避免的，也是正常的。若对此进一步分析，可以发现，人际关系是否和谐直接影响社会整体的和谐，而纠纷是否存在又将直接影响人际关系是否和谐。如果该纠纷、冲突始终处于尚未质变的范围（纠纷的临界点）之内，那么和谐稳定仍然是社会的主要方面；反之，则意味着社会和谐稳定的基础业已崩溃，纠纷、冲突将无所不在。当前，日益扩大的贫富差距与不断增加的群体性纠纷对社会治理提出了挑战，假若罔顾这一事实，和谐、稳定的社会治理秩序就会成为水中月、镜中花。农村基层治理是一项以化解农村中出现的各类社会纠纷为目的，实现并维护农民权益的活动。因此，若要维持农村社会和谐，就必然对社会纠纷进行化解。

在我国经济体制改革持续深化及民主法治建设不断深化的过程中，农村地区众多深层次的利益纠纷越发凸显。特别是新农村的建设，一方面为农村发展、进步带来了契机，另一方面也埋下了较多的纠纷隐患。新农村建设既是农村地区的一次重大变革，也是一项对农村各方利益大调整的运动。经过近30年的高速发展，包括农村在内的我国各领域都取得了重大的成就，这为全面建成小康社会夯实了基础。但是，与城市地区一样，当前农村也正在进入纠纷集中爆发期，大量的社会纠纷涌现，并且有的纠纷已然非常严重，甚至仍在加剧。当前农村无论是显性纠纷还是隐性纠纷，都是普遍存在的，对农村的方方面面都产生了重大影响。

纠纷的存在既是普遍的也是客观的。各种纠纷持续多样化、复杂化的趋势无法避免。在推进国家法治进程的当下，应当在正确认识各类纠纷、冲突的基础上，致力建设一个能够化解纠纷、协调和控制利益冲突的社会。同样的道理，农村基层治理的目的也并非是缔造一个没有纠纷、冲突的"大同社会"，而是在意识到化解纠纷作为农村基层治理实质的基础上，将农村建设成为既能化解纠纷，又能协调和控制利益冲突的权益共同体。鉴于农村纠纷发生的场域性质等事实，综合前文观点，本书认为，农村纠纷是指发生在农村地区范围内的非对抗性、与农民切身利益密切相关的人民内部性质的纠纷，其核心表现为利益纠纷（具有可调和性，即通过诸如协商、和谈等适当的方式能够将其化解）。它并不是农村与纠纷的简单相加，而是迸发于农村发展、进步过程中各种纠纷的总称，是一种发生于双方或多方之间的纠纷。据此可知，由相关主体采取多种措施旨在化解纠纷、增进并保护农民权益，即农村纠纷的防范化解就是农村基层治理的根本任务。

（二）农村基层治理的核心：消解利益失衡

整个世界是由各种各样利益组成的，众多利益主体被涵盖其中，这体现了社会的复杂性。在现实生活中，各种利益将无法避免地出现相互交集乃至碰撞的情况。和谐社会的推进应该通过利益和谐进行，将利益纠纷控制在可承受的范围内并且有协调利益纠纷的机制，让整个社会都真正感受到改革开放带来的好处，使社会利益处于大体均衡的状态。和谐社会的本质是利益均衡，人的所有行为都与利益密切相关，利益关系是人际关系的本质体现。当然，利益均衡不是均等化配置全部群体的利益，也不是意图磨平利益差别，而是在利益主体之间寻找平衡点，把利益冲突降低到最小，竭尽全力维护利益体系的稳定和平衡。好的社会或机制并非表明利益冲突不存在，而是它可以包容纠纷，通过化解纠纷的方式达到利益基本均衡。因此，和谐社会的核心体现为利益，和谐社会的根本内涵即为克服利益失衡。建立以大体均衡为特点的利益格局是促使社会公正与和谐的必要条件。由此可知，利益关系越多样化，通过相应制度机制对其进行整合就越有必要，否则因利益失衡引发的诸多问题将给社会整体带来"多米诺骨牌"效应。鉴于利益对人类活动及社会发展的重要性，因而对社会的和谐稳定形成一定威胁的真正根源与社会纠纷本身无关，而是源于隐藏在纠纷背后的利益失衡或不公。

应当看到，上述论断同样适用于农村社会纠纷的化解，甚至农村更应保持利益的大体均衡。原因在于，较之城市而言，农村经济社会的改革发展还不深入，人们之间的贫富差距相对较小，且农村人口众多，容易引起利益失衡的资源更为丰富。同市场经济不断发展壮大一样，农村社会经济结构与观念等亦随之出现了重大的变化，综合体现为传统、封闭的农村社会向现代的、开放的城市社会转变，农村越发显现出与城市类似的一面，即经济人的特征凸显。同时，受现代市场规则的冲击，农村地区传统和现代的纠纷同存，呈现新旧纠纷交叉和内容复杂多样的态势。因此，稍有不慎，农村地区就有可能陷入纠纷井喷、利益失衡的不利局面。在不同群体间维持基本均衡的利益格局，从而保持基本的公平和正义，已成为当今社会必须面对的问题与挑战。"人之所以积极奋斗，是与其利益有关，人的本质是所有社会关系的总和，而社会关系的本质归根到底是一种利益基本关系"。该名言深刻地揭示出追逐利益成了所有行为的最终动力，亦是历史前进的动力之源。假如权利与利益失衡的问题持续悬而未决，必将造成社会利益的长久冲突，从而严重影响社会与政治的稳定。

利益冲突具有推动社会进步的积极作用，这为构建一个能容纳并能够通过制度化的方式化解利益纠纷、避免利益失衡，进而为构建利益大体均衡的社会提供了可能。农村社会纠纷归根结底是一种利益性纠纷，即因人与人之间因利益而产生的纠纷，而该利益的存在又是以纠纷主体拥有法律赋予的相关权益为基础的。因此，化解社会纠纷的关键在于保持农村各群体利益的大体均衡。也就是说，农村基层治理的实质是化解社会纠纷，而化解社会纠纷的核心又在于保持农村各群体利益的大体均衡。应当注意的是，维持农村利益大体均衡的状态又依赖法律对权益的赋予、确认。

综上所述，推进农村基层治理，既要从农民最关心、最迫切的问题着手，又要以农民权益为中心。只有透过现象看本质，深化对农村纠纷类型及保护农民权益重要性的认识，才能实现利益的大体均衡，化解发生于农村的各类纠纷，最终实现农村社会的善治。

七、乡村振兴战略与农村基层治理

实施乡村振兴战略是党和国家在全面建成小康社会决胜阶段，我国新农村建设取得一定成就而"三农"问题仍旧突出的宏观背景下，提出的一项指导我国农村发展的根本性战略。乡村振兴与农村基层治理的内在联系主要体现在三个方面。

（一）完善农村基层治理体系是实现乡村振兴的本质要求

一直以来，建立健全现代化的农村基层治理，是建设社会主义新农村，推进农村社会全面发展不可或缺的重要组成部分。在全面建成小康社会的决胜阶段，如何优化基层治理结构、转变治理方式、完善基层治理体制机制，始终是解决好"三农"问题，促进农村社会和谐稳定发展的核心议题。2017年10月，党的十九大报告在提出实施乡村振兴战略的同时，将"治理有效"作为乡村振兴的重要内容，并提出了建立健全自治、法治、德治"三治合一"的乡村治理体系新要求。2018年1月，《中共中央国务院关于实施乡村振兴战略的意见》进一步提出了"加强农村基层基础工作，构建乡村治理新体系"的具体要求；同时强调，"必须把夯实基层基础作为固本之策，建立健全党委领导、政府负责、社会协同、公众参与、法治保障的现代乡村社会治理体制，坚持自治、法治、德治相结合，确保乡村社会充满活力、和谐有序"；在为乡村振兴战略设定的发展规划中，提出"到2020年，乡村振兴取得重要进展，制度框架和政策体系基本形成"；同时，"以党组织为核心的农村基层组织建设进一步加强，乡村治理体系进一步完善""到2035年，乡村振兴取得决定性进展""乡村治理体系更加完善"这些规定作为乡村振兴战略的重要内容，与其他部分共同构成了一个系统、完整的目标发展体系。因此，进一步完善农村基层治理体系，是推进乡村振兴战略的应有之义。

（二）实施乡村振兴战略应以农村基层治理有效为基础导向和目标

"乡村振兴，治理有效是基础。"实现乡村振兴应加快推进农村基层治理由"管理"向"治理"转型，提升农村基层治理体系和治理能力的有效度。"治理有效"是国家有效治理的基石。所谓"治理有效"，就是指党和国家各项指导农村工作的路线、方针、政策，具体的制度、机制、措施能够得到有效地贯彻落实。农村基层治理就是国家政治权力将各项制度或政策作用于农村基层社会的过程。实践证明，基层治理观念落后、治理结构不合理、治理方式单一必然会导致各项政策或制度的流失，从而严重制约农村社会的发展。解决农村基层治理的实践困境，优化基层治理结构，完善农村基层治理体系，能够为其他各项农村工作的顺利实施扫清制度性障碍，为乡村振兴战略的顺利实施保驾护航。另外，"治理有效"并不拘泥于固定的模式、结构、手段或方式，而是在特定价值的指导下追求多元化的有效实现形式，使治理模式、结构、手段在具体实施中更具灵活性。因此，建立和完善基层治理体系，将国家治理与基层社会治理相统一，能够有效缓解国家政策的普遍性与具体实施的特殊性之间的矛盾关系，进而大大增加了政策执行或制度实施的有效性和灵活性，使乡村振兴进程中的各项具体要求真正落到实处。总之，建立和完善农村基层治理体系，是乡村振兴各项工作稳步推进的基础和前提，是解决"三农"问题的根本路径。

（三）农村基层治理发展对实现乡村振兴具有重大的推动作用

农村基层治理的发展，特别是健全的农村基层治理体制机制和卓越的基层社会治理能力必将成为乡村振兴的直接动力源泉。概括起来，农村基层治理发展对乡村振兴的推动作用主要表现在三个方面：①乡村振兴是社会主义建设进入新时代后党和国家为解决农村发展问题而提出的重大战略部署，而农村内部深层次问题和矛盾的解决同样离不开乡村治理体制的改善。农村基层治理的现代化转向为农村社会自发解决内部问题和矛盾提供了一套行之有效的利益协调机制，进而维护了农村基层社会的和谐稳定，有力地促进了乡村振兴战略的稳步实施。②农村基层治理为乡村振兴具体政策的顺利实施提供了一套全面、系统的资源整合机制。乡村治理结构作为治理权力运作、变更的组织架构，直接决定着乡村公共事务的组织与管理，社区公共资源的动员与调控。因此，建立多元主体共同参与、组织协同的基层治理机制，协调不同治理主体之间的相互关系，能够最大限度地调动政府、企业、社会组织以及农民群众参与乡村振兴的积极性和主动性，有效整合和合理配置各种政治经济社会文化资源。③健全农村基层治理体系，完善乡镇政府、村两委、社会团体以及农民群众等多元治理主体共同参与的治理机制，发挥各自的优势，实现多元治理主体的优势互补，进而极大地提高农村基层社会公共决策的科学性、合理性、合法性，并保证各项决策的顺利实施。

总体而言，作为乡村振兴战略的总要求之一，加快推进乡村治理体系和治理能力现代化在实施乡村振兴战略的进程中居于基础性、关键性地位。健全自治、法治、德治相结合的乡村治理体系对乡村振兴战略的顺利实施具有极为重要的意义。乡村振兴战略在规范农村基层治理发展具体内容的同时，也为当前我国农村基层治理的现代化转型提出了新目标、新任务、新要求。这些目标、任务、要求是社会主义建设进入新时代后，人们在观念上对农村基层治理认识的升华，它作为农村基层治理现代化转型的基本遵循，明确了基层治理的发展方向，为我国农村基层治理体系创新开辟了一条新道路。

第二节　农村基层治理法治化的基本内涵

一、法治化的基本概念

法治化指的是国家治理应当以法律为依据，并且公民应当自觉遵守法律。依法治国是我国长期以来执行的基本国策。公民的一切行为都要遵守法律法规，行政机关的行政行为也要严格遵守法律规定，遵守法定程序。无论是国家机关还是个人，一切活动都要在法律框架下进行，法治化可以为社会治理的推进创造一个积极健康、和谐有序、公平正义的环境。法治化同样是社会治理发展的重要手段，没有有序的环境与规则的指引，社会治理就无法发展。

二、农村基层治理法治化的基本概念

农村基层治理法治化指的是在多元化协同共治的思想指导下，以法治为手段，在政府、社会组织与公民等多方主体的参与下，用法治的理论对农村事务进行管理。农村基层社会治理法治化中所强调的"法治"并不是指狭义的法律，而是包含宪法、法律、行政法规、地方性法规、部门规章与地方性规章的广义法律。推进农村社会治理法治化的过程是权利与权力统一，多主体共同参与、互相融合的过程。对权力进行规范与监督，能为公民权利提供有力保障，使公民能够切实维护自身利益，从内心真正相信法律，积极维护法治，形成良性循环，从而提高社会治理法治化水平，推进农村社会治理法治化进程，实现构建法治与和谐社会的最终目标。

三、农村社会治理法治化的基本内容

农村社会治理法治化的内容主要包含以下几个方面。

（一）基层党组织依法执政

在社会治理推进过程中，无论是城市还是农村，基层组织都会充分发挥其领导作用。在我国的党组织体系中，基层党组织作为各项工作推进开展的一线部门，其工作水平与工作质量对整个社会治理工作的开展有着重要作用。随着依法治国基本国策的不断推进，我国法治化水平不断提高，社会治理法治化已经成为管理社会事务的必然选择，因此，在这样的情况下，农村基层党组织就更应明确自己的工作职责，在以法律法规为依据的基础上开展自己的工作，将依法执政的理念贯穿工作的始终，约束自己的权力，让法治思维成为执政的指导理念，让法治方式成为自己的行为方式，将法治理念、治理法治化的观念直接传达给社会公众。

（二）基层政府依法行政

在农村社会运行过程中，除基层党组织进行执政外，基层政府也起到了尤为重要的作用。就目前我国的发展而言，基层政府在转型期如何切实依法行政是一个关键问题。首先，依法行政是公众的需要所在。农村基层政府要积极发挥引导和指导作用，让公众依法行使权利，履行义务。政府的引导与指导行为，包括针对违法违规行为的规范与调整要以法律为依据。依法行政也是对政府本身所提出的要求。政府以及国家公职人员在履行自己的职权时要以法律为依据，不能滥用权力，不能逃避法律责任。依法行政既能够约束社会公众，也能够约束政府。其次，依法行政是服务公众的有力保障。人民代表大会制度是我国的根本政治制度，我国行政机关一切权力的行使都代表着人民，在我国，人民群众是统治阶级，法律作为统治阶级意志的体现则更应当反映民众的呼声。因此，农村基层政府依法行政就是满足群众的呼声，实现群众的利益，让人民当家做主。最后，依法行政是社会长治久安的必然保证。农村基层政府作为政府的职能部门，是上一级政府与基层群众沟通的桥梁，农村基层政府工作水平如何将直接影响上级政策能否顺利推行。

（三）农村基层司法机关公正司法

司法公正同样是开展社会治理的重要环节。司法公正包括实体公正与程序公正两个部分。这两个部分有着密切联系，是相辅相成的。公正司法在农村社会治理中发挥着不可替代的作用，是基层社会治理法治化推进的保障。首先，司法公正对司法程序极为重视。司法程序是一切司法活动开展的重要保障，司法理念不仅体现在实体法上，还应当通过程序的公正、公平、公开得以实现。长期以来，司法公正都存在重实体、轻程序的情况，司法程序的建立能够树立司法公正在群众心中的形象。其次，司法公正可以提高法律的公信力。司法公正是法律权威性与公信力的基础。法理学家曾将法律与宗教行为相比拟，法律的公正性是法律信徒的信仰所在，这就好比信徒之所以信仰宗教是因为宗教的产生和存在。司法公正是法律公正的直接体现，也是社会公众对法律的直接体验，如果司法不公正，法律的公正性也就沦为无稽之谈，法律也就没有存在与发展的必要。

（四）农村基层群众自觉守法

我国的法律是广大人民根本利益的体现，基层群众自觉遵守法律法规是对自身利益的一种维护和保障，是对法律权威性与合法性最大的认可。农村基层民众自觉守法用法是基层社会治理法治化的群众基础，也是整个社会在法治层面下运转的必要动力源泉，更是人民群众整体意志的直接体现。基层群众自觉遵守法律法规，自觉运用法律法规来解决问题，可以有效减少矛盾的存在，对权力运行也有着一定的制约与监督规范作用。基层群众自觉遵守法律法规，将法律法规作为自己行使权利，履行义务的准则，能够为合法权益提供保障，为社会治理法治化的推进创造一个良好的大环境，从而全面推动社会的进步。

四、农村基层治理法治化的基本原则

农村基层治理法治化本质上是治理过程的制度化、程序化、规范化，是对法治的价值遵循，是权力与权利的有效互动。新时代乡村治理法治化不是毫无章法的，应当遵循基本原则，主要表现为治理主体的多元性、方式的合法性、行为的规范性和目标的现代性。

（一）治理主体的多元性

实现乡村治理法治化，最终离不开主体的参与。治理主体是乡村治理法治化的实施者、践行者，是对乡村社会发展发挥重要作用、产生重要影响的组织和个人的总称。当前，伴随着社会主要矛盾的全新转变，农村发展的不平衡、不充分问题逐渐显现，乡村社会出现了许多新情况、新特点。特别是矛盾纠纷的复杂性、利益诉求的多元化、发展任务的艰巨性等日益凸显，决定了乡村治理主体不能是单一的，也不可能是单一的，主体的多元化成为新时代乡村治理法治化的必然选择和鲜明特征。具体而言，乡村治理主体主要包括国家层面的基层政府、社会层面的民间组织、自治层面的村民自治组织、基层党组织以及以新乡贤为代表的个人，等等。当然，乡村治理主体的多元性并不意味着主体的重叠冗杂、秩序的复杂混乱，而是需要建构平等协商机制，明晰治理主体间的权责，以实现多元治理主体的协同共治。

（二）治理方式的合法性

乡村治理并非毫无章法、毫无根据，而是依据一系列制度、规则、规范展开的。这里的"制度、规则、规范"既有国家法律法规明文规定的正式制度规则，如《中华人民共和国村民委员会组织法》，也有非正式的制度规则，如乡村社会约定俗成的民间习惯、乡规民约等。自古以来，"乡土社会是礼治的社会"，情、礼等民间习惯一直被奉为调整人际关系的圭臬、行为处事的法则，以礼俗教化民众、规范行为成为乡村社会的共识。进入新时代，这种约定俗成、绵延至今、仍在奏效的礼俗规范是否符合法治理念，切合乡村实际，还有待考量。治理方式的合法性，从根本上说，就是要求治理的依据本身是良法，是符合现代法治理念的规则规范。这就要求对原有的乡规民约、民间习惯等规范进行清理，注入现代法治理念，使其逐步走上正规化、合法化的轨道，确保其在国家法律允许的范围内运行。

（三）治理过程的规范性

治理过程是践行法治理念、实现治理法治化的重要环节。所谓治理过程的规范性,就是要求治理主体的行为在权力运行与权利行使过程中要践行法治理念、依法履行职责。它具有三层含义:①主体的平等适用性。无论是基层政府、基层党组织、村民自治组织、民间组织,还是基层民众都平等地适用于法律规则,任何组织和个人都不能凌驾于法律规则之上,这就要求治理主体要牢固树立法治思维、坚守法治理念。②主体行为过程的全域性。乡村治理内容纷繁复杂、领域覆盖广泛,涵盖了基层政治、经济、文化、生态等诸多领域。在治理实践中,治理主体对于每一内容、任一领域都要坚持依法依规,恪守法律底线,使法治"走遍乡村每个角落"。③主体行为的全程性。乡村治理法治化不是停留于纸面的静态模型,而是贯穿实践的动态过程,具有持久性、长期性。这就要求治理主体在权力运行的每一环节、任一阶段都应当遵循法治理念和价值准则,矢志不渝地推进基层治理法治化落地生根、开花结果。

(四)治理目标的现代性

作为国家肌体的"小细胞",乡村并不是孤立地存在的,而是统合于国家发展大局的,故而国家治理现代化的目标指向也包含着乡村治理现代化。因此,新时代乡村治理应将现代性视为实践操作的最终归宿,作为考量成效的重要标尺。现代法治的核心要义是良法善治,正是现代法治为治理实践注入了良法的价值遵循,提供了善治的创新机制。乡村治理法治化,归根结底,就是要践行乡村的良法善治,进而实现治理目标的现代化。而治理目标的现代性主要体现在三个方面:①完善的法律法规体系,这是乡村治理的基本依据。只有完善的法律法规体系才能为乡村治理法治化实践提供制度支撑与遵循准则。②健全的体制机制。体制机制是协调治理主体关系、规范治理过程的重要载体。③崇高的法治信仰。乡村治理法治化不仅是完备的制度性活动,还是对主体角色的拷问,根本而言,就是要让法律深入人心、走心入脑,形成精神支柱,使法治成为民众的共同信仰。

五、农村社会治理法治化的意义

(一)农村社会治理法治化为建设法治国家奠定基础

当前,我国的社会矛盾主要体现在对基层社会事务的管理上,农村基层社会的治理工作关系国家经济发展，社会平稳运行，因此受到了更多的重视。基层社会事务由管理转向治理，法治化水平不断提高，对整个社会秩序和谐有序发展起着积极作用，优化治理方式对整个国家治理体系意义重大。当下，农村社会治理法治化是必然选择，任何事物的发展都无法与法治相背离，并且农村社会治理法治化将会使法治的实行落到基层，基层是一切事物的基础，这样就会让基层农村群众对法治产生更为直观与深刻的认识和理解，真正做到深入农村群众中推进法治建设。因此，农村社会治理法治化也是法治国家建设的重要环节。

（二）农村社会治理法治化为人民利益实现提供保障

我国社会治理的侧重点主要在农村基层工作中，目前的治理现状是侧重对公民参与公平的强调，希望通过农村社会治理可以让政府、社会组织、民众形成良好的互动关系，促进综合治理体系的完善。在推进社会治理法治化的过程中，要将人民群众的利益放在第一位，重点关注和人民群众利益有关的信息。随着经济的发展，人们对自己的权利也愈加重视，公平正义是社会治理在推进过程中所要实现的目标之一，公平正义的实现与法治有着密不可分的关系，因此社会治理法治化的实现与人民的利益的实现程度有着很大的关系，社会治理法治化水平越高就会越重视群众的参与和满意程度，所以农村社会治理法治化为人民利益的实现提供了有力保障。

（三）农村社会治理法治化为完善社会治理体系提供动力

长久以来，我国社会管理体制都呈现出控制力强的特征，对社会各项事务进行干预和管理。这种管理体制有其成本低、见效快的特征，但长此以往也会让政府处于超负荷运行状态。农村社会治理法治化的推行，将通过充分运用法律手段、依法办事、依法行政、依法治理，在法律的体系和法治的理念下，对一切事物进行体制化与章程化的管理，通过法律的权威性与公信力为矛盾的解决提供渠道，用法治来促进稳定的实现，最后实现农村社会的和谐有序发展。

六、农村社会治理的特征

联合国治理委员会将治理的特征总结为四点：①治理不是活动而是过

程；②治理不是控制而是协调；③治理既涉及公共部门，也涉及私人部门；④治理不是制度，而是互动。

结合我国的现实，农村社会治理在当下呈现如下特征。

（一）农村社会治理是村民民主参与的过程

目前，我国农村基本存在着自己的村规、民约，村民行使权利管理事务多依靠村规、民约。在村规、民约的基础上，我国出台了《中华人民共和国村民委员会组织法（试行）》，在法律框架下，村民自由行使自己的权利，积极参与公共事务管理，农村社会治理呈现出良性互动与健康民主的发展态势。

（二）农村社会治理是多方利益协调的治理艺术

农村基层治理相较于城市基层治理来说，有着许多因经济、政治、传统文化而形成的独特问题，农村基层组织承担着大量琐碎工作，如扶贫工作的开展、三农问题的解决。在这个过程中，涉及多个主体与多方利益，错综复杂，如果对问题的处理不谨慎、不得当，就会愈发激化社会矛盾，影响经济与社会稳定发展，因此要让各方积极沟通达成共识，就要实现社会治理法治化，让治理成为艺术，从而精准得当地解决问题。

（三）农村社会治理是行政权和自主权矛盾发展的结果

《中华人民共和国村民委员会组织法（试行）》第三条规定，"乡、民族乡、镇的人民政府对村民委员会的工作给予指导。村民委员会协助乡、民族乡、镇的人民政府开展工作"。法律并未对行政权与自主权进行一个明确的划分，这就会导致职权行使过程中出现交叉与矛盾的情况。在行政权与自主权的矛盾发展中，农村社会治理不断发现问题，解决问题，继续发展。

（四）农村社会治理是多方参与的活动

随着我国综合实力与经济水平不断提升，群众对公共服务提出了更高的要求，对公共管理的参与度也随之增加。农村基层治理主体由单一的政府转变为农村组织、村民的多方参与，主体不同，诉求不同，就需要积极互动沟通，让利益分配更加公平合理，实现良性的政治生态。

第三节　农村基层治理法治化的相关理论

一、新时代党和国家的治理理论

党的十八大、十九大之后，我国进入了中国特色社会主义建设的新时代，国家治理现代化也作为重大战略目标被提出来，我国改革开放以来关于国家治理的探索实践得到了升华，而在这一背景和前提下，农村基层治理法治化的建设也具备了相应的理论可解读性。

（一）国家治理、政府治理和社会治理

自十八届三中全会至十九届四中全会，在各会议报告中，"治理"这一概念被多次提到，并且涉及各个领域，但总的来说，都能被纳入国家、政府或社会治理三个范畴中。其中，"国家治理"是个广义的概念，它包含了对政府和社会本身的治理，同时政府和社会主体的治理活动都属于国家治理的范畴。政府治理与社会治理密切相关，社会领域的很多事务都属于政府治理的对象，而社会对国家治理和政府治理行为具有监督的权利和义务，因此从该层面说，社会主体也是国家和政府治理的参与者。

1. 治理

在阶级出现之前，"治理"已经在人类历史长河的各种社会形态中出现。早在原始社会，人类就开始对氏族部落进行治理。原始社会氏族部落通过氏族会议、部落首脑、集体议事等机构和机制实现氏族成员全体参与部落公共事务的处理。这种管理方式所体现的精神与现代的公正、民主、公众参与等精神有异曲同工之处。国家产生于人类进入阶级社会的阶段。马克思主义国家理论认为，当阶级出现以后，利益冲突无法调和时，一种驾驭社会的力量就出现了，这种力量的目的是维持秩序，因此它具有公共职能，这就是国家。为了维持社会秩序，国家必须进行社会统治。国家行使统治行为，在进行利益调和过程中必然代表一定的阶级和阶层。统治的功能是 20 世纪 60 年代之前的人类社会的各种社会形态中国家治理的主要表现形式。我国历史上曾经在相当长的时期内都采取统治型的国家治理，虽然在很多历史文献中频

繁出现"治理"这样的表述，但从本质上说都是统治。以统治为主要职能的国家治理必须维持一种规矩和秩序的运行，而这种规矩和秩序能保证阶级剥削和压迫得以实现。统治型的国家治理充分体现了马克思主义思想中国家的阶级本色。国家治理理论在西方资本主义发展过程中经历了几次转型阶段：资本主义国家政权稳固后出现的"管制型"；20世纪60年代以"新公共管理"为代表的"管理型"；20世纪90年代强调沟通协调，以主体、权力、手段多元为特征的现代"治理型"。

20世纪90年代，西方的国家治理理论开始弱化政治权力，主张政府与社会分享更多的权力，从政治学角度思考公共权力的运行、资源的分配以及治理价值的选择问题。西方现代治理理论与先前的各种治理模式相比具有以下几个特征：第一，治理主体方面，强调多元共治。政府部门不是唯一主体，不再享有垄断性地位，市场的、社会的以及各种自治组织等都参与社会的治理。第二，治理规则方面，国家法律不是唯一的治理权威来源和治理规则依据，各种非强制性的契约即"软法"也是治理规则的重要组成部分。第三，治理手段方面，除了强制性的之外，更加强调各治理主体之间合作性质的方式。第四，治理权力运行向度方面，权力不再只体现为从政府到社会的单向运行，还包括从社会到政府的，或社会主体之间的运行。西方国家强调政府分权和社会自治的现代治理理论，这对我国国家治理现代化的建设具有可借鉴的成分，但是其本身存在局限性和内在缺陷。

西方国家现代意义上的治理虽然可以对"统治""管制"和"管理"的缺陷有所弥补，但也不是万能的。它并不能像国家一样对强制力具有支配权，也没有能力对资源行使。西方现代治理理论自身存在的缺陷和不足容易使治理面临困境，造成治理失灵。

首先，权威的流失导致治理失灵。国家需要强有力的稳定政权来实现对意识形态、公共危机、社会安全等重大问题的有效掌控。20世纪90年代，西方国家的社会中心主义范式的治理理论强调主体多元化，特别是主体"去中心化"，这势必会削弱政府权威，从而威胁政权稳定。其次，多元主体中的非政府主体参与治理本身都带有实现自我利益的倾向，而治理行为是具有价值追求的，并从公共服务的提供中得以表现，因此两者存在根本的冲突。政府以外的私人企业、社会团体等多元主体作为独立的社会力量参与公共服务产品提供的治理体系而不影响治理公共性必须具有一个前提，即在公共产品的生产和分配过程中，必须具备完善的市场化机制以有效控制非政府主体的行为。否则，参与到治理体系中的各类社会主体必然会因它们自身存在的自利性本质而追求自身利益的实现。倘若公共服务产品市场机制不能为各治理主体提供有效的利益调解途径以保证利益平衡，那么利益冲突的产生将是不可避免的。利益冲突是社会矛盾产生的重要根源，不可能仅仅通过治理体系本身的内在协调机制就能得到很好的解决。当各治理主体之间的利益冲突产生又无法被及时、有效解决时，治理的整体运行将不再顺畅，治理也就失灵了。

在马克思主义原理关于国家的理论中提到，国家的政治统治主要表现为社会职能的履行，因此政治管理行为也是阶级统治的内容。国家职能具有二重性：通过政治形式同时进行统治和管理。这是阶级国家的价值根基和逻辑起点；同时，随着国家的发展和演进，统治职能范围会逐步缩小，而管理职能范畴将越来越广阔。国家在行使越来越多的政治管理职能时，能否很好地协调国家、社会、市场之间的相互关系成为影响国家治理效果强弱的重要因素。虽然现代西方国家治理理论过分强调各类非政府主体的作用，主张弱化政府权威、瓦解主权意识的特性难以适应中国国情，但是将民主作为判断治理是否合法的重要根据是具有共通性的治理理念。社会主义国家的治理应该借鉴西方国家治理理论中的合理因素，特别是国家行使政治管理职能方面，摒弃"全能政府"的旧理念，鼓励社会力量参与国家治理。因此，与国内传统的"统治型"和西方现代的治理相比，中国特色社会主义治理与两者都存在根本性的不同。

2. 国家治理现代化

2002 年，党的十六大报告中首次提出社会主义国家治理理念，即"党领导人民治理国家"；2007 年，党的十七大报告更加明确要"有效治理国家"；2012 年，党的十八大报告中多处提到"治理"，并且强调法治在治理中的作用；2013 年，党的十八届三中全会确定国家治理现代化的总目标；2014 年，党的十八届四中全会提出并通过全面推进依法治国以促进国家治理现代化的决议；2017 年，党的十九大报告中再次强调推进国家治理现代化建设，并且确定到 2035 年和 21 世纪中叶"基本实现"和"实现"国家治理现代化的目标。

习近平指出，国家治理体系由本国人民决定，受本国历史、文化、经济等各种因素的共同影响。国家治理现代化是党在我国社会转型过程中，基于对国情的明察和对国内外政治形势的分析判断，在总结我国几十年社会主义建设的理论和实践经验的基础上，批判性地吸收了现代西方国家关于治理的科学成分而提出的理论思想。国家治理现代化以促进公共利益、维护国家稳定为根本目的，由党和政府引导各种社会力量并通过协商民主机制解决矛盾与冲突，实现多元主体共同对社会进行治理。国家治理现代化是党对现代治理理论的"原创性贡献"，是"马克思主义国家理论的最新发展"。

国家治理现代化是中国共产党以马克思主义思想为指导，结合了党的长期执政实践，是符合我国国情、具有鲜明的中国特色国家治理理论。"中国特色"在国家治理现代化中有以下体现：党是国家治理的领导力量，政府是执行机关，形成了党领导、政府负责、其他力量参与的国家治理主体体系；国家治理与依法治国相结合，法治是国家治理实现现代化的必然要求；强调秩序与利益并重，公共秩序和社会稳定也是治理的重要价值追求；同时，通过协商民主机制来保障人民当家做主。在党和政府的领导和主导下，多元治理主体通过民主协商形成国家治理合力，使不同社会阶层的利益诉求得以平衡，真正实现治理运行多向度相结合；治理的内容更宽泛，包括政府、社会和其他领域的治理内容。

3. 新时代中国的国家治理、政府治理和社会治理

在十八届三中全会确定的国家治理现代化中，社会主义制度改革的深化包括国家、政府和社会各个层面的治理内容。

（1）国家治理、政府治理和社会治理的基本含义

根据马克思主义国家理论逻辑，政治统治与政治管理都是国家职能。我国新时代的国家治理是统治和治理两个层面的"治""理"相结合。我国的国家治理是在党的领导下，通过立法、行政、司法等权力运行实现"治"与"理"的结合。新时代我国国家治理的目标是实现现代化，其中要求治理体系满足"公共权力运行的制度和规范化"以及民主、效率、法治等要求。国家在履行统治和管理职能过程中的公共权力运行必须规范化；国家在行使公共治理和制度安排过程中，应该充分保障人民主权，公共政策应体现人民主体地位；统治和管理都应遵循法律最高权威原则；国家的政治统治和管理行为应维护社会稳定和秩序，提高效率和效益；国家统治和管理的规范系统必须保障国家治理的各层级、领域的相互协调性。国家治理能力既受制度的科学性和完善程度的影响，也受主体素质的影响。主体素质的提高需要专门的培养和教育，同时保证主体行使权力的过程得到有效监督。

政府治理是指政府行政主体对社会公共事务的治理，它包括政府对自身、市场以及社会的公共管理活动。随着人类社会的发展与进步，社会民众

越来越多地参与公共事务治理活动。但是，在人类政治发展的今天和可以预见的将来，国家及其政府仍然是最重要的政治权力主体。鉴于政府在公共治理中的核心地位，政府是国家治理的引领者，并且国家"善政"目标的实现，只能由政府完成。我国政府治理主要由行政体系主体完成，行政体系不仅是党领导社会主义建设的治权体系，是人民民主和有效治理实现的执行机制，还是法治中国建设的运行平台。在社会力量和公民基于行使民主权利而参与政府治理的情形下，它们也成为治理的权利主体。政府治理通常表现为国家行政体系依照国家法律或公共政策，进行公共事务管理和提供公共服务，同时对自身的结构和体制进行优化。从运行意义上，社会治理可以理解为"特定的治理主体对社会实施的管理"。党的十八届三中全会中关于社会治理体制创新的表述是"社会治理"首次在党的重要文件中被提到，这意味着它被提升到了国家治理的层面。党的十九大进一步提出"打造共建共治共享的社会治理格局"。这些表述的变化标志着党和国家对社会从"管理"理念转变为"治理"理念。因此，社会治理具备了治理理念所具有的主体多元化、方式多样性和过程多向度等基本特征。党的十八大报告明确了党委、政府、社会、公众、法治等在治理中的功能和地位，十九大再次强调，"完善党委领导、政府负责、社会协同、公众参与法治保障的社会治理体制"。

我国社会治理是指在党的领导下，由政府主导，各类社会力量乃至民众参与的对社会进行的管理。当前，我国社会治理活动主要表现为三种具体形式：政府对社会的直接治理活动、政府与各类其他主体及民众合作治理活动、基层群众自我管理的活动。社会治理主要以保障民生、完善福利、化解矛盾为主要内容，以最终实现社会公平及和谐稳定。

（2）国家治理与政府治理和社会治理的关系

首先，国家治理包含政府治理和社会治理，政府治理和社会治理是国家治理的组成部分。国家治理是总体性的，包括各个领域和层面的治理。党是国家治理的核心力量，党领导立法、行政、司法等机构具体行使治权实现各领域有效的治理。因此，政府是国家治理的执行机构，政府对自身的、市场的和社会领域的治理活动实质上是行使国家治权的表现形式，是具体落实和实施国家治理。政府治理也是国家治理最重要的一个子系统，而且是最重要和最关键的组成部分。国家治理涉及国家建设和发展的所有层面，社会领域是其中的一个具体方面。国家层面的治理规范引领着社会治理活动的具体实施。国家立法机关制定的法律有些对社会治理进行直接规范，如《中华人民共和国公共文化服务保障法》《中华人民共和国老年人权益保障法》《中华人民共和国村民委员会组织法》《中华人民共和国残疾人保障法》《中华人民共和国妇女权益保障法》《中华人民共和国公益事业捐赠法》等。大部分的国家立法对社会治理活动没有产生直接规范作用，但是引领了社会治理活动的具体实施。所有关于保障和改善民生的国家立法都是促进社会有效治理的国家治理活动。还有一些国家基本法对一定范围的社会变迁产生了重要的影响，如国家关于土地和物权方面的立法对农村集体土地的产权设置安排，并不直接规范乡村社会治理的内容，但是国家立法中关于农村集体土地使用权的可流转性，客观上使大量非农民主体进入乡村社会参与乡村的生产生活活动，使乡村社会治理面临更为复杂的情况。因此，乡村社会的变迁会促使国家及政府对乡村社会治理规则和活动也做出相应的调整。

其次，政府治理与社会治理密切相关。当前，我国的社会治理表现为三种形态：政府通过行政管理对社会的直接治理、政府与各类社会团体及群众协同进行治理以及基层民众自我治理。国家对社会的治理主要通过政府具体实施完成。政府治理的重要内容是通过行政行为管理社会公共事务以及为民众提供公共服务。当前，我国社会治理的具体内容和主体形态多数由政府主体完成。对于社会治理的创新，多数也体现在政府主体做出的创新活动上。社会团体以及民众个人与政府一起参与社会治理既是社会变革的产物，又是政治进步的必然结果。政府与社会合作治理的有效性与政府主体行为密切相关，需要政府通过改革理顺两者的关系。在社会治理的所有主体中，政府在其中占主导地位，其他主体的活动在政府的引领下进行。

（二）新时代党和国家的社会治理思想

1. 中国共产党领导的社会治理

党在国家社会主义建设中担负着领导的重任，是整个国家治理的领导力量，在社会治理中居于领导核心地位。

首先，各级党组织在社会治理中充分发挥领导作用。党具有"总揽全局、协调各方"的能力，社会治理是党的重要内容之一，党和国家对社会的治理主要由政府主体具体实施完成。新时代的党政关系在党政分开的基础上进一步向党政融合发展，党政融合不但优化和提升了党政机构的设置和效能，还增强了党的执政能力和领导能力。通过在中央设置关于社会治理重要问题的各种领导小组，在各级党政机构中设置与中央"对口"的机构，党对社会治理领域的重要部位和重大问题的把握和集中统一领导得到了加强。

其次，改善党对社会治理的领导。党的十八大和十九大都强调加强党组织的自身建设。党的自身建设是改善党的领导的前提，"打铁必须自身硬"。提高党对社会治理的领导能力和水平首先需要提高党的干部队伍的整体素质，包括服从党中央集中统一领导的政治素质、新时代的思想素质、法治思维和依法办事的法治素养、过硬的专业素质等全面综合素质。反腐败是关系党的存亡的重大问题，要以"永远在路上的坚韧和执着"对待反腐败问题，通过完善反腐败法律制度，推动纪检监察机制的高质量运行，加强党员队伍政治建设，提高防治腐败的效率，以提升党对社会治理的领导成效。

最后，加强和改善党对基层社会治理的领导。党不仅通过从宏观上对关键领域和重大问题的统一集中把握领导社会治理，更为重要的是通过基层党组织对基层社会治理的实践实现对社会治理的领导。基层党组织坚持群众路线，充分激发社会组织和人民群众社会治理的热情。党领导基层政府、社会团体和群众通过协商民主的方式有效参与社会治理，夯实在基层社会的执政基础。

2. 以人民为中心的社会治理

党的十八大以来，党的规范性文件和国家领导人多次阐释"以人民为中心"的思想。党的十九大报告更是在开篇便指出："'为中国人民谋幸福'是中国共产党人的初心和使命。"[①] "以人民为中心"的思想主张充分发挥人民的主体性力量，认为国家和社会的发展及进步主要依靠人民的核心力量。"以人民为中心"的理念是对马克思主义人民主体理念的创新，符合当前中国实际情况，是对社会民众期盼社会进步的有效回应。"以人民为中心"已经成为当前中国社会发展的根本指导理念，也是党和国家社会治理思想的根本政治立场。

在"以人民为中心"的思想中，人民既是社会治理的受惠者也是行为主体。社会治理是治理主体对公共事务进行治理和为其提供服务的活动，公共事务和服务的服务对象和受惠对象是广大人民群众。"以人民为中心"决定了社会治理主体的人民性质。国家治理从"统治"到"管理"，再到"治理"理念的转变，意味着人民群众不但通过人民代表行使国家治理主体

---

① 中国共产党第十九次全国代表大会文件汇编。

的治理权利，更多的是以社会团体成员或公民身份直接参与治理活动，成为治理的重要力量。党和国家也极其重视社会民众在社会治理过程中发挥的重要功能。

《中华人民共和国宪法》规定的国家性质决定了人民是一切国家行为的中心和价值目标，"以人民为中心"也是我国社会治理的目标和价值指引。我国以党和政府为主导的多元社会治理主体通过发展教育事业、提高社会就业总体水平、增加人民收入、完善社会保障体系、健全社会矛盾预防和解决机制以及公共安全体系等重大改革举措改善民生水平，以实现法治化、专业化的社会治理。是否保障公民社会权利、是否促进社会福利的提升和社会民生的改善、是否有利于社会矛盾的消解成为判断社会治理是否取得成效的重要标准，这些标准都以人民的利益为中心。

3. 以公平正义为核心要义的社会治理

党的十八大报告提出"必须坚持维护社会公平正义"，并且要求在"权利""机会""规则"三个方面建立社会公平保障体系。十八届三中全会则将"促进社会公平正义、增进人民福祉"作为全面社会改革的"出发点"和"落脚点"。十八届四中全会提出"全面推进依法治国""法治是社会公平正义实现的重要保障"。十九大报告将"促进社会公平正义""保障和改善民生"确定为新时代国家发展的基本方略。公平正义成为社会治理的核心要义。在社会治理中体现和实施社会公平正义，关键在于建立和健全相关保障机制。"权利公平"意味着规范公民权利的制度本身是正义的，法律从权利和义务两个方面保障给予每个人的"平等机会"。新时期对公平正义提出了更高的要求，仅仅从制度上规范社会成员整体的平等权利并不一定能够实现正义，这只是形式方面的。我国社会城乡之间、东西部之间发展不平衡，各地公民在法律权利实现机会上存在不平等，因此要保障公民各方面的权利得以切实实现，就要求对社会弱势群体的基本权益提供特殊的保护，使他们与其他社会成员一样具有实现法律规定权利的同等机会。"规则公平"要求在社会治理过程中，法律平等地适用于一切社会治理关系主体，真正实现任何主体都不能拥有法律之外的特权。对以上三个方面的社会公平保障体系的完善不仅涉及利益和权利在社会成员之间的公平配置，更为深层次的是涉及国家治理结构的宏观改革和创新。例如，对于城乡社会公民在社会权利、机会和资源方面存在的不平等待遇，仅仅完善相关法律制度并不能从根本上解决这一问题，只有对治理宏观结构进行深度改革才能动摇不公平存在的根本。

4. 德法共治的社会治理

共同运用德治和法治，是我国古代各朝各代统治者治国理政的惯常手段，这既是经验，也是历史遗留的优秀政治文化因素，体现了民族的集体智慧。"中国古代统治者历来重视道德对治国理政发挥的重要作用，道德的功能主要表现在以德治国和以德化民两个方面"。道德具有教化百姓的作用，一方面，道德规范能够使个人的不良心性得到教化，使人远离凶、恶、犯罪，唤起内心的善良、正直；另一方面，道德对社会不良风俗具有教化作用，用道德规范引导教化社会风俗，可使社会风俗趋于理性、良善。长此以往，道德对个人和社会风俗的教化最终普及社会整体，使全国民众的道德水平普遍提高，有利于社会稳定发展。在当今社会，道德依然具有在我国古代社会中所发挥的调整社会关系的功能。新时代的社会治理应该充分发扬我国传统文明的优良成分，中国特色核心价值观充分继承了传统道德规范的精髓，成为新时代我国社会治理规范体系中的重要内容。现代国家采用法治进行治理已经是常态，法治化与否已经成为社会治理是否实现现代化的重要判断标准之一。社会成员的权利和义务都需要法律做出明确的规定，多元社会治理主体在行使治理权过程中所依据的规范和运行机制需要以法律的方式制度化、程序化，治理活动产生的各类责任需要通过法律予以明确。现代社会的复杂性需要社会治理在法律规范框架内运行。作为社会治理方式，单独的德治或法治都不是万能的。社会治理过程中有德治不能解决的问题，也有法治不能解决的问题，因此德治、法治相结合，德法共治是新时期社会治理的有效途径。

5. 以基层为重心的社会治理

社会治理中基层是关键，基层的权利与权利结构具有的更明显的复杂性是其中的重点和难点。国家治理是否实现现代化，可以从基层社会的治理状况中找到印证，而基层社会治理的成效能够充分反映国家整体治理的有效性。有效的基层社会治理有利于巩固党的基层政权，为国家治理现代化奠定基础。我国基层社会治理主要涉及城市社区和乡村基层的治理。十八届三中全会提出，从具体的治理方式包括综合服务平台的建设等方面对社会治理进行改进。十八届四中全会则对社会治理主体，即组织、部门和行业等提出依法治理的要求。2017 年 6 月发布的《中共中央 国务院关于加强和完善城乡社区治理的意见》提出，从城乡社区治理体系、水平、短板以及组织保障等方面完善社会治理，以建立和健全"成熟定型"的治理体制和提升"精准全面"的治理能力。党的十九大报告确定我国社会主要矛盾已经转变，对人民需求的关注与满足是党和国家治理活动的中心。基层社会是人民群众生产生活的主要场域，社会治理重点落实基层治理是党和国家对新时代社会矛盾变化的有效回应。十九大报告提出的"推动社会治理重心向基层下移"，使各类社会组织在基层治理中得以充分发挥它们的积极作用，实现各类主体和各种形式之间的良性互动。

二、新时代中国特色社会主义法治理论

十八大以来，党和国家关于法治理论的发展及进步是以中华人民共和国成立以后曲折的法治建设为实践基础，历届党中央和政府带领全国人民不懈努力和探索的伟大成果。中国当前的法治理论是中国特色社会主义理论的重要组成部分，是马克思主义思想在我国建设实践中的伟大发展和创新。

（一）中国特色社会主义法治理论研究的马克思主义原理基础

法治理论起源于西方，但作为国家治理方式而言，法治是现代国家治国理政的重要方式，法治文明在世界范围内具有基本共识。同时，作为治国理政方式的法治，应该被置于特定的情境和背景框架下考察其科学性和成效。中国法治理论的研究也是如此，马克思主义的普遍性与特殊性关系、理论与实践相结合的原理是中国特色社会主义法治理论研究的思想基础。

1. 普遍性与特殊性关系原理

第一，承认普遍性，意味着中国法治理论对世界法治文明的基本共识要予以接纳。人类社会的法治文明成果，尤其是西方法治文化中的有益成果，是我国法学理论学习、借鉴的重要资源。十八大提出"不走封闭僵化的老路"，十八届四中全会提出"借鉴国外法治有益经验"以及强调市场与法治的本质联系，都表达了中国对世界法治普遍价值的尊重，也都表明中国特色社会主义法治理论和世界法治文明的法治普遍性共识的增加。另外，对于普遍性的承认，意味着在法治层面不能对"中国特色"进行过度诠释。过度诠释存在不理性，将法治文化、法治历史传统绝对化的弊端。在传统不断变革、观念持续更新的社会发展过程中，对法治"中国特色"的绝对化理解极有可能使我们抱残守缺，妨碍我们与时俱进的步伐。

第二，尊重特殊性，意味着法治层面的中国特色不能脱离我国特定社会

现实而概念性地存在。我们必须承认法治不仅仅是一套规则系统，它与特定的社会结构、社会生产方式、人们的思想观念密切相关。马克思和恩格斯在往来信件中确信"不存在土地私有制，明确是了解东方天国的一把钥匙。这是东方全部政治史和宗教史的基础"。马克思和恩格斯洞察到，传统中国农业社会由于不存在土地私有制，人们普遍缺乏自主自立的经济依靠，只能依赖家族和家庭的庇护，这也就决定了传统中国社会中伦理比法律发挥着更大的影响力。马克思揭示了传统中国社会礼法秩序的根源，也解释了传统中国社会民法精神欠缺和公法发达的原因。因此，对法治运行机制的恰当理解和认知只能建立在对特定社会的政治、经济、文化等结构具有充分了解的基础上。不仅法治"理念"可以体现出法治的特殊性，法治"实效"更能反映其特殊性。在多数情况下，"实效"是判断法治是否成功的最终标准，没有特殊性关怀的法治不大可能取得"实效"。[①]

2. 理论与实践相结合原理

实践是马克思主义理论中具有"元理论"性质的观点，实践性也是马克思主义哲学的基本特征。主观堆砌的话语体系不能成为理论，理论只能从实践中来，是反映、概括社会实践活动而产生的。同时，社会实践活动只有在理论的指导下才能保证少走弯路。

在我国的法治建设过程中，对理论和实践相结合原理的遵循意味着中国法治理论研究应该充分重视中国的社会实践。理论是对其所处社会内的自我理解，社会的问题意识是催生理论话语的土壤。离开了其生长的土壤，理论必定发生变异。丰富的社会法治实践为中国法治理论研究提供了用之不竭的源泉。然而，当前我国法学理论界仍然以西方法治为主要内容，对中国法治实践或者鲜有兴趣，或者不顾中西法治背景的差异，用西方的理论剖析中国的实践问题。对中国法治本土实践的轻视是导致中国法治学术研究缺乏本土化根基的关键，也是对法治建设过程中出现的问题不能做出有效理论解答的重要原因。另外，我国转型时期的政治、经济、文化、社会方面的大量实践产生的智慧需要用理论实现制度化、体系化的建构，法治理论是其中重要的组成部分。对西方法治话语进行诠释和中文复述的热衷恰恰说明中国法治研究缺乏理论的原创能力。2016 年 5 月，习近平提出"加快构建中国特色哲学社会科学"。除了一般的社会科学所具有的系统性和专业性，"中国特色"

---

① 王人博 . 中国特色社会主义法治理论研究 [M]. 北京：中国政法大学出版社，2016：22.

还应该具有民族的、继承的和原创的、时代的等特质。中国的哲学社会科学中的法治理论应该以我国现实逻辑和法治建设实践过程中遇到的问题为研究对象，推动、促进法治实践难题的解决并汇集成我们自己的法治理论成果，形成自己的法治话语体系。

（二）中国特色社会主义法治理论的发展轨迹和主要内容

1. 理念的发展：从"法律""法制"到"法治"

1978 年 12 月十一届三中全会召开，改革开放在我国拉开序幕。改革开放初期，我国面临国家法律制度破坏殆尽、国家建设和改革基本没有法律依据的困境。对此，党中央及时提出"健全社会主义法制"。"法制"的概念表述此后越来越多地出现在法制领域和法学体系中。1982 年的宪法修改明确"健全社会主义法制"。1996 年 2 月，专家于中共中央第三次法制讲座上对"依法治国"做了专门讲解，国家领导人在总结中明确要进行法制国家建设。1996 年 3 月召开的第八届全国人大四次会议将"法制国家"作为国家建设的奋斗目标；"建设社会主义法制国家"也成为这次会议中全国人大常委会和政府工作报告等其他重要文件的主要内容。1992 年，党的十四大提出在市场经济领域进行法律规范体系的建设。1997 年，党的十五大提出到2010 年形成中国特色社会主义法律体系，这是新时期立法工作的总体目标。而 2011 年第十一届全国人大第四次会议宣告已经形成"中国特色社会主义法律体系"。

1997 年十五大报告提出"依法治国，建设社会主义法治国家"，"法制国家"被"法治国家"所代替，从此"法治"成为热门词汇。"依法治国""法治国家""社会主义法治""法治体系""法治中国""法治政府""法治社会""全面依法治国"等热词经常在党和政府的规范性文件以及法学研究的成果中出现。十八届四中全会更是提出"建设中国特色社会主义法治体系，建设社会主义法治国家"是"全面推进依法治国的总目标和总抓手"。2018 年 3 月的第五次《中华人民共和国宪法修正案》通过了对健全社会主义"法制"到"法治"的修改，完成了从"法制"到"法治"的根本转型。

从"法律""法制"到"法治"的改变首先是表述上的变化，"法制"与"法治"在内涵与意义上具有区别：第一，"法制"是个静态词，而"法治"是动态词，"法治"的内容包含了"法制"；第二，"法治"是"人治"的对应词，更多强调民主、公平正义、自由、秩序等价值追求；第三，"法治"要求在具备完备的法律规范制度以及体系之外，还应该通过严格实施法律以保障其至上权威。其次，从"法制"到"法治"不仅仅是表述上的变化，更为重要的是这种表述的变化反映了党和国家关于国家治理理念、依法治理决心上的变化，是中央领导集体和全党一次新的思想解放，体现了党对法治建设规律在认识上的重大突破。这种转变标志着中国法治建设取得了历史性的跨越和进步。

新时代中国法治建设的目标是"良法善治"。十八届四中全会提出，"法律是治国之重器，良法是善治之前提"。习近平多次强调提升立法质量的重要性。党的十九大报告再次强调"以良法促进发展、保障善治"。[①] 李步云等认为，"良法"从内容上应该是"真"法；从价值上说是"善"法，即具有体现正义价值、实现人民利益和促进社会进步的性质；从形式上说是"美"法，即具有结构严谨、体现和谐和语言规范的特征。良法的"优良"可以通过法的价值、内容、功能和体系等各方面得以体现。良法符合公平正义的价值，并且最能够体现社会民众的根本利益和切实需求，能够维护公民的基本权利。良法的确立需要对立法机制进行完善，以提升法律质量。立法质量的保障和提高要求立法必须科学、民主和依法进行。依靠人民立法、为了人民立法是实现良法价值的根本，也是提高立法质量必须遵循的基本规律。增加民众对立法的参与途径，能充分发挥社会力量对立法的积极推动作用。此外，良法的产生还需要保证人民在立法工作中能够真正发挥主导作用。良法善治的理论和实践实现了法治在形式和实质两方面的统一，是现代法治理论的创新，也使中国法治建设实现了质的飞跃。

2. 方略的提升：从"依法治国"到"全面依法治国"

在党的十五大上，"依法治国"被确定为国家治理的基本方略。"全面推进依法治国"由十八大首次提出，并且在十八届四中全会中做出全新部署。习近平对"全面依法治国"概念做了更为丰富和精确的阐释。"全面依法治国"的基本方略地位在党的十九大报告中再次被强调。

全面依法治国是"四个全面"的重要内容之一，是全面建成小康社会目标最终达成的保障。习近平强调："没有全面依法治国，我们就治不好国、理不好政，我们的战略布局就会落空。"党在十八大、十八届四中全会和

---

① 中国共产党第十九次全国代表大会文件汇编。

十九大报告中反复提及和强调"全面依法治国","以执政党最高政治文件和最权威政治决策的形式",对全面依法治国进行部署,意味着其对新时代我国国家发展和建设具有重大意义。全面依法治国是我国实现国家治理现代化和建设现代化国家的必然要求。宪法规定了我国人民民主的国家性质,全面依法治国的出发点是保障人民的政治地位和主权,发展人民民主;同时,全面依法治国对公平正义价值在国家和社会各层面的实现具有重要意义。公平正义是当前我国社会各阶层普遍认同的价值标准之一,它同时是法治的基本属性。法治是发挥实体法规范功能、程序法规范功能以及消解社会纠纷,实现社会公平正义的有效手段。经济体制改革一贯是全面深化改革的重心所在,从本质上说,市场经济是法治经济,市场经济体制的改革必须由全面依法治国的保障予以保驾护航。我国当前反腐败的进一步推进需要全面依法治国的保障,对权力进行制约是反腐的有效措施。全面依法治国的推进需要完善权力制约和监督机制,要运用法治手段应对腐败问题。

全面依法治国要求依法治国应当是面面俱到、环环相扣、层层相叠的整体的、系统的和统一的工程。这个宏大系统举措的推进需要重点把握几个方面。第一,依宪治国统领全面依法治国。十八届四中全会的报告中明确提出依宪治国对依法治国的重要性。全面依法治国意味着国家治理依据的所有法律制度不能违背宪法,宪法是全面依法治国的统领。在宪法统领全面依法治国的过程中,关键在于实施。习近平强调宪法的生命与权威都取决于其能否切实实施。而建立健全对违宪行为进行审查和追究的机制是保证宪法有效实施的必要前提。第二,全面依法治国的根本在于依法执政。党是全面依法治国的领导力量,党的执政行为能否依照法律进行是全面依法治国能否切实推行的关键。党的领导权和执政权是我国最强大的政治权力,党对国家领导的基本方式是将党的政策转化为法律。党在法律制度框架内开展执政行为是全面依法治国最重要的前提条件。第三,全面依法治国关键在于依法行政。在所有的国家组织机构中,政府处于核心地位,也是与人民群众关系最密切的机构。人民群众对全面依法治国感受的好坏往往直接来源于政府的行政行为是否依法做出。另外,市场经济发展是国家发展的重中之重。市场经济的发展要求政府不能随意对其进行干预,其健康运行有赖于政府依照法律对市场进行调控。第四,全面依法治国要求整个法治体系的全方位发展和健全。全方位建设体现的第一个层面是,要求执政党与政府一起在法律的规制下开展执政和行政行为,并且二者要共同推进。同时,法治建设在国家、政府和社会三个层面要综合一体进行。全方位建设的第二个层面体现在规则制度、法治实施、监督和保障等各方面的建设和完善同步进行，共同推进。

3.内涵的丰富：从"法治国家"到"法治中国"

1997 年 9 月，党的十五大提出"建立社会主义法治国家"，为国家法治建设设立了纲领性目标。1999 年 3 月的《中华人民共和国宪法修正案》中，明确规定"建设社会主义法治国家"，将法治国家建设的纲领上升为宪法原则。党的十五大以来，党中央提出了一系列关于法治国家建设的重大理论观点，极大地丰富和发展了法治国家建设的指导思想。党的十八大以后，"法治中国"的历史任务被提上日程，"法治中国"的概念在十八届三中全会中被明确提出，十八届四中全会以及十九大对其进行了更为深入的阐释，要求全国人民在党的领导下努力建设法治中国，并且提出了更为具体的实施举措。

将"法治国家"与"法治中国"两个概念进行比较，后者比前者具有更加丰富的内涵。首先，"法治中国"同时包括国家、政府和社会三个层面的法治状态。法治中国要求不仅要进行国家整体的法治建设，还要求同步进行政府和社会两个层面的法治建设。其次，"法治中国"的提出意味着中国特色社会主义法治的建设迈入新的历史阶段。新阶段法治建设的重心从之前的制法与修法、施法并重转为以宪法和法律的实施为第一要务，修法和完善法律为补充。新阶段更加重视从层次和质量上提升法治建设水平，关注法治建设的实践性、全面性和系统性。最后，"法治中国"着重在国际关系层面体现出中国特色。虽然法治起源于西方国家，但法治中国建设具有社会主义性质，与资本主义法治以民主政治制度为基础具有本质的区别。法治中国的中国特色还体现在它不仅批判性地借鉴了西方法治文化的有益成分，还继承和发扬了中华传统法治文化的精华，并且在总结自民主革命时期以后，特别是改革开放以后我国法治发展的经验基础上进行了创新。"一国两制"的中国特色在"法治中国"的表述中也得到了很好的表达。由"一个国家、两种制度"而产生的"一个国家、四个法域"将成为法治中国建设区别于世界上任何其他国家法治建设的鲜明特点。

（三）法治是国家治理的基本方式

1.法治体现了党的治国理政理念的新发展

法治是现代国家治理的重要方式。我国在现代化建设进程中，尤其是改革开放过程中，对于法治在国家治理中所能发挥的功能有了越来越深刻的认识。党和国家高度重视并反复强调法治对国家的重要意义。习近平从国家治理的高度对法治的意义进行论述，强调十八大报告的重要论断："法治是治国理政的基本方式。""法律是治国之重器，法治是国家治理体系和治理能力的重要依托。"依法治国是发生在我国国家治理理论和实践领域中"广泛而深刻的革命"等重要论断，体现了党和国家在治国理政理念上的新发展。国家领导人的治国理政智慧通过党的重大会议转变为党和国家的集体智慧和治国方略。十八届三中全会在提出国家治理现代化的基础上，同时提出建设法治中国的历史任务。党的十八届四中全会为中国法治的建设和发展指明了方向。习近平认为十八届三中全会和十八届四中全会的"两个决定"构成"姊妹篇"，强调二者之间有其紧密的内在逻辑。而十八届四中全会的"法治"主题是为十八届三中全会的"国家治理"目标的实现所设计的科学、有效的途径。

2. 法治是国家治理现代化的基石

根据党的十八届四中全会精神，依法治国是国家治理现代化基本的要求。要实现国家治理现代化首先需要实现治理规范和机制的现代化。法治本身的首要条件是"良法"，即具备从实质上符合人民群众根本利益和形式上符合科学程序确立的法律制度。法律规则的现代化是我国法治建设的基本内容之一，也是国家治理实现现代化的基础。治理能力的现代化要求参与治理的各类主体，包括政党、政府、社会等各方面均具备现代治理能力，并且各方能够在现有治理制度框架内实现良性互动和协作，实现最大的治理效应。其中，法治思维和行为方式是各类国家治理主体首先应该具备的素养。执政党能否保证依法执政、政府能否坚持依法行政、各类社会主体能否严格按照法律制度规定积极参与国家治理，是判断各主体治理水平高低的基础。只有所有参与国家治理的主体都尊重法律的至上权威，保证国家和社会活动的运行都在法治框架内进行，才有可能实现现代化的国家治理。因此，必须"把实现国家治理现代化构筑在坚实的法治基础之上"。

3. 法治是国家治理现代化的保障

国家治理现代化的建设涉及政治、经济、社会等各方面，而其中的任何领域和层面都离不开法治的保障。一方面，市场经济的发展需要法治提供保障。市场经济的健康发展需要市场体系本身具有开放且统一、竞争且有序的特质。市场体系需要规范的法律制度体系，以维护良好的市场秩序。市场经济运行过程中的各种行为，包括政府的调控行为、公民和法人的经营竞争行为等都需要有严格的法律制度来规范，防止行政权力滥用和非法竞争与非法经营。同时，绿色发展是新时代经济建设的重要特征。而绿色生产和消费方面的立法是我国的立法短板，因此应该加快完善生态环境和能源保护领域的法律制度建设。另一方面，民主政治建设也离不开法治为其提供相应的保障。国家通过民主的各种形式进行治理，同时民主是评价和判断治理现代化程度的关键标志之一。民主制度尊重人民的主体地位，在具体的治理活动中，人民是治理行为的主体，人民依法行使治理行为是新时代国家治理的基本要求。人民当家做主是十九大所确定的基本方略的重要组成部分，而民主政治建设是其中的制度体系的重要内容。民主实践中的所有具体环节，包括选举、协商、管理、决策以及监督等，都需要相应的法律予以保障。另外，只有法治才能真正保障人民当家做主。法律由国家立法机关制定，是全体人民意志的体现。只有确保制定的法律具有科学性、正当性、合理性，体现公平正义原则，才能保障人民当家做主的权利不被侵害。

三、新时代党和国家的乡村社会治理新理念

乡村治理是新时代我国社会治理的重心，是国家治理的重要内容。党和国家对乡村社会治理予以高度重视。党和国家推进一系列"三农"政策，以促进乡村社会及经济发展，提高农民整体生活质量和水平。乡村社会的进步和变迁直接源于农业、农村和农民的整体状况，因此党的任何"三农"政策和举措对乡村社会治理都具有很大的影响。

（一）从城乡统筹、城乡一体化到城乡融合

对城乡关系的定位和认识是党和国家确定我国乡村发展政策最重要的背景，影响着我国乡村社会发展的大方向和质量。城乡关系的失衡、不协调往往造成国家以工业化、城市化对乡村社会的需求为核心来制定乡村的公共政策，而这类政策措施的制定以及运行会导致城乡关系的进一步恶化。马克思主义的城乡融合思想在中国城乡关系的演进中发挥着重要的指引作用。

1. 马克思、恩格斯的城乡融合思想

马克思、恩格斯的城乡融合观念是马克思主义理论的重要内容，为当前我国正在实践中的各类城乡融合"三农"政策提供了理论指导。马克思、恩格斯认为，城乡关系是国家发展过程中出现的各类复杂关系之一，它的发展

也是遵循社会发展基本规律的。在人类生产力的进步过程中，城乡关系也经历了从分立到融合的历史过程。城乡之间的对立只有在私有制的范围内才能存在。生产力的进步必然导致社会分工的变迁和生产关系发生变革。生产力的发展使脑力劳动与体力劳动分工出现分化、工业与农业差异得以形成。主要进行物质生产活动的体力劳动者以及农业集中在乡村，少数进行精神文化生产的脑力劳动者以及手工业、工业集中在城市，从而形成城市对乡村的剥削，乡村被迫依附于城市的二元结构也就此产生了。当城乡矛盾到了激化阶段便会出现城乡对立。马克思、恩格斯认为，资本主义私有制是城乡发展出现严重失衡状态，并且最终使二者进入对立状态的根本原因。而生产力的发展直接受到城乡关系的影响，两者的对立状态将严重阻碍生产力的进步，因此城乡对立关系的消解是人类社会进步的必然需要。马克思、恩格斯认为，城乡对立可以被消灭，"消灭城乡对立并不是空想，……消灭这种对立日益成为工业生产和农业生产的实际要求"。他们认为，城市和乡村都有各自的优点，城乡融合是对两者优点的结合，可以"避免两者的片面性和缺点"，保持两者并存、共生共荣。同时，马克思、恩格斯辩证地指出，生产力的进步会消灭城乡对立的状态，城乡关系将实现建立在新基础上的协调发展，并且最终走向融合。他们还提出促进城乡融合的具体途径。如通过土地社会所有制进行社会化生产，提高农业生产率；通过城市带动乡村，帮助乡村摆脱落后状态；通过工农业有机结合，突破地域限制，以促进乡村地区生产力发展，推动城乡融合。

马克思、恩格斯从资本主义国家的社会基本矛盾层面对城乡关系展开分析和阐述。他们认为，生产力和生产关系既导致了城乡关系的分离和分立，也是推动城乡关系实现融合的根源性因素。生产力的发展会造成城乡关系分离，但是它更深层次的进步也会消解城乡的分离和分立状态，进而实现城乡融合。只有城乡关系实现真正的融合，城乡社会分工造成的对人从事劳动活动的限制才能被消解，人才能最终实现自由和全面的发展。城乡之间这种分离—分立—融合的关系变化不以人类意志为转移，生产力和生产关系之间矛盾的客观存在及其运动是城乡关系变化的决定性因素。在当前我国城乡定位发生巨大变革的时期，马克思、恩格斯关于城乡发展关系的深刻论述为我们提供了深厚的理论依据。

2. 党和国家的城乡发展战略和城乡融合政策

中华人民共和国成立初期，党和国家就面临城乡存在严重不平等的现实国情。中华人民共和国第一代领导人在马克思主义城乡关系理论的指引下，通过土地改革运动、鼓励私营主体从事城乡之间的购运业务、发展农村的集市贸易等举措进行城乡兼顾治理，促进城乡共同发展。但是，在随后的1958—1978年的20年间，粮食统购统销政策及其剪刀差的逐步扩大，对农民利益和农村发展造成了严重损害；二元户籍制度的正式确立导致乡村劳动力被束缚在土地上不能自由流动，工业的结构性失衡造成工农业之间的生产联系不能正常建立；人民公社的建立和强化使城市与乡村社会地区之间的交流基本中断。其后各因素的综合作用强化和固化了城乡二元结构，最终导致中国工农业之间、城市和乡村之间出现严重不平衡。

1978年，十一届三中全会召开并确定以经济建设为中心，在全国实行改革开放的政策。改革开放的序幕首先在农村拉开，全国各地陆续开始"包产到户"，直到确定以农户为单位的家庭联产承包责任制。党和国家在乡村地区的改革使农民生产积极性大增，农村生产力在很大程度上得到解放，促进了农业生产的发展。农村改革对城乡二元秩序造成一定的冲击，城乡技术和资金的联系增强。在农村先行的改革虽然在一定期间内改善了农民生存和农村经济状况，但并没有从根本上改变乡村在城乡关系发展中的弱势地位。1992年，市场经济体制的确立使改革重心转移至城市，农村改革被淡化。特别是面对城市改革过程中产生的社会成本，党和国家以向"三农"推行"多取、少予"的政策方式获得、汲取时，农业和农村发展又一次受到制约。同时，农业生产资料价格增长速度远远高于农产品价格的增长速度；而对于城市化过程中使用的农村土地因转变用途而产生的增值部分，农民也不能获得收益，这些因素也阻碍了农村农业的发展。

总之，上述各方面原因造成乡村居民收入的增加幅度缓慢，城乡之间的收入差距越来越大，城乡居民收入比从1985年的1.86∶1扩大到2002年的3.11∶1。与此同时，市场机制的作用使土地、资金、劳动力等生产要素自发配置到比农业和农村收益较高的产业和区域，生产要素向城市的单向流入极大限制和影响了乡村的发展，进一步强化了失衡的城乡二元结构关系。

国家在2002年的十六大中对城乡发展战略做出重大调整，提出"统筹城乡发展"的理念。2003年，在十六届三中全会提出的落实科学发展观所需要的"五个统筹"中，"统筹城乡发展"居于首位。2006年，农业税的全面废止是党和国家在"三农"政策上对城乡关系进行重大战略调整的体现。2007年，党的十七大提出要形成城乡经济社会发展一体化新格局；2008年，十七届三中全会确定对农村的"多予少取""城市支持农村"等体现城乡关系重大转折的放活方针。2010 年中央一号文件提出从政策方面加强对农村的优惠、从农业装备方面进行提升、从民生改善等多方面促进城乡统筹发展。从 2008 年开始，党和国家进一步加强了对农村的优惠政策，投入乡村发展的预算也逐年增加。国家对农业农村投入的增加加强了农业基础地位，农村居民社会保障也得到明显提高，城乡关系在一定程度上得到改善。2010 年以后，宏观数据显示，乡村居民的收入水平和消费发展较快，城乡收入差距在逐步缩小，已经进入城乡互动的新阶段。劳动力出现回流，资本下乡的规模和速度增加，城乡关系已经从城乡分割转为城乡融合，共同发展。

"城乡发展一体化"在党的十八大中被认为是解决"三农"问题的根本途径。十八届三中全会确定从农业经营体系、农民财产权利、公共资源等方面进行改革，以"健全城乡发展一体化体制机制"。2014 年，中央一号文件更加具体地从村庄人居环境、基本公共服务、农业转移人口等几个方面切实落实健全"城乡发展一体化"。2015 年，中央一号文件提出新农村建设必须围绕"城乡发展一体化"。2016 年，中央一号文件强调"城乡协调发展"概念。十八大以后，党和国家不断加强力度，推行各种强农惠农政策，以基本公共服务为核心不断健全民生保障制度，将 70% 以上国家财政用于民生的改善，农民收入增速迅速提高。2017 年，我国城市与农村居民之间的收入比缩小到了 2.71 ∶ 1，是进入 21 世纪以来的最低值。乡村基础设施得到很大的改善，农村居民基本医疗和养老保险制度改革取得一定的成果，城乡之间的差距得以缩小，城乡关系呈现协调发展态势。

2017 年，党的十九大报告提出"建立健全城乡融合发展体制机制和政策体系"的重大举措。2018 年，中央一号文件将该举措确定为乡村振兴战略的指导思想，将"坚持城乡融合发展"确定为乡村振兴战略的基本原则，并对"城乡融合发展体制机制"提出 2020 年初步建立和 2035 年更加完善的目标。党的十九大对城乡融合理念的确定标志着党对乡村认识发生历史性的改变，使我国乡村发展进入了新的时代。城乡融合是将市场原动力与政府推动力有机结合，市场发挥决定性作用而政府起推动作用。另外，城乡融合理念不仅体现了党和国家对农村的重新定位，更重要的是体现出乡村传统价值被重新认识。城乡融合发展的理念主要强调城市和乡村两个区域相互依赖与需求、相互依存的关系。

城乡融合需要解决之前城乡关系中没有得到解决的根本问题，即平等发展权利问题。实现城乡平等发展权利关键在于解构城乡二元制度，只有如此才能建立起城乡融合发展体制机制。首先，解构城乡二元结构需要从观念上摒弃城市中心主义，树立城乡融合发展观。我国即便实现现代化以后，还将有几亿人在乡村社会生活，这是我国必须面对的特殊国情。城市中心主义忽视乡村发展必然会造成乡村社会的衰败，最终影响国家现代化的进程。其次，实现城市和乡村之间的公共资源均衡配置是破除城乡二元结构的重要内容。长期以来，我国对乡村公共设施、公共服务的财政投入与城市相比存在很大的欠缺，造成城乡之间公共保障存在很大差距。在城乡融合发展的战略下，国家公共资源的配置应该更多地向乡村社会倾斜，以补足以前的欠账，使乡村真正享有与城市平等的公共服务权利。再次，完善生产要素的配置格局，使其能够在城市与乡村之间进行双向均衡流动。近 20 年来我国城乡差距扩大的直接原因是土地、劳动力和资金等生产要素从乡村单向流往城市。实现生产要素双向流动需要深化农村改革，这关系各方利益的调整，涉及相关制度的重大修改和重建，因此需要各级党和政府具有坚定的决心。最后，当前我国大部分地区的乡村"空心化"现象普遍，城乡融合需要乡村社会人才的补充。只有乡村社会重聚"人气"，才能在城乡融合发展中发挥其应有的价值。

（二）新时代的乡村振兴战略

2017 年，党的十九大提出了"乡村振兴战略"。2018 年，中央一号文件对落实乡村振兴战略做出了全面的、长期的部署；2018 年 9 月，中共中央、国务院印发了《乡村振兴战略规划（2018—2022 年）》（以下简称《规划》），不但对乡村振兴战略的实施确定了近期目标和远景规划，更重要的是围绕战略总目标的各方面要求提出了具体举措。

1. 乡村振兴战略提出的背景

乡村振兴战略提出的宏观背景是国家治理现代化作为深化改革开放的总目标，法治中国建设是实现治理现代化的应有之义和必然选择。在这个宏观背景下，十九大确定当前我国社会主要矛盾已经发生转变。发展的"不平衡"与"不充分"成为矛盾发生的主要原因，而城市与乡村之间的发展存在严重的不平衡，乡村社会发展不充分导致的衰落是当前主要矛盾最典型的显现。当前社会发展最大的不平衡存在于城乡之间，最大的不充分是农村发展不充分。虽然乡村衰落是世界各国城市化过程中都会出现的普遍现象，但是，在我国国家治理现代化的战略目标下，由于我国的特殊国情，若乡村社会不能振兴，就无从再谈现代化。

我国是一个传统农业大国，乡村社会人口一直在全国总人口中占据相当比例。改革开放以来，我国城镇化发展取得可观的进步，城镇人口处于持续增加状态，从 1978 年在总人口中 17.92% 的占比增至 2018 年的 59.58%，当前在乡村生活的人口仍然超过 5.7 亿。根据专家推测，到 2035 年完成第一个阶段目标即基本实现现代化之时，全国总共将有 15 亿人左右，其中 70% 在城镇生活居住。这意味着到基本实现国家现代化之时，我国乡村将还有 4 亿多人口。多达几亿人生活的乡村如果不能实现现代化，整个国家的现代化也就无从实现。因此，国家治理现代化的战略目标决定了中国乡村必须实现现代化。就当前我国乡村现状来看，首先需要的是乡村振兴。

改革开放 40 多年来，我国乡村发生了翻天覆地的变化，但是与国家整体发展、城市发展的速度和质量相比，乡村的发展仍处于滞后状况，而一些传统农业区域的乡村甚至普遍出现衰败。在市场机制和城乡二元结构的双重作用下，生产要素单向从乡村流进城市是乡村普遍衰败的根本原因。在城市化的推进和发展过程中，大量农村土地被占用，而法律对土地权利的二元设置使集体土地因改变用途而产生的增值收益几乎与乡村社会发展没有关系。在市场机制下，农业和农村相对于其他产业和区域处于竞争劣势，大量农村青壮劳力到城市务工，在中西部传统农业生产地区的乡村，留守村庄的多数是老人、妇女和儿童。一方面，乡村社会的土地和劳动力的高速非农化造成乡村社会耕地流失严重，人地分离状态普遍。进城的农民工虽然常年在城镇工作生活，但城乡二元结构的存在使他们并不能真正融入城市，而守在农村单纯务农又不能满足当前高流动性下农民对基本生活状态的要求，因此多数农民工处于在城市与乡村之间"漂流"的状态，还不能真正实现安居乐业。另一方面，劳动力的高速非农化还造成乡村生产和社会治理主体的缺失，村庄"空心化"普遍。村庄的"空心化"一是体现在乡村社会主体方面，留守村庄的青壮劳力极少，除了少数"中坚农民"，绝大多数是老人、妇女和儿童，乡村社会劳动力的缺失导致农业生产发展受到制约，社会治理难以取得效果；②体现在村庄用地空废化严重上，由于大量劳动力离开村庄进城务工，并且常年不在村庄生活，宅基地和农房空废率大大提高。按照专家对"空心村"的认定标准，即村庄人口外出率大于 40% 并且宅基地空废率大于

30%，全国"空心村"综合整治潜力可达 1.14 亿亩。乡村社会的衰败还体现在乡村社会至今依然存在数量巨大的贫困人口上。近些年，各级党和政府机构的扶贫攻坚工作取得巨大成就，但是到 2017 年底，全国仍有建档立卡贫困人口 3 046 万人。

2. 乡村振兴与城乡融合

乡村振兴战略是进入新时代以后，党和国家在科学、理性认识城乡关系，提出城乡融合理念的基础上，针对当前基本国情和乡村社会现状提出的发展战略。乡村振兴战略与城乡融合相辅相成，城乡融合是乡村振兴的目标和基本原则，而只有通过建立和完善城乡融合的相关机制以及政策，带动和促进乡村社会发展，才能实现乡村的振兴。

一方面，缩小城乡差距，促进城乡融合是乡村振兴的目标和基本原则。2017 年，党的十九大报告中强调了城乡融合机制的完善；2018 年，中央一号文件将"城乡融合"确定为目标任务和基本原则。只有乡村经济、政治、文化、社会、生态得到全面发展，才能促进城乡均衡发展，才能实现城乡融合。城市与乡村在经济、文化、社会、生态等方面的功能不同，而国家现代化建设需要城市与乡村共同发挥功能，形成功能互补，实现城乡融合发展。以上各方面的功能的发挥是建立在乡村振兴的基础上的，只有乡村实现振兴，才可能有效发挥各种功能优势，促进城乡融合发展。另一方面，乡村振兴的有效实现需要完善的城乡融合发展制度提供保障。2018 年中央一号文件提出，到 2020 年，初步建立城乡融合发展体制机制；到 2035 年，具有更加完善的城乡融合发展体制机制。"初步建立"和"更加完善"的城乡融合发展体制机制既是乡村振兴的目标，也是振兴战略实现的重要举措。

过去的几十年，城乡发展不平衡的最主要原因是劳动力、土地和资金等生产要素从农村向城市单向流动。乡村振兴需要通过城乡融合发展的制度和政策扭转生产要素单向流向城市的局面。《规划》明确提出要"完善城乡融合发展政策体系"，分别从人、地、财三个方面规定了城乡融合的相关政策，以促进乡村发展。

在劳动力要素方面，城乡融合要使想进城的人能进城，想下乡的人能下乡。首先，通过户籍制度改革、完善因户籍变动引起的放弃农村"三权"的机制等举措，常年在城市生产生活的农民工得以成为全方位的市民，或与市民公平享受各项待遇。其次，实践各种举措，通过各种途径加强乡村振兴人才保障。当前，乡村社会出现普遍劳动力"空心化"现象，乡村振兴急需社会各界各类人才参与乡村建设。乡村振兴重点在于产业兴旺。产业兴旺不但要求农业现代化，还需要第一、二、三产业在乡村共同发展，相互促进。农业现代化需要生产主体的专业化，因此产业之间的融合发展需要各类社会力量的参与。《规划》不仅从新型职业农民的培育和农村专业人才队伍建设两个方面保障农业现代化所需人才，还通过健全激励制度，鼓励和吸引社会人才为乡村振兴提供各类专业服务。

在土地要素方面，打破过去的土地权利二元结构，为乡村振兴建设用地提供制度保障。首先，健全农村集体土地管理制度，进一步推进农村集体土地改革的深入。按照现有的农村土地法律制度，村集体组织在使用本村集体土地权利时受到极大的限制，村集体组织与村民受益于村庄土地因国家征收改变用途而产生的增值。宅基地的物权制度也存在缺陷，农户只有使用权而无收益权。乡村振兴的经济发展要求产业兴旺，由此而产生产业用地需求，它们需要大量使用集体土地。而现有的法律对农村土地产权的限制与乡村振兴战略实施过程中的乡村新产业、新业态的培育存在矛盾。因此，在全国"三块地"改革试点以外地区推行改革的有益经验是乡村振兴用地的重要保障。其次，预留新增建设用地指标以专门支持农业农村发展也是有效措施之一，可以解决一定数量的乡村振兴产业用地需求。最后，对宅基地进行"三权分置"，可以利用农民闲置农房，或利用在村庄零星分散存量建设用地进行产业建设。

第四节　农村基层治理法治化的理论支撑

有着几千年历史的农耕文明是中华文明的起源，是中华文化的重要组成部分。维护农村的稳定始终是历朝历代执政的根本。历史上，中国农村基层的传统治理格局是建立在小农经济的基础之上的，有着超稳定的治理结构，但是小农经济时代农村社会的基本矛盾无法在稳定的乡村治理体制中得到根本性的解决，农民起义成为推动历史上王朝更替现象周期性发生的主导原因。由于小农经济的封闭性和保守性，周期性政权的简单变动还不能真正推动中国社会的近代化进程。

在近代，西方的坚船利炮迫使中国社会开始转型，而小农经济历经历史的变换，为社会转型提供资源的调控能力已经枯竭，不能再为社会转型提供坚实的经济基础，这一时期乡村社会秩序混乱。中华人民共和国成立后，为了加强对乡村的控制，国家在对农村基层进行全面政权改造的基础上建立了人民公社制度，这一制度虽然能整合乡村经济，也刺激了农村经济在短期内的发展，但由于国家政权对乡村社会的全面干预和全方位管制，再加上农村人口被严格束缚在土地上，户籍制度的存在人为地限制了农村和农业人口向城市和工业的自由流动，也在一定程度上影响了农村的发展。这一时期农村经济高度集体化的发展模式，使农民生产的积极性和农业生产的活力消失殆尽，农村经济发展迟缓，以此为基础构建起的乡村治理体制没有充分发挥乡村社会的资源优势，农村社会转型停滞不前。从以上对历史阶段的梳理可知，乡村社会的治理结构必然是建构在一定的经济基础之上的，良好的经济基础和经济发展模式能够为农村治理结构的优化和提升提供丰富的社会资源，能够为乡村社会的转型提供坚实的物质基础。乡村民主政治制度建设和农村基层治理变革必然需要与之相应的农村经济发展基础。农村市场化改革开始了乡村市场经济发展的探索之路，市场化的资源配置模式和经济增长体制刺激了乡村经济的快速发展，农村社会的自主空间随着乡村经济的发展而不断扩展，传统农业经济形态在向现代农业发展跨越的同时，使乡村社会的治理资源和社会基础发生了质的变化，基层治理的宪治化建设成了顺应新时期农村经济蓬勃发展和基层治理变革的必然趋势。

一、经济基础的支撑

（一）乡村社会经济结构的改变

诞生于 1978 年安徽小岗村的农民家庭联产承包责任制，揭开了中国农村市场化改革的宏伟序幕。农村走市场化改革的经济发展道路，是对传统农业发展模式的一种创新和变革，是推动整个中国市场经济改革和发展的重要一环。农村市场是中国市场经济发展不可忽视的重要组成部分。"没有农村经济市场化，就没有完整的市场经济体制。"完整的中国市场经济体系框架需要健全和完善的农村经济市场体制，只有完全的农村市场化体制，才能让传统的计划经济不再对农业生产起到任何约束的作用。时至今日，农村经济体制改革释放出的巨大活力已经成为推动农村现代化发展的根本动力，在农村市场化改革进程中，农村经济发展取得了令世界刮目相看的伟大成就，农业发展蓬勃向上，农村面貌欣欣向荣，农民生活整体水平显著提高。经过 40 多年的改革发展，市场化成为农村经济发展的主题，农业市场化是当前中国农业发展的关键。具体来说，农业市场化是推动农业经济发展的原动力，是建立社会主义市场经济体制的关键，是农业现代化的基础。如今，农业投入市场化、农业产出市场化、农户收益市场化、土地市场化、资金市场化、劳动力市场化、技术市场化等农村市场化体系不断建立和完善，使农业和农村经济关系发生了重大的标志性变化，我国农业和农村经济进入了一个新的发展阶段，具体表现在五个方面。

①农产品供求关系和供求结构发生了根本变化，由全面短缺走向结构性和地区性相对过剩。

②农村产业结构和劳动力就业结构发生了重大变化，农业比重下降，非农产业比重上升，全国工业化加快了进程，二元经济结构开始被打破；与此同时，农业部门劳动力就业总量下降到 50% 以下。

③农业增长方式和资源配置方式发生了重大变化，突出的特点是劳动力和土地贡献作用不断减弱，资本和技术对农业发展的作用显著上升。

④农业生产方式和生产关系发生了重大变化，农业产业化经营，即农业生产的商品化、区域化、专业化趋势越来越明显；农村分配方式也发生了很大变化。

⑤农业和国民经济的关联度日益加强。目前，我国人均国内生产总值超过 1 万美元，农业占国民经济比重下降到 10% 以下，农业部门从业比重下降到 50% 以下，城市化水平达 30%。

上述提到的一系列指标表明，在国内经济转轨和国际经济全球化的大背景下，我国农村经济结构、生产方式、生产关系发生了重大变化。农村经济体制改革不断深化，市场化程度不断提高，市场机制已在国家宏观调控下对农业资源配置发挥着基础性作用。同时，市场机制的不断完善带来了农业经营方式的变化，促使农业经营朝着专业化、组织化、一体化方向发展，已经改变了传统农业的经营管理体制和农村的经济结构。中国社会主义市场经济的发展，必然促使传统农业走上市场化道路。市场化农业的全新实践，又必然突破传统的理论范式，提出许多农业发展中需要重新认识和解决的新课题，从而要求相应的理论创新。

（二）乡村社会走向开放和流动

社会结构的静态稳定、社会空间的保守封闭和社会文化的迟滞落后是中国传统农村社会的基本特征。农民被严格限制在土地上，土地成为农业经济发展的唯一资源，也是农民生活的唯一来源，农民的生产积极性不高，农业生产力水平较低，这是中国传统农业经济的基本状况。与传统农村社会和小农经济相适应的是，农民和农村人口不能自由流动，长期固定在一起，彼此之间生产和生活的依赖性较强，农民生活区域形成了以血缘为纽带、具有健全体系的家族组织。在家族组织的控制和影响下，农民的生活行为、社会关系都受到了严格的规制，再加上深受传统思想文化的熏陶，农民的封闭思想和保守意识愈加坚固，这是中国传统农民生活的基本形态。"由于种植农作物的产出极为有限，小农无法进行必要的积累，他们承担风险的能力较弱。加之乡土社会中对发财致富者总是怀着极端的敌视和嫉恨，以及乡民对外部世界的不了解，这种种因素都使乡民们悲观保守，凡事只会按老样子做、跟着大家干，不敢冒尖。"①

在近代，农村社会在国家整体遭受外力强制干预的情形下开始转型，但它不是基于中国经济社会自身发展的自然需求，体现更多的是一种压力性的被动选择，虽然客观上使很多现代社会基因和进步因素逐步渗透到了农村基层，但并未真正开启农村社会现代转型的历史征程，反而因为农村社会结构在被动转型过程中发生变更，而新的农村社会秩序结构尚未建立起来，乡村社会陷入了一时秩序混乱的困境，乡村本土资源流失，农村基层治理结构崩解。

农村市场化改革开启了乡村市场经济的发展道路，农村社会逐步开放，农村人口开始流动，封闭保守的乡村社会开始变革，主要体现在三个方面。第一，市场化运行机制使农业生产力水平和农民生产积极性不断提高，乡村经济市场化程度不断增强，土地不再是农业经济发展的唯一资源，农村经济在市场化机制调整下不断开放，乡村经济开始通过市场走向外部，构建了一个更为广阔的经济发展空间。同时，外部经济通过市场走入农村，改变了农村经济的传统生产方式。第二，农村市场化改革带来农村市场经济的发展，农业生产力得到了解放，大量剩余农村劳动力走向城市，他们

---

① 周晓虹.传统与变迁——江浙农民的社会心理及其近代以来的嬗变 [M].北京：生活·读书·新知三联书店，1998：285.

成为连接农村与城市的桥梁，在不断为城市经济发展提供丰富的劳动力资源的同时，也把在城市获取的经济资源、开放观念、进步思想带回农村，给农村社会注入了新生活力。农民的思想意识、文化观念、心理结构逐步改变，传统的村庄共同体意识不断瓦解，农村社会在市场化改革中逐步打破了落后封闭的格局，走向了开放。第三，农村市场化改革在农村社会中传播了科学观念和发展思想，将先进的科学技术引入农村，提升了农村经济发展的科学水平和技术含量，科学技术的广泛引入改变了农村经济发展的传统模式，也改变了农民传统的生活方式，使农民之间的社群联系更加密切，加快了农村的社区建设。黄光国先生是我国台湾大学的教授，致力社会科学本土化研究，他曾经以美国、韩国和日本等国家的农村社会中社群关系为研究对象，揭示出科学技术在农村的不断引入和广泛使用推动了各国农村社会生活和政治发展进程的社会现象。他认为，科学技术在农村的应用，带来了农业发展的机械化和信息化，人们之间的联系在形式上减少了，但本质上提高了人们之间联系的内涵和层次。

孟德拉斯在对法国20世纪80年代的农村研究中发现，"通讯和交通的发展改变了乡村社会规模：中等规模的标准从方圆1～3平方千米过渡到10～30平方千米。与此相随的还有结构的变化：构造经济生活、社会生活和政治生活的不再是地界和辖区，而是通信和网络，作为这些网络中心的城镇和小都市被并入乡村系统。"[①] 中国农村社会同样如此。市场化改革带来的科学文化在农村的普及和科学技术的运用变革了农民的生产方式，培养了农民的开放意识，提高了农民的知识技能。改革开放后的中国呈现出经济飞速发展和科技日新月异的勃勃生机，科学技术水平的不断提高改变了人们的生活水平和生活质量，特别是交通、通信等现代科学技术在农村社会的推广和应用加强了村民之间的联系，拓宽了乡土社会的社群空间，传统封闭、保守、落后的农村社群发生了变革，原有的农村村庄共同体开始瓦解。农村的传统风俗习惯随着乡村社会信息化建设的加快而逐渐发生变化。农村人口流动开始加快，村民联系日益频繁，社会空间逐渐扩大，村民之间的政治、经济、文化交往的范围和内容不断增加。有学者认为，农村的现代交通和信息化建设不仅已经逐步改变了村民的思想观念，也已经在改变农村经济社会的发展方式，城市的经济发展和社会进步在现代科学技术广泛应用的环境中已

---

① 　H.孟德拉斯.农民的终结[M].李培林，译.北京：社会科学文献出版社，2010：168.

经对农村展示了其强大的辐射力，以城市带动农村经济社会发展的"城市中心"模式在现代科技条件下不断地被赋予新的含义和内容。尽管哈贝马斯所论述的"科学技术已经成为意识形态"的发展状态在当前中国农村市场化改革和乡村经济社会发展中还没有出现，但农村经济的发展和现代科技的广泛运用已经提高了农村社会生活的开放与流动程度，带来了农村治理空间的拓展和农民政治需求的提升。

（三）农村开始向市场化道路发展

中国的改革开放使我们坚定了建设社会主义市场经济体制的发展道路，改革开放的不断深入加快了我国从计划经济体制向市场经济体制转轨和发展的进程，由此也带来了中国社会的转型，这是与西方国家明显不同的社会转型背景。

计划经济体制强调的是政府行政命令对农业生产、农民生活和农村发展的全面管控，政府行政权力成为调动资源的唯一基础，根本不存在农村市场对发展资源的配置。在这一体制下农民生产积极性和农业生产水平不高，农村发展进程缓慢。改革开放使中国农村走上了市场经济的发展轨道，市场成为配置经济资源的基础，农村市场化改革加快了农业经济商品化和市场化的发展进程。在农村市场经济的发展体制下，农民的生产生活不再具有传统社会的盲目性和计划时代的被动性，农民可以独立自主地面对市场。市场不仅影响着农民生产的积极性，影响着农村经济的发展活力，也改变着农村基层治理体制的社会资源和物质基础。计划经济背景对应的乡村治理基础是深受传统宗族影响的国家全面控制农村的政治生活，市场经济体制对应的是中国农村村民自治背景下的农村民主政治生活和社区公共生活。不同的农村生活模式折射的是不同的农村治理状态，而这一切都与农村市场化改革中国家和乡村关系的根本转换有关。市场化的变革不仅定格了国家与市场的特殊关系，而且主导了国家在乡村治理中的"进"与"退"，这些都给农村的基层治理带来了巨大的影响。乡村治理是在农村基层运用权威维持公共秩序，满足公众的需要。治理的权威可以来自国家政府，也可以来自基层内部。不同的经济体制主导了不同权威资源的来源方式，从而构成了不同的治理结构和治理模式，呈现出不同的治理状态。一个政治系统的建立不可能是在文化空白中建立起来的，在建立过程中必须面对某种政治文化，也许这时的政治文化处于急剧的变化状态之中，但系统仍然有一个对文化的适应问题。面对市场化的农村改革，党和政府大力倡导基层的群众性自治文化，这种自治的权威资源来自基层社区内部，极为可贵。学术界将村民自治过程中主要依赖乡村基层社区内部的权威资源达到的治理状态称为"善治"，这种治理模式凸显了单纯政府管理的不足，彰显了农民最大的公共利益。当然，仅仅这样简单地解释"善治"仍不够，善治不止是简单的"还权于民"的"民主自治"，而是在农村基层社区公共生活中，农民作为主体自由、自主、平等地参与，以理性的方式参与，在法律规范和保护下有序的参与，以及明确意识到自己权利和责任的参与。"利益冲动是支配村民积极参与选举的原始动力。就这一点看，中国农民是理性的行动者，而非蒙昧无知的草民。"[①] 农村市场化的变革使广大农村走向了市场化发展的资源配置道路，市场化转型带来了农村基层公共生活的逐渐繁荣、农民主体意识的增强，农民主体意识和自主力量的增强，正在重新形塑国家和乡村的关系，改变乡村治理结构，促使乡村治理向现代转型。

历史唯物史观认为，社会生产力决定上层建筑的发展水平，国家和社会的政治制度发展程度始终与这个国家的经济基础和社会、历史、文化背景紧密相关。现代农村的基层治理模式与乡村政治结构，"一方面是对中国传统政治制度和文化长期积淀的承接，另一方面也是现代化发展推动下的文明进步"[②]；既是对历史和传统的传承与创新，又是对现代政治文明的借鉴与吸纳；既体现了中国农村传统政治文化变革创新的发展状态，又体现了农村市场经济发展过程中政治文明的进步趋势。农村市场化改革带来农村经济的快速发展，改变了农村传统的生产方式，对农村的乡土社会生活、基层治理模式和乡村政治结构产生了深刻影响。有学者认为，乡村原有分散的个体化的"小农经济"与"现代化"的整体性的市场经济之间存在着天然的不和谐性，农村市场化发展改变了乡村的社会结构，也最终导致农村传统小农经济的崩溃。还有学者认为，市场化发展过程中传统家庭组织在市场交易不断扩大的情境下，开始不断地适应市场而进行自我调整，最终由封闭式经济增长模式转变为开放式的经济增长模式，社会中存在的单元结构随之发生变化，由传统以家庭为纽带组成的单元结构转变为以社区为核心的经济共同体，这些市

---

① 徐勇.徐勇自选集[M].武汉：华中理工大学出版社，1999：299.

② 王沪宁.当代中国村落家族文化——对中国社会现代化的一项探索[M].上海：上海人民出版社，1991：291.

场变革深深刺激了现代社会的转型。农村市场化的改革，从最开始家庭联产承包制的农业生产方式的变革，到后来市场化农村价格体制的形成，以及市场化效率和激励机制的产生，这一系列市场化的运行模式深深改变了农村经济的基本结构，农村经济走上了以市场配置资源的发展道路。实践证明，农村市场化进程推动了农村经济的快速发展，也带来了乡村社会的改变。一方面，乡村社会原有的文化观念和价值体系在市场化发展中逐渐消解，与市场化发展相匹配的利益、竞争、平等、自由、效率、法治等现代观念逐渐形成，深刻影响着基层农民的人性价值和人格理念；另一方面，农村市场化发展进程中也存在许多问题和困境，给农村经济发展和基层农民生活带来了前所未有的挑战。农村市场化既是机遇，又是挑战；既是成功道路，又是摸索历程。市场化给农村经济结构带来的根本性改革不仅是对基层政府的挑战，更是对建立在传统价值体系之上的农村原有的社群观念和基层政权权威的冲击。美国著名学者科恩认为，经济上的贫困和发展上的落后，是人们无法获知政治事务信息及参与政治事务的根本原因，也使人们不能独立地发表对政治事务的意见，自己的观点也得不到足够的理解和重视，甚至无法有效地和他们的代表进行接触。从一定程度上说，农村市场化改革带来乡村市场经济的发展和农民生活水平的提高，使农民参与政治的程度不断提高。同时，农村市场化改革带来农村经济发展模式的根本变革，带来农村经济社会的转型，也带来农村基层政治结构和治理模式的悄然改变，成为基层治理宪治化建设的基础性原因和本原性动力。农村经济社会转型期，加快以基层治理宪治化建设为核心的农村民主政治建设，就是不断探索与寻求和农村市场化经济发展模式相适应的基层政治体系与治理结构。

二、社会基础的支撑

在美国学者费正清看来，从古至今，中国的社会结构都是由两部分组成的，一是人口众多的农民、生产落后的农业和封闭保守的农村社会，土地成为农民、农业和农村的根基；②优势明显、资源集中的城市和具有城市背景的市民，这里居住着有资产、有权势的贵族人士。城市和乡村是中国社会结构的两个基本单元和重要区域，它们之间的差距明显、地位不一、发展有别，它们之间的区别就是依靠土地、占总人口绝大多数的农民与远离土地、占总人口少数的市民之间的分化和对立，今天中国经济社会的发展和民主政治的进步仍要面对城市和乡村分化的现实。城市与农村二元体制是中国传统乡村社会的基本格局，这一传统格局在计划经济时代得到强化，乡村中国成为很长一段时间内农村社会的典型描述。整个国家市场化的改革带来了国家由传统向现代的转型，城乡的政治对立开始消除。市场化改革使中国农村进入前所未有的社会转型期，伴随着改革开放的逐步深入和现代化的高速发展，农村社会开始急剧分化和多向重组，促使中国农村社会结构由简单向复杂转变。农村社会结构变迁既是农村社会向现代化转型的结果，又是农村社会结构转型的一种重要表现形式。农村社会结构的转型使乡村社会逐渐成了一个"相对于国家政权之外的社会空间"。① 新时期，国家力量在一定程度上减弱了对乡村社会的整合能力，导致国家行政力量、司法力量对乡村社会涵盖的局限性。同时，国家力量的收缩释放了乡村社会中的自治力量，引发了乡村社会的自律性和自治性，由此出现了村民自我管理、自我教育、自我服务的自治性组织——村民委员会。与国家社会二元化相对应的是，在这两种领域中存在和衍生出"两种行为标准的对立，即公共规则与个人活动领域规则的对立"。协调和平衡这两种规则，建立两者良性互动机制是转型期农村基层治理要直接面对和重点解决的问题。这一变化对农村社会的发展产生了深刻影响，农村社会结构的转型直接影响着乡村治理的实践运作，构成乡村治理的重要资源基础，成为变革当前乡村治理面貌的基础性力量。

（一）现代农村新的社会分层

有学者认为，国家的重要作用就是认可民众的合法性，通过构建制度的渠道对已经高度抽象化的以社会主体形式出现的民众进行保障和维护，集中体现在国家民主政治制度对公民资格和地位的确认，以及对公民参与国家政治的保障上。这是一种存在于公民身上的国家归属感，这种归属感不是以群体内血缘和族缘为基础，而是以法律制度的形式建立起对公民自由、民主、权利的尊重，这种对公民的尊重就是国家对民众的认可，就是民众的国家归属感的体现。农村市场化改革促使农民主体资格回归，扫清了农民政治形象再塑的制度障碍。农村市场化发展极大地解放了农民，缩小了城乡差距，使农村经济社会获得了空前的发展，从而带动了农村社会成员结构的转变，特

---

① 　R. M. 昂格尔. 现代社会中的法律 [M]. 吴玉章，周汉华，译. 南京：译林出版社，2008：16.

别是农村市场化的发展，推动了农民社会地位的提升和农村政治空间的活跃，农民与城市市民一样取得了一种抽象平等的资格和权利，农村社会由传统的被固定在土地上从事同质性农业生产的单一社会结构转向复杂的多元社会结构。农村市场化改革和市场经济的发展培育和壮大了乡村的社会阶层。农民在乡村市场经济发展过程中已经实现了经济上的独立自主，享有了经济收益的合法保障权利。农村在市场化发展中不断探索民主政治建设道路，农民已经实现了政治上的独立自主，并且享有管理村内事务的民主自治权，国家建立了农民参与国家政治事务的各种政治参与渠道和形式。农村在市场化改革进程中的社会空间不断扩大，农民已经实现了社会生活的独立自主，他们通过各种形式为农村的经济社会发展做出自己的贡献。

由此，乡村社会在市场化发展过程中出现了新的社会分层，知识、权力和财富已经成为新时期农村社会分层的主要标准。"人们已不再考虑家庭、家族、整个村子的利益，而只考虑本人的经济利益。"[①] 市场化带来了农村社会结构的复杂，促使了新的乡村社会阶层的出现。农村市场化改革后，乡村出现了下列新的社会阶层。

1. 农村私营企业主阶层

市场化改革的突出特征就是私营企业主阶层的涌现，城市如此，农村社会同样如此，而且在经济较发达的农村，私营企业发展非常迅速，私营企业主逐步对农村社会的政治经济生活产生重要影响。他们是乡村市场化改革的先驱和市场发展的主体，是农村市场化经济体制改革的实践者和受益者，为农村经济的发展做出了很大的贡献，他们对政治地位上的诉求也越来越强烈，成为变革乡村传统治理结构的新型力量。

2. 农村个体工商户阶层

随着农村市场化的改革，农村个体工商户大量出现，他们有足够的资金自己开业经营，也可以根据自身的需要决定要不要雇用其他劳动者。这一阶层的人的数量相当多，随着农村市场经济的发展，其数量还会逐步增多，实力也会与日俱增。他们的出现向乡村社会治理结构的变革提出了挑战。随着市场化的不断发展，他们要求经济上的更大自由，寻求经济上发展的愿望非常强烈，他们对乡镇政府过多的干预表示不满，希望乡村自治治理的程度越来越高，要求自治管理的范围越来越广，从而要求为自身经济上的发展创造

---

① J.米格代尔.农民、政治与革命——第三世界政治与社会变革的压力 [M].李玉琪，袁宁，译.北京：中央编译出版社.1996：145.

更加宽松的自治空间和政治环境。在一定程度上说，他们对传统乡村治理结构变革的影响较大。

3.农村农民精英阶层

在农村市场经济发展的过程中，越来越多的农村"致富能人"和乡村政治精英成为在农村政治经济事务中发挥重要作用的角色，其中有一批精英成为农村村民自治的"村官"，成为村民利益的代言人和村内事务的管理者，他们在《中华人民共和国村民委员会组织法》（以下简称《村民委员会组织法》）实施后，从事乡村治理工作，是农村治理结构的强力纽带和乡村治理事务的实力干将。

"村民在社区公共参与中的角色及相应的公共意识已经发生了很大的变化。这种变化表现在村民因在村庄治理中所饰演的不同角色，其政治人特征从总体上呈现出阶层分化的趋势。"① 市场化变革后，农村社会出现的社会分层有别于传统经济时代的农村分层，新的乡村社会阶层是在经历了市场经济繁荣之后兴起的社会阶层，他们已经成为市场主体，他们经过市场经济和民主精神的洗礼，初步具备一种强烈的主体意识、权利意识和自治观念，而且伴随着农村市场化的发展，农村社会分层的加快促进了乡村现代社会的形成，他们也不再像传统农民那样一团散沙，在市场经济的活动中不同的阶层也代表着不同的利益。新的农村社会阶层由于产生的特殊背景和自身所处的特殊位置，率先进入市场，成为农村市场经济的重要组成部分。他们深深植根于农村社会，又肩负着引导农村社会进入现代市民社会的重任，正在引领着大批农民不断进入市场惊涛骇浪的搏击之中，成为传统农村社会向现代农村市场经济社会演进的中介，成为基层治理结构中重要的组成部分。

（二）务工群体的出现

经过改革开放和市场经济发展的农村社会由于经济和社会变迁的加快，基于多种因素的影响，在过去相对单一的农村群体中出现了外出务工群体。农村市场化改革和市场经济发展使农民实现了经济上的独立自主，提高了农民的生产积极性，极大地解放了农村生产力。由此，市场成为配置农村经济资源的基础，成为农村经济运行的基本规则，具有经济自主性的农民在市场

---

① 吴毅.村治中的政治人——一个村庄村民公共参与和公共意识的分析[J].战略与管理，1998（1）：96-102.

环境中有了自由流动的可能和基础。特别是在农村市场化发展进程中，农村生产力不断发展，使剩余劳动力不断增多，大量农民开始怀着致富的动机到土地之外寻找发展的机会，他们中的绝大部分选择了外出务工。过去城乡二元体制导致的城乡发展不均衡现象在改革开放后并没有得到缓解，城市生活的繁华和丰富多彩对农民无疑具有极大的吸引力，在城市文明的拉力和乡村社会内部推力的共同作用下，农村剩余劳动力流向城市，促进了城市市场经济的发展。由于长久形成的城乡二元分立体制的影响，他们虽然在城市工作和生活，但不能享有城市的政治生活和经济利益，即使其在城市工作和生活了多年也很难改变其乡土身份和政治背景，他们"离土不离乡"或者"离土又离乡"，但最终的生活场域和权利落脚点还在农村，他们的文化结构和心理态势依然趋向相对熟悉的乡村社会生活环境。加上中国城市化发展过程中，户籍等制度并没有随着经济市场化的改变而变革，导致农民向城市自由流动没有彻底消除制度上的障碍，外出务工的农民的身份始终是农民，其向往的城市生活的根本通道仍然存在较大的政策阻力。由于长期感受在城市生活的艰辛和生存的艰难，反而加深了他们对乡土的利益诉求。他们虽然远离农村，也没有再进行农业生产，但又从心底里不想离开农村，因为乡土社会寄托了他们深深的感情。他们在充满机遇也布满风险的外部经济中拼搏，农村始终是他们安全的港湾。他们羡慕繁华的都市生活，但又很难在城市安家，大部分时间虽然生活在城市，但始终与乡村社会保持着很强的经济和情感联系。他们接受了新思想，知晓了新信息，掌握了更多的生活技能，但对乡土文化依然有很深的依恋。

农村外出务工群体的出现是中国市场经济改革和发展的突出现象，他们相对于城市来说是边缘群体，相对于农村来说是新兴群体。他们在城市体制内无法得到应有的生存条件和发展基础，因而与城市社会产生分化。他们对农村体制寄予较大希望，渴望制度创新，进一步加快农村经济发展和社会进步的行程。他们在城市体制内无法享有政治权利和经济利益，这催生了他们在农村体制内得到满足的要求和欲望。他们是农民身份，却又具有"非农性"，成为农村社会走向现代发展进程的推动力量；他们具有传统农村深厚的家族或家庭观念，但又具备城市市民社会的自主治理思维和权利意识，因而在传统行政体制无法结构性变革的条件下，他们在农村体制内实行民主治理和自主管理的利益要求越来越强，成了新的乡村社会自主组织群体，成了推动乡村治理结构变革发展的新生力量。

（三）贫富差距的加剧

改革开放的经济发展策略确立了市场经济的发展体制，中国的经济高速增长，但由于农村制度变迁和转型的相对滞后，市场机制在资源配置中的基础性地位尚未完全确立，经济运行效率还不是很高。虽然农村市场化改革使乡村经济获得了较快发展，但农村经济改革和发展从根本上没有呈现出与整个国家经济发展同步的增长趋势，经济增长和发展的成果还不能完全被广大农民普遍分享，农民的生存权和发展权与城市居民相比差距还是比较明显的。同时，市场化改制之前各地农村和不同农户经济社会发展的基础和水平不一，导致贫富分化的现象开始出现，加上农村市场化改革进程缓慢，非贫困户的市场化进程明显快于贫困户，大多数非贫困户市场化水平已进入发展阶段，而近一半的贫困户仍处于市场化的起步阶段。部分农民收入增长不快，没有较快富裕起来，特别是有些农民由于疾病陷入绝对贫困境地，使转型期农村贫富差距比较严重，突出表现在原本就存在的城乡差距进一步加大和不同地区的村庄在经济社会发展水平上的差距进一步加剧。有学者对处于不同地势的农户市场化发育水平进行对比分析，发现"丘陵地区的市场化水平提高较快，平原地区的市场化水平次之，山区的市场化水平则相对滞后"。农村由于贫富悬殊而引发的经济落后、农民负担重、权益受侵犯等一系列矛盾成为影响农村社会稳定的重要因素。

一方面，贫富差距加剧的农村发展现状影响着农村的社会结构，从根源上制约着农村的治理结构转型。市场化的过程是一个提高制度机制并充分发挥各种制度体制的优势与潜力，使社会在经济所决定的可能性前沿方向上运行，加快社会转型与变革的过程，其中制度环境和制度结构是使农村经济社会发展和基层治理基础性制度变迁的重要环节。农村市场化的过程使农村经济增长和社会发展的制度环境由传统的计划经济体制下的集中决策、集中生产和分配转变为市场经济体制下的分散经营、民主管理和民主治理，从而使农村基层的社会制度和治理结构相应地由缺乏合作与排斥竞争转向市场基础上的分工合作与民主治理。农村市场化的逐步确立为农村社会的治理变革创造了相应的制度环境，但农村市场化带来的贫富差距加剧阻碍了农村治理基础的制度结构的正常转型，导致应与市场化相呼应的平等主体、自主自治等政治现代化要素不能在农村基础治理制度的结构变迁中得到健康的发育，甚至与现有的农村贫富差序格局发生背离，在一定程度上束缚了农村社会的治理效率与自治进程。

另一方面，农村市场化的制度环境与制度结构虽然有距离，但它毕竟是一种促进经济增长和社会发展的资源，是一种催化社会转型和治理变革的重要源泉。贫富差距的加剧是农村市场化发展难以避免的现象，甚至会影响市场化的发展进程，但正是对经济增长的掣肘之处，使市场化条件下制度结构的变迁成为强烈需求，使平等、民主、自治等政治要素成为改变农村贫富差距过程中的必然要求，而把这些要素注入农村市场经济发展进程之中，就会演进为一种制度环境的深层次变化和制度结构的根本性变革，成为基层治理基础，不断促进农村经济市场化的效率递进，刺激农村自治结构现代化变迁的创新导引。

三、政治基础的支撑

农村政治是国家最基层的政治类型，从政治学理论来考察，农村政治就是由农村基层权力和它形成的权威以及其运行中构建的乡村秩序三方面所组成的基层政治机制及其运行状态。农村虽然地域较广，结构简单，人员构成比较单一，但作为一个社会生活空间，它是社会系统的重要构成部分，也是以一定的规则和制度来组织生活的，其政治构成也包含着权力、权威和秩序。传统农村深受传统的思想影响，形成了以教化的权力或礼俗权力构成的"无为而治"格局。经过农村市场化的发展、现代化的洗礼和社会变迁的转化，现代农村基层的政治格局和运行机制发生了根本性变化。基层群众性自治和农村民主政治建设成为现代乡村政治的典型特征，农村基层治理成为认识和分析中国乡村社会的政治机制和社会管理结构的基本模式，村民自治成为农村政治的核心和重点，因为它规范着国家与乡村社会、国家与农民、城市与乡村之间的特殊关系，而这些正是农村政治的集中体现，代表着乡村政治机制和政治结构在经济社会转型期的变迁与发展方向，能够清晰地反映出乡村政治结构内在的逻辑机理与发展体系。有学者认为，促进经济增长的条件同民主的发展与保障个人的权利是一致的。农村市场化改革不仅改变了农村的经济和社会结构，还使农村基层的民主、权利观念与经济增长统一起来，改变了农村的政治结构和治理体系。农村市场化使农村的政治结构、政治运行机制和治理体系与农村经济发展紧密联系起来，不断催发着基层治理的创新，得到了受市场化影响的"人们对制度创新的认同"。在市场化发展中，乡村政治机制和治理模式的适应性、自立性、发展性和凝聚力发生了深刻变化，在影响市场发展的同时，引发了自身的价值反思和逻辑自省。已经在社会中起作用、政治系统可以加以吸收和发挥的那些有利于民主的格局和与之相呼应的趋势可以作为合理化潜力来把握。农村市场化发展为基层政治结构转型和基层治理宪治化建设带来了契机，凝聚了力量，提供了合理性的社会基础。

（一）政治体制的自治化

农村市场化发展加快了经济社会的全面转型，不仅改变了农村的经济结构和社会结构，还带来了农村政治结构的转型，即由传统的"国家政治主导型"向现代的"国家—社会政治主导型"转变。与传统计划经济相适应的"国家政治主导型"基层政治运行机制是依靠国家权力或国家政治力量来推动和实现农村基层政治运行和乡村治理的内容和方向，国家的制度性规定和组织化力量是基层政治权力产生的合法来源、运行的基本框架和农村基层治理的基本准则。与农村市场化改革相呼应的"国家—社会政治主导型"基层政治运行机制是指在国家与社会二元化发展基础之上，农村社会获得一定程度的自治权，社会力量在基层治理和基层政治运行过程中逐渐壮大并起到重要作用。一个社会要体现公正的基本价值和文明的社会形态，社会的运行和发展就必须遵循公正的基本原则，就必须使绝大多数社会成员参与到国家和社会的管理之中并从中受益，从而实现个人真正意义上的发展。有学者认为，公民通过亲身参与到国家政治过程之中，能够认识到自己在国家政治体制中的地位，知道如何发挥自己的政治作用，从而使自己更加关心和了解政治，增强对政治的信赖感；通过政治参与，公民能够深刻感受到自己是政治国家的一员，能够为国家政治运行和发展发挥自己的作用，从而增强自己在政治国家中的满足感。基层群众性自治是农民参与政治的重要形式，是"国家—社会政治主导型"基层政治运行机制的典型表现方式。基层群众性自治是农村市场化改革后，为了维护基层农村的稳定秩序和保障农民的政治权利，在基层政治体制上采取的一种新的治理方式。通过基层的群众性自治，我们可以全面地考察中国基层农民参与政治的基本情况和基层政治体制发展的基本现状。

自治是现代民主政治中政治权力良性运行的最好手段，其目的在于推进和完善政治民主，以实现国家政治体制的宪治化运行。基层群众性自治的实行揭开了中国农村政治自治化的序幕，以自治为核心的基层治理成为改革开放以来中国农村政治体制转型的一次制度创新。以基层群众性自治为主要内容的基层政治体制自治化明确了在基层政治运行中国家与社会的基本关系，在基层领域划分了国家权力的运行边界和公民政治权利的有效范围。基层政治体制的自治化成为农村市场化改革以来基层政治发展的鲜明特征和价值内涵，代表着基层民主政治的建设方向，成为基层政治文明和政治现代化的发展道路，为农村经济社会转型期基层治理的宪治化建设奠定了坚实的政治基础。

（二）政治思维的理性化

按照过去政治学传统的"国家—社会"分析框架去认识农村基层的政治问题时，总免不了带有一定的价值倾向，即始终认为如果国家权力不从乡村完全退出，那么乡村政治的民主化就不可能实现，农村的民主政治体系就不能够建立起来，总有一种将国家权力与乡村民主治理的政治结构对立起来的惯性思维，对国家权力存在着一种本性的排斥情绪。农村市场化改革带来了农村经济社会的发展，也改变了过去农村传统的政治思维和简单的政治观念。事实上，农村的政治问题不只是一个基层政治体制和治理结构的问题，从整个国家的政治立场来看，更是一个农村经济与社会的发展问题。如果在基层农村简单地强调民主自治，追求所谓理想的基层治理状态，把国家权力从基层政治体制中彻底排斥出去，那么就是把农民的发展与基层政治体系形式化地结合起来，错误地认为基层的政治民主化必将带来农村经济社会的发展，等于把农民的发展孤注一掷了。显然，在社会现代化和经济市场化的大背景下，完全靠农民自己来推动农村经济社会的发展无疑是一种可笑的设想。乡村的政治体制和治理模式不只是政治问题，它应该在推动乡村经济社会快速、良性发展的实践之中获得自身的合理性、合法性和科学性基础，而不是一种超脱于农村社会的主观政治想象和体制设计，它必然是一种理性的、合乎农村社会发展规划的政治运行机制。

基于理性的政治思维，在乡村政治结构和自治治理体系中，在国家发展的现有实际情况之下，一方面，国家权力的退场并不会带来纯粹的、理想的乡村政治民主化和基层治理自治化，因为基层政治和治理会受到来自基层各种利益的威胁，这不是农村政治体制和治理模式所能单独承受得住的；另一方面，国家权力的存在并不等于乡村政治民主化和基层治理自治化的丧失，国家权力在基层的存在也是为了基层社会秩序的控制，是为了实现公共利益，它的价值立场与基层群众性自治和农村民主政治建设是高度一致的。因而，理性的政治思维决定了农村政治不是一个孤立的系统，决定了农村政治发展路径的选择不能片面地追求政治目标，而要将农村的政治、经济、社会发展看成一个系统工程，要将基层政治发展置于乡村发展的全局之中来考虑。

宪法政治是人类社会的一种社会规范和政治制度，是一种理性的政治形态，是人类对政治文明和政治现代化不断进行理性思考的成就，是一种理性的产物。正如有的学者所说，宪政的构建能理性地看待政治权力和政治过程，正确地认识权力的功能与作用，通过对国家权力以及国家与社会关系的理性反思，构建现代政治文明社会的理性运行的政治框架。在农村经济社会转型期，实行基层治理的宪治化建设就是要通过构筑一种宪法政治的框架和机制，科学地处理农村基层的国家权力与村民自治权力之间的关系，科学地处理农村经济、政治、社会发展之间的关系，科学地处理国家、社会、村民三者之间的关系，实现基层群众性自治与农村经济社会发展的良性互动，使村民自治与激发农村发展活力、促进农村社会公正高度结合起来。基层治理的宪治化建设是一种理性的农村基层政治机制和治理模式，它顺应了基层政治、经济、社会变化的大趋势，不仅以基层政治思维的转型为基础，还促进了基层政治的转型。

（三）政治行为的自主化

传统农村基层政治体制的建立是国家通过基层的制度性构建，强行在基层农村传播和实现国家意志的自上而下的过程。这一政治过程代表着国家在基层的权威性立场，与当时农村封闭的经济发展道路相适应，体现了国家在计划经济时代对农村统一的整合性能力，展示了国家通过基层政治行为对农村经济社会建设的全面掌控，具有相对的政治合法性。由于农民对基层政治没有太多的想法和主张，这一政治也得到了农民的认可和践行。虽然这种基层政治的运行体制对稳定农村社会秩序、促进当时农村发展发挥过实际效能，但它是以农村对国家意志和政治体制高度统一为基本原则的，不允许农民在基层政治机制和运行中有任何个性和特色，体现的是国家一体化的制度在农村的广泛实施。因此，当时的基层政治体系和机制受制于国家高度的政治权威，忽视了农民自身的政治意识萌发和政治行为的自主性，可能和基层民众的需求不一致，可能与农村基层的实际情况不一致。这样，农村基层政治体系的制度构建与农村的政治需求、农民的政治需要不一致、不协调，使农民作为基层政治的承受者与实践者在实践中产生了很多的困惑、无奈和忧愁。忽视了农民的政治主动性和制度创造性，忽视了农民真正的政治诉求与经济憧憬，这是当时农村在国家政治制度高强度关怀下产生的政治与实际生活不相一致，以致基层政治生活与国家本身的基层政治设计目的渐行渐远的原因所在。

在改革开放以前，中国农民可能一直给世人一种缺乏政治自主性的群体形象，过多地依赖国家政权的体制，始终生活在国家的政治权威之下。因此，有学者认为农民的政治行为意识具有保守性。"他们不能代表自己，一定要别人来代表他们。他们的代表一定要同时是他们的主宰，是高高站在他们上面的权威……保护他们不受其他阶级侵犯，并从上面赐给他们雨水和阳光。所以，归根到底，小农的政治影响表现为行政权支配社会。"[①] 中国政治发展历史表明，农民也不是简单的保守群体，农民与国家的关系始终遵循着一种"暴政—反抗""仁政—顺从"的历史脉络。农民在国家政治舞台上扮演的要么是依从者的角色，要么是反抗者的角色。有学者认为，在第三世界，农民很少会在税收、耕作模式、发展政策或烦琐的新法律等问题上去冒险与当局直接对抗，更可能通过不合作、偷懒和欺骗去蚕食这些政策。毛泽东看到了农民的革命性，充分发挥农民的革命性，从而使农民成为中国政治革命的主角，赢得了基层乃至整个国家政治翻天覆地的变化。农民无论是被操纵的玩偶抑或若愚的大智慧者，无论是道义小农抑或理性小农，或许只有真正理解变革中的乡土社会，才能理解当下的中国以及我们正在经历着的改革的深刻性。

农村市场化的改革不仅带来农村经济社会的发展，更带来了基层农民政治意识的觉醒和政治自主性的增强。中国市场化改革是源自农民"联产承包责任制"的制度发明而开始的，这充分说明农民在国家的制度面前，并不是要以革命性的激烈对抗方式改变国家基本制度和政治统治，也不是对国家意志和行为的盲目依从，而是具有创造性和建设性的，这就是市场化带来的农民与国家政治关系的新发展。农民具有政治自主性，希望通过自己的智慧发

---

① 中共中央马克思恩格斯列宁斯大林著作编译局.马克思恩格斯选集（1）[M].北京：人民出版社，2012：678.

明和实践努力来改变和完善基层农村贯彻国家政策的政治行为模式，一方面表现为以一种语言的提示来不断警醒国家关注农村政治体制的缺陷，从而推动基层政治的体制创新；另一方面通过自己亲身的基层政治实践，参与到基层政治的体制运行之中，感同身受，从而推动基层政治的有效运转。正是农民对基层政治的支持、参与和改善，从而构成了基层政治变革创新不可或缺的动因。基层群众性自治是农村市场化改革后，基层农村基本的政治体制，它宣扬的不仅是基层农民的自治治理，更是基层农民的政治自主。基层群众性自治的实际履行关键在于村民主体是否具备政治自主性。问题的实质不在于资源环节上（集权与分权），而在于国家分权后，社会是否能够真正自主自治。自主是自治的根本特征，自主才是自治的真实体现。从当前农村基层治理和政治体制变迁来看，农民的政治自主性显著增强，一方面不断通过扩展自治来实现村民自身对基层农村事务的自主管理；另一方面在不断适应经济社会转型的背景，探寻一种能够更加充分展现农民政治自主性的基层治理的创新机制，即通过创设一种新型的基层政治体制来保障农民的政治自主性，基层治理的宪治化建设就是这么一种探索渠道。从农民的政治自主性入手，构建国家与农民的稳定政治关系，充分发挥农民的政治自主性是基层治理宪治化建设的重要缘由。农村市场化改革催发了农民的政治自主性要求，农村基层政治行为的自主化已经成为基层政治文明的典型特征，基层治理的宪治化建设在实现基层政治体制创新中会使农民政治自主性拥有更大的发挥作用并构成影响的空间，伴随着农村经济社会的转型成为农村政治现代化架构和农民政治自主性追求的基本框架。

（四）政治参与的制度化

传统农村的基层政治体制追求的是国家自上而下控制和管理基层的能力，而缺少对基层民众自下而上的政治表达的制度性关怀。因而，传统农村政治制度的直接功能是形成和塑造国家追求的农村基层应当具备的政治社会秩序，制度成为国家向农村基层灌输与传播政治权威和政策纲领的重要资源。从制度学原理来看，制度应当是国家在一定时期为实现社会政治、经济和文化等目标而对社会进行强制性规范和权威性导引，以实现按一定价值秩序对社会公共利益进行合理分配的手段。在传统农村社会，国家对基层的制度渗透更多追求的是基层稳定的社会秩序；农村市场化改革，国家的制度渗透追求的是经济利益，实现农村经济的发展，而农民经济利益的实现催发了他们对政治利益的强烈需求，因而代表实现农民政治利益的基层政治制度开始逐渐形成和实施。随着农村市场化的发展，利益意识和自主意识成为基层民众最先确立的基本观念，经济利益和经济自主成为市场化初期基层农民的追求目标，但基层政治体制的滞后使农民许多权利和利益无法正确表达和实现，开始对市场变革产生阻碍，从而也使农民要求加快基层农村政治发展步伐，希望能够更多地参与到基层政治过程之中。至此，民众的政治利益和政治自主成为市场化变革发展到一定时期后农村社会改革的主题词。农民在基层的治理实践中表现出前所未有的参与热情，而基层政治参与的真正实现要求农村必须提高政治参与的制度化水平。在处于现代化之中的社会里，政治参与扩大的一个重要转折点是农村民众开始介入国家政治。由此可见，市场化变革后农村的社会转型实质上是从对社会秩序的追求转向对经济利益和政治利益的追求，作为制度供给者的国家体现了这种价值取向，通过一种制度向另一种制度的转换来形成社会新的格局和体系。

制度是政治参与的载体，是文明的政治理念转化为文明的政治行为的中介和桥梁。有学者认为，制度是根据社会环境和政治背景之间的关系，界定政治行为的特征、运行步骤、联系方式的规则的集合。宪法政治的核心特质在于先进的制度，宪法政治的发展关键在于国家和社会内部的宪法政治制度的设计、建立和安排。还有学者认为，宪政思想的根本精髓在于通过设计一些政治制度来实现对宪政目标的追求。宪法政治文明的本质在于制度文明，体现的是制度化的宪法政治形式、宪法政治组织机构和宪法政治运行机制，公民权利的确认和保障、个人行为的规范以及宪法政治关系的协调和平衡都需要通过制度安排来得以实现。农民参与政治的制度化对农民参与政治的资格、形式、范围做了明确的规定，使其参与政治有了坚实的制度保障，公民的利益要求有了根本性的规范，从而排斥了基层政治领域的自由主义和无政府主义，使政治机制和政治运行纳入了制度渠道。

如果制度准备不足，扩大政治参与可能导致政治不稳定。农民制度化参与政治一方面使农民通过正式的制度渠道稳定地参与到基层农村的政治过程中，使农民能够亲身参与政治实践，从而影响政治决策，实现自己的政治利益和政治主张；另一方面，政治参与的制度化推进了包括基层群众性自治在内的农村民主政治建设。有学者研究表明，农村市场化改革后，中国农村基层出现了比人们想象之中还要更深刻的民主化特征，甚至在一些经济发展快的乡村地区，农民并不比城市居民享有政治权利的制度化保障滞后多少。这些研究发现已经否定了那些认为农村在民主政治上较难有很大进步的保守观点，否定了那些认为在农村较难形成具有民主政治价值取向的制度的落后思想。政治学研究表明，民众参与政治生活的情况是衡量一个国家政治发展水平的重要参数。有学者认为，一个社会复杂且文明的政治共同体的形成在很大程度上取决着该社会内政治组织和程序的力量，而这种政治力量的形成又决定于该政治组织和程序得到的国内民众支持的范围，以及该政治组织和程序能够获得的国家制度化的规范程度。从世界政治文明发展来看，宪法政治是最能实现国家内政治参与制度化的政治形态，既是一套国家制度化政治运行规则和体系的总结，又是这一套制度在现实政治生活中得以运行而构建的一种国家政治生活状态。农村市场化改革迫切需要基层农民参与到基层的群众性自治治理和政治决策中来，而基层政治参与的制度化、规范化、法治化是实现农民政治权利和自治权利的保障，农民在制度体系内参与基层政治生活，提升了农村的政治现代化进程。政治参与制度化是基层治理宪治化建设的核心内容，是基层政治文明运行的主要方式。

四、思想基础的支撑

农村市场化改革不仅改变了农村的经济结构、社会结构、政治结构，还在斗转星移之中悄悄地改变了农民个人的知识结构、文化结构，并使农民的个人现代人性精神和人格价值苏醒，成了基层治理变革不可或缺的思想基础。仅从国家的制度、农村的政策、经济的发展和政治的需要等范畴来看待农村的民主政治建设和基层治理变革是远远不够的，还必须结合农村转型中的文化背景和农民个人的人性价值才能更深入地理解基层政治运行和基层治理发展的根本要义。农村市场化发展为基层农民发挥自己的潜在能力提供了机会，促进了农民自主独立与自我体认的个体意识的萌发，潜移默化地改变了村民对农村市场生活、经济社会及乡村政治的认识和理解，使其形成了一种对基层治理的强烈的感情寄托，希冀通过基层群众性自治的深入开展以彻底改变农民不自主、不独立的传统形象，实现基层农民在农村政治领域的价值意义。在农村市场深入发展已经成为基层社会常态的经济环境之时，基层农民的行为能力、价值思维、自治观念、社会心态发生了巨大的变化，农民个体的人文价值也发生了显著变化，即农民个体依托村庄之外的市场来满足个人的生存和实现自己的发展，农民个体的经济自由度和政治自主度大大提高，农民不再是传统的受制于乡村政治体制约束的群体，其人文价值中的开放、独立、进取、民权等内涵不断释放，"现代农民"的身份已经成形，"政治农民"的形象逐步树立，这种变化实际上已经成为基层自治治理变革的思想基础，推动着新的更能切合农村发展实际情况和农民实际需求的治理模式的变革，呼唤着基层治理宪治化时代的到来。

（一）农民政治态度从封闭到开放的转变

传统农村政治社会结构产生的基层民众的人格具有很强的封闭性，这与当时专制王权在基层的政治权威和社会治理有关。封闭、稳定的社会环境把基层农民限定在土地上从事生产，农民与国家、农民与社会、农民与农民之间联系不紧密，封闭的社会格局养成了农民当时封闭的政治人格。中华人民共和国成立后，基层的政治制度仍然把农民局限在乡村狭小的社会环境内和土地等生产资料上，严密的国家政权组织统制之下农村封闭的状况并没有改变，反倒使农民的积极性和主动性不断丧失。农村市场化改革使农民在城乡之间的经济性流动加快，农民开始尝试着走出乡村，离开土地，进入激烈的社会流动之中。原来乡村社会封闭的文化环境被打破，现代社会的文化因子和先进的思想观念开始随着农村市场化的发展步伐而向乡村社会渗透，基层农民在市场化环境下普遍接受了市场的现代性观念与开放性意识的熏陶，基层农民逐渐成为接受、认同、理解和运用现代文化的使者。拉兹洛认为，人类在生活中逐渐生成的思想理念、价值观念和信念信仰并不是没有用的装饰物，而是在世界历史发展中起着重要作用的催化剂，它们的凝聚不仅产生了世界的技术革新，更为重要的是成了社会进步和文化发展的根本基础，引导人类社会和文明历史的前进。现代文化在农村的传输一方面弥补了传统基层农村思想封闭、文化落后的欠缺，农村的知识文化教育水平不断提高，改变了传统农民封闭落后的知识文化结构；另一方面深化了农民对现代知识和开放思想的认识，特别是对政治权利、基层政治的认识，纠正了过去基层农民不注重农村政治生活的错误观念，启发了农民的政治思维和权利意识，从而最终改变了农民过去对政治敬而远之的态度。农民在经济快速发展的市场环境下对基层政治提出了越来越多的要求，形成了一种适应转型期农村基层政治和自治治理发展需要的以开放的人性态度、健康的人性心理和正常的人性设想为基础的系统价值观念。

（二）农民政治地位从依附到独立的转变

传统农村社会中，农民与土地紧密相连，土地是农民生活的基础和根本，离开土地，农民一无所有。在传统的农村社会结构中，农民经济上的贫乏和不独立决定了其政治结构中的依附性，寻求基层组织保护和基层政权保障成为那个时代农民生存与发展的唯一方式。市场作为人类经济活动的一项制度安排，是自然产生的自发秩序的典范，它能充分利用分散的、有限的知识和资源，具有自动调节的反馈机制。它不需要任何强制，以产权制度和个人的自由选择为基础，并为个人自由的进一步发展确定了基本结构，提供了广阔空间。市场是产生自由和独立的土壤，市场中没有强制和暴力，在市场化的发展环境中，经济自由和独立可以增强民众政治上的自主性。农村市场化改革使农民获得了生产经营上的自主权，特别是市场体系下法治的不断健全使农民的劳动所获得到法律的保护，对集体和组织的依赖越来越弱。经济地位上的自主独立使农民政治自主和独立意识显著增强，再加上市场环境下个人主义和自由主义的兴起和发展，农民在现代意识影响下参与政治和基层治理的个人理性判断与决策能力不断增强，开始展现独立的政治人格。

图 3-1 是对村民独立状况的调查的结果统计图，其相关数据表明，村民对在农村基层日常政治、经济、文化和社会生活中能够独立地发表自己的意见和独立地行使自己的行为的现状是比较认可的。这说明随着农村市场经济的发展和以基层群众性自治为核心的乡村民主政治建设的进步，农民开始具有比较独立的政治立场和政治人格。

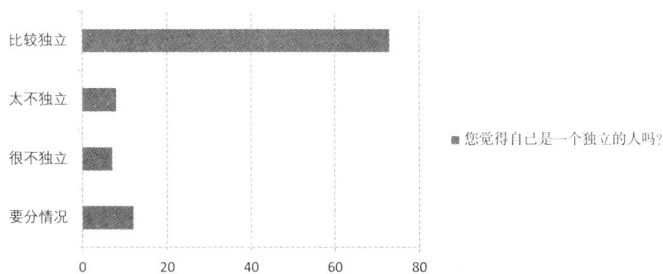

图 3-1　关于村民独立状况的调查统计图 [1]

---

[1]　彭澎 . 农村基层治理变革的法理创新与法治转型研究 [M]. 长沙：湖南人民出版社，2014：96.

权利的真正实现依赖人对政治体的归属，当人失去了政治资格的时候，单纯人的存在无法产生任何权利。个体政治地位和政治立场的独立是村民一切政治行为的基础。有学者认为，任何社会的人实现利益的结合都依赖以个体独立为基础的政治共识。由于社会矛盾的冲突是人类社会不可避免的因素，以独立为基础形成的共识就成为人们和平表达自己政治立场和有序处理政治事务的一个先决条件，如果没有形成被广泛接受的关于独立政治人格的价值观念和规范准则，那么社会的政治组织就不可能存在。基层政治的发展是基层农民政治素质提高的过程。有学者认为这一过程是政治态度和政治观念逐渐形成的过程。在这一过程中，人们越来越重视在自己思维深处构筑起的独立地看待周围世界中存在的一切政治关系的立场。个人因为具备独立的政治处理能力而往往在政治过程中产生自信，并能够独立地选定有助于表达自己政治意念的行动方案。独立是人类适应外在和内在环境的最重要方式。农村基层治理是一个政治领域和公共事务，这既是一个静态的享受权利过程，又是一个动态的权力运行行为。村民与村民之间通过言辞和行动来表达自己的治理主张和政治意见，体现了人类渴望摆脱被"劳动"和"工作"束缚的世界，渴望进入一个完全是独立的主体与主体之间互动的世界，以真正实现自己作为人的价值。

（三）农民政治精神由保守到进取的转变

传统农村社会封闭的生活方式、农村经济孤立的发展思维以及农民自身较强的人身依附性决定了传统社会农民的保守性。原有小农经济自给自足的特性养成了农民只求安逸的保守性格，保守性在农民的经济本性上特别突出，进而也反射到农民的政治人格上。再加上农村深受传统文化的影响，推崇与世无争、无争无为的社会伦理，所以农民养成了安然恬逸与乐天知命的性格品质，形成了保守而缺乏进取精神的特点，对基层政治平淡漠然。有学者认为，传统农村社会民众参与政治感不强烈，参与热情不高，这与农村自身政治参与机制有关，但更多的与农民参与动机不明确和缺乏积极性有关，淡然的政治参与意识注定出现较为令人失望的基层政治情形。农村民众参与政治的冷淡客观上促成了国家权力在基层的扩张。有学者认为，乡镇政府在农村基层的稳定性和正规化发展是 20 世纪初以来国家向农村持续渗透与扩张的继续。农村市场化改革改变了农民的经济地位，增强了农民的政治自信心。基层治理模式使基层农民真正享受到了民主和自治的温暖，提高了参与政治生活和基层治理的积极性。随着村民自治的全面实施，农民自主自治管理乡村事务得到国家宪法和法律的肯定，农民在乡村社会的政治地位得到提高，农民的政治权利得到实现。农民在政治参与中不再表现为对政治的冷漠、恐惧和保守，而是具有较高的热情和积极性，他们抛弃了过去的保守思想而强化了进取意识，形成了在转型期进行基层治理宪治化建设的政治精神风貌。

彭澎对村民参与村治事务的意识进行调查统计，结果如图 3-2 所示。从图 3-2 可知，大部分村民认识到参与村治公共事务是自己的权利，对基层治理有较强的权利意识。图 3-3 是村民关于选举村委会主任关心度的调查统计图。从图 3-3 可知，大部分村民对村委会主任的选举是"关心"和"比较关心"的。这两个图说明随着农村市场化改革和市场经济发展，村民的自治意识和政治积极性得到增强，对农村基层治理和乡村政治参与表现出了较高的热情。

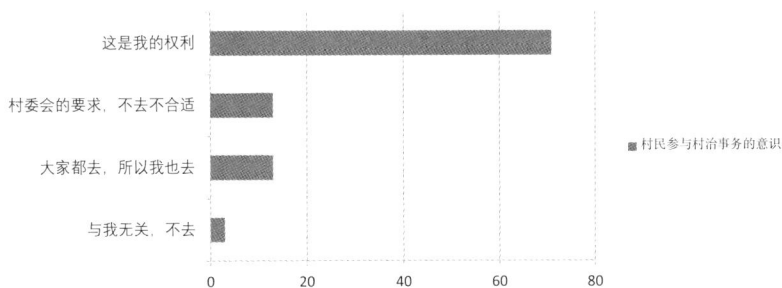

图 3-2　村民参与村治事务意识的调查统计图 [①]

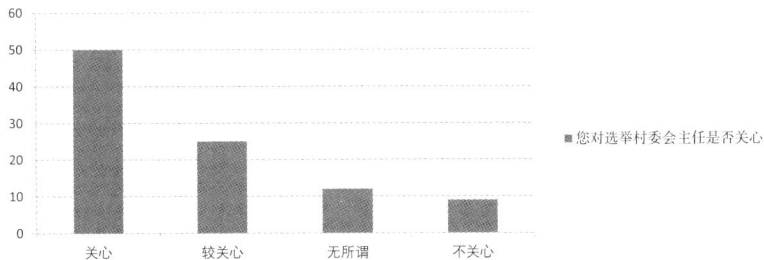

图 3-3　村民关于选举村委会主任关心度的调查统计图 [②]

---

① 彭澎.农村基层治理变革的法理创新与法治转型研究 [M].长沙：湖南人民出版社，2014：99.
② 彭澎.农村基层治理变革的法理创新与法治转型研究 [M].长沙：湖南人民出版社，2014：99.

（四）农民政治观念由特权到民权的转变

人类政治发展的历史表明，自由始终是政治发展的目标，也是公民个体参与政治的根本价值，是约束政治权力的根本方向，是权利的核心内容。自由是政治国家中民众应当享有的基本权利，是一种民众应当普遍拥有的"民权"。农村市场化发展启发了民智，村民由过去游离于基层政治体制之外、一味地服从基层政权的管制到现在亲身参与自治实践、自由自主地进行自治治理，其中体现了基层农民政治观念的变革，即由传统特权观念向现代民权思想转变。基层群众性自治是农村村民的一种民主权利，民主权利的内涵注入基层治理之中显示了村民作为个体存在于基层的价值。

图 3-4 是村民对民主理解的调查统计结果。其数据表明，村民对民主权利的理解已经逐步由投票选举形式上的原始印象转变为了对民主的制度精神和价值理念的深刻认识。

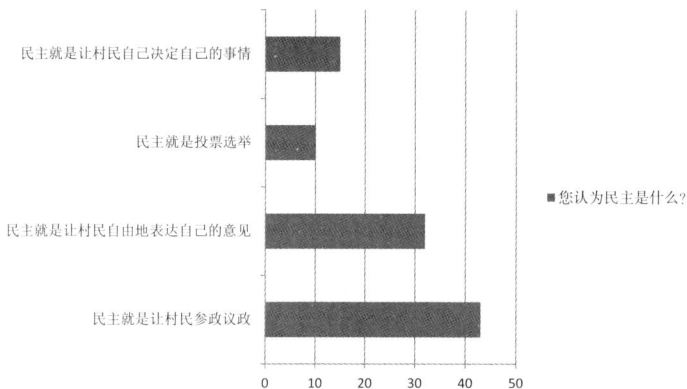

图 3-4　村民对民主理解的调查统计图 [①]

在传统社会，由于国家权力对乡村的渗透，基于封建思想的官本位意识和特权观念，农民对基层政治权力既依附、崇拜和羡慕，渴望得到基层国家权力的保护，又害怕和畏惧基层国家权力，因为在基层农民看来，那是一种特权，普通民众是不能接近的。农村市场化改革带来乡村政治和基层治理的发展，使村民作为平等的主体能够参与到基层治理中。基层群众性自治是建立在村民平等的基础之上的，每一个村民都是一个平等的个体，都能够享有

---

① 　彭澎.农村基层治理变革的法理创新与法治转型研究 [M].长沙：湖南人民出版社，2014：100.

乡村民主政治和基层治理的平等权利。"人权的丧失不是指失去了哪一种作为通常意义上的人权权利，而是指失去了人在世界上的立足点。正是由于这个立足点，才能为人的意见赢得重视和人的行动获得意义创造条件。"① 人格的平等是人之所以为人的根本所在，是人权的基本立足点，是人类最基本的权利，也是人类参与经济、文化、政治等活动的基本前提。在农村基层治理的空间里，村民的人格平等意味着政治或者治理不是垄断在少数人手上的特权，而是所有村民都应当享有的民权，这是现代文明社会区别于传统社会的重要标志。基层群众性自治是一种宪法和法律赋予村民的基本权利，是村民享有的基本政治权利，村民自治及村民自治权本身是建立在平等的基础之上的。尽管在基层治理过程之中，每个村民的意见、想法和主张可能有不一致的地方，但作为村民自治的主体，"你我是同样的人"。在农村经济社会转型期，在基层治理和农村民主政治建设的发展过程中，村民随之而生长起来的权利意识和公民意识在不断增强，乡村自治治理的民权观念已经牢固树立，村民在自治实践锻炼中增长了政治理论知识，提高了政治参与能力，农民逐渐发展成为"现代人"和"政治人"，奠定了基层治理宪治化建设的思想基础。

五、农村基层与法治化治理相互之间作用关系的支撑

（一）基层政府是乡村治理法治化的主导者

基层政府主导乡村治理法治化在我国有着深厚的历史渊源。在古代社会，传统集权体制下所形成的基层社会结构形态便是皇权支配下的"乡绅自治"，民众并没有什么权利。到了近代，由于受到西方文化的影响，中国开始了基层政府治理的现代化，也就是这个时候基层政权开始延伸到乡村地区，也由此开始，国家对农村的控制开始加强。中华人民共和国成立以后，基层政府为了推进"四个现代化"建设，确立了人民公社体制，使国家行政力量深入农村最基层。目前的乡政村治模式将基层政权退回至乡镇一级，在行政村实行基层群众自治，既保障了国家对农村管理的有效性，又保障了农村社会的自主性。新时代，乡村问题作为国家治理的重点被提及，乡村振兴战略作为国家战略被提出，在大力推进乡村发展的进程中，作为国家政权基层代理人

---

① 川崎修.阿伦特——公共性的复权[M].斯日，译.石家庄：河北教育出版社，2002：112.

的乡镇政府承担了国家权力代理人的角色。当国家需要在乡村治理领域推进法治化改革时，基层政府理所应当地应承担起国家政权代理人的角色，主导整个农村的法治发展。

基层政府主导我国乡村治理法治化有着坚实的社会基础。基层政权建设一直是中国现代国家建设的重要功能组成部分。从国家对基层的控制来看，中国现代国家建构的目标就是要重新建构、塑造社会。作为基层社会的个体，农民在政治上的地位相对比较薄弱，农民之间的合作相对较少。改革开放以来，随着市场经济的大力发展，在农村地区出现了不同阶层利益的代表，他们所代表的利益阶层不同，所表达的利益诉求也不尽相同。正是因为这种现象的存在，才不能使乡村治理合理、有序地进行。基层政府作为乡村的代言人，有着得天独厚的优势，应该去为乡村地区争取更大的利益。当乡村治理要想实现法治化转型时，基层政府由于有广泛的群众基础，因此更能成为最直接的主导者。

（二）我国乡村治理法治化需要基层政府破解困局

改革开放以后，由于市场经济的快速发展，基层社会的经济也得到了长足的进步，基层社会也因此发生了巨大的变化。农民的日常生活脱离了之前的集体生产模式，开始实施以家庭为主体的家庭联产承包经营责任制。这种经营方式给基层乡村人民带来了巨大的经济利益，也给乡村治理带来了民主、法治的希望。但是，作为国家政权的基层代表——乡镇政府没有进行有效的转型，这就使乡镇政府在治理的过程中陷入了僵局。换句话说，基层政府的制度环境没有得到改变，它的行为逻辑也没有发生变化，基层政府的传统治理理念已经不再适用于当下的社会环境。进入新时代，社会矛盾和冲突不断加剧，基层政府所面临的环境也在不断变化，如果基层政府仍然坚持之前的治理方式和治理理念，将会导致社会陷入更加混乱和无序的状态。

不可否认，基层政府所面临的环境是非常恶劣的，如果基层政府在如此恶劣的生存环境下不能够审时度势，在社会治理现代化的今天，随着多元化主体的不断发展，基层政府的地位将变得非常被动。因此，乡村治理法治化也需要并且急需基层政府来打破当前的困境，并依靠基层政府的力量进行改革创新。

（三）"村两委"是乡村治理法治化的践行者

在当代中国农村，中国共产党基层组织——农村党支部作为党的基础，是农村治理结构的核心，村民自治组织——村民自治委员会则是我国农村村民自治的表现形式。作为我国乡村治理法治化中与村民直接接触的治理组织，"村两委"有着得天独厚的优势去实践乡村治理法治化。

1."村两委"实践乡村治理法治化

关于"村两委"的法律地位，《村民委员会组织法》和《中国共产党章程》分别做出了规定，从中不难看出，村党支部作为我党的基层组织，在乡村治理中是起领导作用的，这种领导是指政治、组织上的领导，而村民自治委员会的领导作用是指具体事务上的领导。农村党组织作为村民和政府的连接点，是协调村民意愿和国家政策的关键环节。在处理农村治理问题和基层矛盾上，农村党组织能运用法律、文化等多种手段来协调各方利益，维护农村社会稳定，推进农村社会发展。村民自治委员会作为村民和政府的另一个连接点，则是起到了上令下达的具体事务处理的作用，在引导村民自治的过程中，除了处理村民内部之间的矛盾与问题外，还应该对乡镇政府为农民提供的各种服务性质的事务进行具体的操作。

中国共产党是无产阶级的先锋队，身为国家的执政党，对乡村事务的领导应该是政治上、组织上的领导，是全局性、根本性的领导，和乡村各级组织之间不存在组织上的隶属关系，不应该具体、直接地参与到处理具体事务当中来。村民自治委员会是农村地区村民自治形式的组织，在处理村里大小事务的过程中应该起到具体的、直接的处理作用，这种处理是领导性质的处理，是直接性质的处理。

"村两委"作为基层，是治理事务过程中的直接参与者，"村两委"能够与村民直接接触，这是它得天独厚的优势。在治理的过程中，"村两委"应该践行作为乡村治理法治化的直接实践者的作用。

2.我国乡村治理法治化需要"村两委"化解僵局

随着社会主义市场经济的不断变化与发展，原有的纯洁的农村地区的乡土环境已经变得非常复杂，除受到传统观念和家族势力的影响外，受经济利益所驱使形成的"唯利是图"以及黑恶势力的渗透使农村地区变得越来越难以治理。面对这种治理现状，唯有集中农村党组织和村民自治委员会的力量，才能够直接突破当前乡村治理法治化所面临的困境。

尤其需要指出的是，改革开放以来，中国农村地区的经济取得了巨大的发展，在经济发展的同时，多种社会经济组织得到了长足的发展，经济组织的发展就使农村党组织、村民自治委员会的权威以及乡镇政府的权威面临巨大的挑战，鉴于"村两委"的政治地位以及自身的优势，面对当前乡村治理法治化的僵局，理应由"村两委"去解决。

（四）基层社会组织是我国乡村治理法治化的助推剂

1. 基层社会组织是新时期乡村治理的重要参与者

基层社会组织是指除基层国家组织外的非政府性质的社会组织。在具体的实践当中，基层社会组织主要分为社会团体性质的社会组织和企业性质的社会组织。本书所指的基层社会组织在农村地区的主要代表便是农民专业合作社这类合作性质的社会组织。这类组织以经济为主导，以营利为目的，是农户之间相互扶持、共同经营、民主管理的具有互助性质的经济组织。

农民专业合作社作为农村地区的一种互助社，在农村地区已经取得长足的发展，并且有着一定的群众基础。在基层治理法治化的过程中，农民专业合作社这样的组织的力量不容小觑，这股力量将有效地推动基层治理走上法治化的轨道，并且为乡村治理法治化提供相应的群众基础，以及营造良好的守法氛围。

农民专业合作社由工商行政管理部门依法登记，取得法人资格，它在乡村发展和治理中发挥着越来越明显的作用，对乡村法治发展的贡献并不亚于其他民间组织，所以本书中的民间组织包括农村专业合作社等农村经济性合作组织。作为乡村治理法治化的重要参与者，社会民间组织对我国农村地区的法治化建设将起到非常重要的作用。

2. 基层社会组织助推了我国乡村治理法治化

治理是一个上下互动的管理过程，它主要通过合作、协商、伙伴关系、确立和认同共同的目标等方式实施对公共事务的管理。治理的实质在于建立在市场原则、公共利益和认同之上的合作。

在我国的乡村治理过程中，除有农民个体这样的形式参与到乡村治理法治化过程中外，农村社会组织的参与也能从一定意义上激发人民群众的权利意识，并且这种权利意识能够培养农民的法治精神，并以此为支撑使农民在法律的轨道上合理有序地进行生活。从一定意义上讲，农村社会组织的发展有利于推动乡村治理法治化的进步与发展，正是农村社会组织的发展使人民群众能够培养规则意识和契约精神。尤其当人民群众有了利益诉求之后，他们便可以以组织的形式与政府、社会在法治的轨道上进行交涉与沟通，并且有效地应对"村两委"或者基层政府对其权利的干涉。在具体的实践当中，农村民间组织代表着不同的利益阶层，正是这些利益阶层的推动，才使农村地区的村民自治得以不断完善与发展。

农村民间组织的发展还有利于培养农民的法律意识。作为一种组织形式，社会民间组织能够最大限度地将人民群众统一到自己的组织管理中，并且在深刻地贯彻秩序意识后有效地引导农民依法办事，遵守法律，使农民在本组织的发展过程中逐渐形成良好的守法意识、规则意识，这对政府一直推崇的法律下乡、普法有着极大的推动作用。

（五）基层相关司法组织是乡村治理法治化的协调者

1. 基层司法组织在乡村治理中的角色定位

"传统乡村社会是一个礼治社会，是以传统的人伦道德为依据建立起来的共同体，乡土社会秩序的维护不需要靠外力维持，而是以从教化中养成的礼维持。在此环境中，良风美俗成为一种重要的社会治理资源，使乡村社会秩序井然。"正是基于费孝通对乡村的背景表述，我们不难发现，乡村社会追求的是一种"无讼"的状态，哪怕有纷争，也希望借助本地族长的权威来定纷止争。

在市场经济的浪潮中，传统的"礼治"秩序下的乡土社会早已发生了变化，法治作为当前中国处理矛盾纠纷的一种解决方式已经占据主导地位，传统的熟人社会也因为受到城镇化的影响变得逐渐"陌生"起来。因为受到经济浪潮的影响，在"唯利是图"的社会背景下，法治较礼治有了更大的执行力和调节纠纷的能力，于是乡村司法应运而生。随着法治不断地融入"寻常百姓家"，乡村司法的作用也不断地显现出来，从常见的小事都开始找法律依据，就足以见得司法的权威性已经在农村地区铺设开来。

随着市场经济的不断发展，城镇化水平不断提高。中国在大兴土木的同时，不可避免地要触及人民群众的利益。在法治不断深入人心的今天，规则意识促使着人民群众不断地用法律武器去维护自身的利益。

随着我国司法改革的不断深化，立案登记制取代了立案审核制，这就使相当多的冤案错案以及之前没有走上法院的案子重新回到了法治的轨道中来，人民群众也因此从法律上找到了自己的利益诉求。而基层司法组织的应运而生将更加有效地使基层社会矛盾在基层便得以解决。

2. 我国乡村治理法治化需要基层司法组织树立法治权威

改革开放之前，我国一直对法治的冷落使法治一直没有得到乡村地区群众的重视，而中国又是一个乡村人口众多的国家，之前对法治的忽视便导致了在乡村地区法治迟迟没能得以正名。随着改革开放的深入与发展，国家在对农村地区进行治理的过程中慢慢地开始重视法律。由于之前受到城乡二元结构的影响，城乡发展存在着严重的不平衡，在这样的历史背景下，农村地区法治化进程迟迟没能取得进展。在今天，国家的综合实力已经得到了长足的发展，乡村治理法治化也变得越发重要，随着一系列法治手段的实施，我们有理由相信重塑法律的权威、重塑法治体系指日可待。我国目前的司法组织最基层的有派出法庭和派出所作为国家的司法机关，两者在基层乡村治理过程中起到了很好的作用，但是由于对乡村地区的重视程度不够，乡村的司法环境较为恶劣，因此在依法治国的治国方略被高度重视的情况下，法治有必要重新被广大人民群众所重视，这就需要我们在乡村治理法治化过程中认识到基层司法组织的重要性，并且以司法组织的构建与建设为契机，加大对基层司法组织的资源提供力度，使其尽可能地服务于农村居民。

在我国多项改革进入深水期的今天，特别是随着群众诉求的日益多元化、复杂化，基层司法组织如果不能公平合理地解决每个案件，就会影响我国乡村治理法治化的整体效果。因此，要构建乡村治理法治化，基层司法组织的权威显得尤为重要。

第四章 乡村振兴战略下农村基层治理法治化目标

第一节 农村基层治理对象探究

农村基层治理是以农村公共事务为对象的。公共事务是与所有成员共同利益密切相关的各种活动的集合，其治理主体具有多元化特征。及时、客观、高效地显现农民的利益诉求，以实现公共利益，无疑是公共事务善治的前提。在市场经济影响力持续增强的背景下，农村观念逐渐转变，农民的经济理性进一步增强，这些变化对公共事务的治理产生了重大影响。因此，需要对农村公共事务治理中出现的各种纠纷进行条分缕析并将其展现出来，以实现"善"的治理。在治理农村公共事务的过程中，由于受多方面原因（如利益主体的诉求多元化）的影响，必然出现各种不同的纠纷，这就决定了农村基层治理的具体对象的多样性。

目前，国内学者大多将农村公共事务概括为公共资源、设施、服务三方面，或公共资源、物品、空间，或基础设施、公共服务、公益事业等。如前所述，公共事务是农村基层治理的对象。也就是说，"公共性"是厘定基层治理对象的标准所在，因此有必要以纠纷内容的不同为标准，对农村公共事务做进一步的划分。据此，本书认为农村公共事务治理可细分为农村公共物品、公共资源和公共服务三方面，相应地，则可以将因这三方面而产生的纠纷类型化为农村基层治理中出现的纠纷。也就是说，这些类型化的纠纷就是农村基层治理中需要消解的对象。应该说，无论如何阐释农村基层治理的对象及其纠纷，都应当以增进公共利益、维护农民权益为依归。当然，在理论层面明晰农村公共事务的内涵对农村基层治理具有重要的现实指导意义。首先，有利于加快政府职能的转变，从而对其合理定位；其次，可以继续提高农民参与治理的积极性；最后，有利于推动原有的社会管理模式向社会治理模式转换。综上，在农民权益视角下，为直面农村基层治理的本质所在，本书将农村基层治理的纠纷类型做以下几方面的划分。

一、农村基层治理中的公共物品纠纷

在中国农村，公共物品更多地是指那些具有公益性的添附性基础工程，如乡村道路、桥梁、自来水、农业灌溉系统等满足农民公共需求的设施设备。除此之外，它还包括那些有利于促进农村经济发展、夯实和谐农村基础的公共政策、制度措施等"无形"的公共物品。据此可知，它的存在与农民的直接利益关联度高。进一步而言，当"有体"与"无体"的公共物品大体都能满足农村所需时，就基本不会产生纠纷。但是，若与前述情形相反，则纠纷的爆发就无法避免了。对此，本书将此类纠纷细分为"有体"公共物品纠纷与"无体"公共物品纠纷两类。前者如在满足农村对公路、桥梁等看得见的基础工程设施需求过程中产生的纠纷（如同为自然村，甲村基础设施齐全，乙村的相关建设却明显滞后），后者如因基层落实惠农支农政策或规定不到位而产生的公共政策类纠纷。与私人物品相比，公共物品的非排他性与非竞争性更为明显。直到21世纪初，我国农村的公共物品大部分仍需农民自己落实，如农村道路需要农民自己修建，农村学校也需要农民投资。由于城市反哺农村政策的落实，特别是取消农业税以来，国家在农村的投入不断增加，逐渐成为农村公共物品的主要提供者。在城乡逐渐融合的现代社会，对农村公共物品供给客观上要求形成多元主体参与其中的治理格局。

根据"城乡发展一体化"规划及着力发展农村的明确要求，在实际治理中，农村公共物品的供给要积极消除社会资本脆弱性供给与公共服务设施广泛性需求相矛盾的问题。概括而言，这些问题、困境主要体现为如何更有效地提供公共物品及其管理。一方面，由于不同地区、群众对公共物品的需求是不同的，这就给提供者增加了难度；另一方面，在提供公共物品后，其维护与持续利用等管理事项容易引发纠纷，它离不开有关利益主体的参与。总的来说，推动公共物品供给的良性发展，促进相应纠纷的解决是农村基层治理的必答题。

二、农村基层治理中的公共资源纠纷

农村公共事务是超出农村个体与家庭范畴，对农民产生影响的事务。它与农村公共利益关系密切，在很大程度上体现在农村公共资源方面。农村公共资源主要是指农村集体所有的各类建设用地、耕地、山地、林地、草地及矿产等具有非排他性、非竞争性的天赋性资源。从历史上看，自推行家庭承包责任制以来，前述资源大体被分配至各家各户。事实上，正是因此而产生了相应的纠纷，因为它使本为公共资源"公共治理"的公事演变成了公共资源由村民"私自处理"的私事，从而形成了新的治理格局。应该说，家庭承包责任制在提高农民积极性、提升生产力、促进经济发展等方面发挥过重大的作用，但是该制度不可避免地导致如今公共资源治理成本飙升。围绕农村公共资源而产生的问题始终是农村公共事务治理的焦点。

鉴于农村公共资源大体上可以分为土地类资源与非土地类资源，本书将公共资源纠纷进一步划分为土地类资源纠纷与非土地类资源纠纷。从关涉农民权益的角度看，农村公共资源之所以能够引发纠纷，主要是因为以下两点：①公共资源的分配。村干部的不当管理易引发村民不满，原因是该管理缺少民主决策和监督，致使公共资源被村干部把持甚至侵吞或被低价承包给有关系的人。②公共资源的利用。前文已述，如今公共资源的"私自处理"特征明显增强，承包人更多地强调对该资源的使用权而很少甚至从不关注其公共影响。例如，在某一土地、水域被承包后用于农业生产的过程中，对于必要的化肥和农药的用量、旱涝调控等都是承包户自己决定的，但是如果此类利用行为过度，则会对附近的各种资源造成污染、损害，进而带来农村环境恶化的后果。前述不当行为同样适用于林地、草地、矿产等公共资源，长此以往必然导致无穷无尽的纠纷。因此，在农村公共资源治理的活动中，不仅要关注因分配而引发的纠纷，更应该关注在资源利用过程中产生的纠纷。

三、农村基层治理中的公共服务纠纷

农村治理公共事务的意义重大，因为它不仅涵盖公共物品与资源两方面，还包括公共服务，三者的共同点是都与农村和谐稳定及农民切身利益密切关联。农村公共服务是指为农村居民的生活、工作提供便利的服务，具体包括教育、医疗以及社会保障等非排他性、非竞争性领域的服务。当前，对于我国农村公共服务供给需要，要站在城乡公共服务均等化的高度，进而做出理性抉择。

从内容来看，在农村公共服务中可引发的纠纷主要有两类：第一类是基本公共服务纠纷。它是因农村社会正常运转必不可少的、与"三农"工作息息相关的基本公共服务缺位而引起的纠纷。第二类是公益性公共服务纠纷。它是因农村群众的医疗、教育、住房、养老等需求提供保障的公共服务不到位而引起的纠纷，是"老三难"（看病难、上学难、居住难）与"新三难"（养老难、增收难、融资难）等问题的体现。此外，从促进农村公共利益持续扩大的角度看，农村基层治理需在现有公共服务的基础上，不断改革创新，尽可能地满足或扩大公共利益，进而达到"帕累托最优"。

综上所述，这两类纠纷与农村基层治理的根本任务、利益均衡、权利保障之间关系密切，因此需要在农村基层治理活动中予以认真对待。首先，这两类纠纷生成于农村地区，归属于农村纠纷，因此需要积极化解，而纠纷的有效化解正是农村基层治理的实质所在。其次，任何一种纠纷的出现都表明权益处于异议状态。如果处理不好，则可能导致不良后果。与此类似，农村纠纷的出现意味着农民权益陷于不确定状态，而维护农民权益，保持农村利益大体均衡正是农村基层治理的核心所在。最后，农村纠纷之所以发生，是因为纠纷主体对纠纷客体的权益归属产生了异议。因此，如何正确地明确权益归属，实现定纷止争成为当务之急，这就必然要求实现权利保障。

总之，农村基层治理过程中出现的各类纠纷与国家整体实际及农村结构的重要转型密切相关。农村基层治理在国家治理大局中"牵一发动全身"，决定了实现善治的重要性。在农村基层治理中，对农村各类纠纷的处置理应成为主要工作。如果对农村社会纠纷视而不见，那么将直接危害农民的权益。只有切实解决农村社会纠纷，农民的权益才能得到保障。由于农村基层治理本就是一场围绕社会纠纷的消解而展开，旨在保持农村利益均衡、维护农民权益的活动，因此需要消解的农村社会纠纷主要是农村出现的各类涉及农民合法权益的纠纷。

第二节　农村基层治理的法治化目标

一、我国农村法治环境建设现状

（一）立法现状

目前，我国农村法律体系的基本框架已经建立，初步形成了以《中华人民共和国农业法》（以下简称《农业法》）为核心的农村法律体系框架，对农村法治建设进程和农村经济发展起到了极大的推动作用。但是，与我国农村经济发展的现状相比，农村立法处于滞后状态，主要表现为有关农村的立法覆盖面窄，以及关系农民生产生活的重要领域存在空白。

改革开放以来，我国已经初步建立起以《农业法》为核心的农村法律制度体系框架，但是体系化强度欠缺，农业、农村、农民生活生产重要领域方面的法律、法规缺失，即使是已经颁布的法律，其科学性和可行性也有所欠缺。众所周知，"三农"问题有其自身的特殊性，要想用立法推动农业经济的发展，就需要有针对性地立法。农业生产发展、农村市场体系建设、农村金融信贷、农村分配、农业投资、农产品市场国际化、工业反哺农业、农业污染、农村环境及农村社会保障等关系农村生产生活的重要问题都需要由法律法规进行规范。只有建立相应的法律制度体系，才能有效解决农村治理中的问题。但是，我国目前在这些方面的立法力度不够，不是立法不全面、不规范，就是立法缺失。同时，现有的农村立法层次低，立法质量不高，相关的农村立法义务性规范多而权利性规范较少，带有浓重的计划经济体制烙印，严重影响了农村法治环境建设的完善。

（二）法律运行环境现状

我国法律规定，司法机关独立行使司法权，不受其他任何个人或者团体的干涉。但基于我国特殊的国情，司法机关在人、财、物等方面往往受制于其他国家机关和组织，不能独立、有效地行使自身的司法权力。产生这种状况的原因在于以下两方面：一方面，我国的行政机关掌握着整个国家的财权，各级司法机关的经费必须由同级政府决定，这就决定了司法机关在行使司法权的时候往往因经费而受制于行政机关；另一方面，在人事制度等方面，不仅地方司法机关的司法行政职务由地方各级权力机关选举、委任和罢免，司法人员也由地方权力机关任免，这种制度原本的初衷是好的，是为了防止司法权力的滥用，但是在实际操作中难免产生权力机关干涉司法机关独立行使司法权的情形。在实践中，地方党委和地方政府的人事部门拥有地方司法机关主要领导干部的推荐权或指派权。在广大的农村地区，非规范的行政执法、司法的情况更是令人担忧。司法机构的司法行为往往要征求政府领导的意见，听从行政职能部门的命令。所以，农村司法机构很难完成其应负担的社会使命。行政执法机关在执法时也更具有任意性，且经常干涉司法，村民司空见惯、习以为常。

这一情况的存在以及长期以来形成的农村熟人社会的影响，加上农村市场经济发展欠缺，使法治发展缺少市场条件，执法不公、执法不严的情况屡屡发生，以至于农民对司法机关失去了信心。此外，诉讼时间成本和金钱成本花费较大，久而久之，农民便不愿使用法律手段解决争议，以至于农村法治发展失去了群众基础。

（三）农民法律意识现状

法律意识是社会意识的一种形式，它是人们的法律观点和法律情感的总和，其内容包括对法律的本质、作用的看法，对现行法律的要求和态度，对法律的评价和解释，对自己权利和义务的认识，对某种行为是否合法的评价，等等。笔者通过将研究生创新项目《首都新农村建设中农民的法律素质培养问题的研究》的调研结果与对我国其他地区农民法律意识现状的研究相结合，认为目前我国农民的法律意识现状可归纳如下。

1. 基本法律运用和认知有所提高

市场经济下，村民间的经济往来变得更加频繁，传统乡村社会基于亲戚朋友间的信任而忽视将债权债务关系凭证化的做法极易因缺乏证据支持而损害正当权益。一纸借条看似平凡，实则反映了现代法治意识在农村社会的建设情况。通过对问题"甲、乙两人是亲密无间的朋友，因买房需要，甲向乙借款 20 000 元，5 年内归还，您认为甲是否应写借条给乙？"的分析，94%的受访者选择了"应当写"，仅有 6%选择了"写不写都无所谓"。这一结果说明绝大多数村民意识到主动运用法律明确双方的权利与义务，保障自身权益的重要意义。

村民所了解的相关法律法规的基础内容并不足以应对进入诉讼程序后的证据收集、法庭辩论等环节的专业要求，而现代法律意识的一个重要体现就是借助专业法律体系来维护自身权益。83.6%的受访者认为，"打官司的时候找律师很重要，一定要找，律师有专业知识，找律师很有效"，这说明大多数村民在"知法"的基础上对"用法"具备符合时代特色的正确理解和认识。88.9%的受访者在回答"您认为罪犯应不应该得到律师的充分辩护"时选择"应该，每个人都有得到充分辩护和公正判决的权利"，这一方面体现出村民对法律面前人人平等的深层次理解，另一方面表现出了他们对法律公平、正义的肯定。

另外，村民在回答问题"您认为投票选举人大代表对您来说有何意义"时，11.9%的受访者认为"非常重大，这是我的基本政治权利"，68.1%的受访者选择"比较重要，人大代表可以替我们说话"。这说明随着社会主义民主政治建设的稳步推进，农村的民主政治得到了空前发展，农民的公民意识明显增强，而明确宪法和法律规定的基本权利和义务恰恰是公民意识的核心内容。

2. 法制观念和诉讼环境尚需改善

一些基层政权的组织领导者自身法制观念不强，以个人权威和权力凌驾于法律之上的方式工作，导致村民将公共权力和法律法规混为一谈，严重损害了农民法律意识的觉醒，不利于"法律至上""法律面前人人平等"等法制观念在农村地区的形成。对于权力与法律的关系，笔者通过问卷调查发现，11.5%的受访者选择"法大于权"，7.7%的受访者选择了"权大于法"，高达75.4%的受访者选择了"有时法大于权，有时权大于法"。这突出反映出我国在法律的遵守和执行环节，尤其是在基层地区，无法有效对强者的违法行为给予制裁、对弱者的正当权益给予保护，出现了"人治"大于"法治"的现象，导致村民作为弱势群体游离于法律和权力之间。

农村传统理念认为"打官司是件丢脸的事情"，但在调查中这一传统理念并没有成为促使村民放弃以诉讼方式解决争议的首要原因，仅有3.3%的受访者还抱有这种想法，另有13%的受访者认为"应以和为贵，不打官司"。这说明现代法律和诉讼意识已经在农村地区获得较大范围的接受和认可。71.5%的村民选择放弃采用诉讼手段解决纠纷的原因是"诉讼程序比较麻烦"，12.2% 的受访者选择"不愿承担诉讼费用"，这说明在诉讼意识和诉讼行动之间仍存在较大的鸿沟。这一方面源于乡镇法律服务所的规模比较单薄，无法积极拓展法律援助渠道，也无法将社会资源同农村法律需求结合起来，为村民提供及时、专业的法律咨询和援助服务；另一方面，因为基层法院系统针对农村诉讼特征进行相应的工作方式的改变相对滞后，基层法院应通过构建涉农诉讼绿色通道、建立诉调对接机制等措施优化诉讼程序，有效降低打官司的门槛，让法律的阳光公平地撒在每一个人身上。要想让法律诉讼"知行合一"在农村地区真正实现，我们需要在改善诉讼环境、精简诉讼程序、提高法律援助等方面做出努力。

3. 农村基层民主自治的现状

美国经济学家里卡德·W.特里西（Ricard W.Tresch）在 1981 年出版的《公共财政学》中提出，信息传递存在着距离阻隔，从而导致中央政府在了解公众边际消费替代率时带有随机倾向，即存在偏好误识，并由此指出了地方自治的必要性。我们可以根据他的这一"偏好误识论"得出这样一个结论，即越靠近民众的管理组织越能了解民众的需求。这就为我国农村基层民主自治提供了理论基础。但是，我国当前农村基层民主自治体制中存在宗族势力干扰和控制基层决策等不民主情况。这些情况的存在是受农村自身条件和外部因素综合影响的结果。

农村村民参与政治热情不高，主体意识不强。这是农村长期以来形成的习惯使然。在以血缘关系、宗族关系为主导社会关系的农村，村民的利益更多的是由代表其利益的家族所行使和争取的，虽然当前农村宗族关系弱化，但长期以来形成的风俗习惯使村民政治热情不高，他们将村民管理看成村干部的事情，缺乏主人翁的主体意识，加上农村纠纷解决缺乏法治解决监督机制，更多的是依靠熟人或者第三方（如村干部）进行调节，主导纠纷解决的是"人情"而非法律，因此导致村民民主意识不强。

在我国农村自治组织中，还存在基层民主异化、"村两委"关系复杂等问题。

基层民主异化主要体现在乡、村两级关系上。一些乡镇政府变相操控村委会选举，以各种原因对村民自制民主管理进行干预、对村级财务实行行政控制，甚至对村委会干部实行行政支配，使其实际上成为基层政府免费征用的干活人员。乡镇政府的这些做法加剧了基层民主自治的异化。

"村两委"是指村民自治委员会和农村党支部，作为农村社会两个主要的正式组织，两者之间关系的妥善处理是村民自治的重要问题。但是，在实际操作中，两者之间存在着不少矛盾，主要体现在两方面：一方面，"两委"失和且力量不均衡，由此在处理农村基层事务时，或是党支部完全掌握基层管理权，村委会主任沦为副手，或是村委会大权独揽，党支部成为摆设；另一方面，"两委"相互对抗，从而导致村级事务混乱。"村两委"之间的矛盾会导致农村基层民主不能落到实处，侵害农民民主权益，甚至有可能演化成恶性犯罪事件。

二、农村基层社会治理的独特性表现

因社会类型不同，社会治理呈现不同的特点，而且实现的社会治理效果也不同。农村社会治理受到封建"人治"的影响比较多，封建"人治"与现代民主社会的法治虽然从表面上看都实现了社会的安定，但深层次的意义是不同的，如在国家的主体、法律的地位、人民的权利、国家机关的工作等方面都体现出很大的不同。"人治"不利于在农村实现社会治理的法治化。

中国封建君主统治维护的是封建统治者的专制特权，是按照统治者的意愿、想法、喜好办事，而不是严格按规则、制度、程序办事。统治者在处理国家事务时"往往只凭个人判断，其所体现出的政府行为明显缺乏原则性和规范性"，因此国家治理的好坏取决于君主是否圣明。"法治"强调法律规范在整个社会规则体系中的地位，至高无上而且不可撼动，其他任何社会规范都无法否定法律规范的效力，更不能与法律规范存在冲突，这是"法治"的核心要素，也是法治社会的主要特征。

虽然有不少的封建君主重视"法治"的作用，强调以"法"治国，如法家学派就强调以法为核心，但这种"法治"是封建"人治"之下的"法治"，只是为了维护封建君主的统治，对群众的民主权利没有丝毫的重视，甚至会对群众的民主权利造成侵害。因此，这种"法治"并不是真正的法治。"有治人，无……故法不能独立，类不能自行，得其人则存，失其人则亡。法者，治之端也；君子者，法之源也。"（《荀子·君道》）没有不依靠人而能自行发挥作用的法律，要想法律被良好地施行就需要善于治理国家的人才。有这样的人才，法律的意义就存在；没有这样的人才，法律就失去了意义。法律是治理国家的基础，人才则是法律的基础。这是强调人才在发挥法律作用上的功用。即便是历史上出现过一些主张"法治"的学派，这些学派所说的

"法治"也并不认为法律的权威至高无上，而只是将法律当作君主统治国家的工具而已。封建社会的这种"法治"实质上体现的仍是君权，还是君主和官员说了算，他们凌驾于法律之上，把国家权力集于一身。这种从封建社会流传下来的"人治"的传统造成了现今群众对法律的轻视，不利于法律权威性的确立，不利于群众法治意识的形成，不利于群众法律信仰的形成，不利于农村社会治理法治化进程的推进。封建"人治"下的"法治"作为统治者的统治工具并不会保护人民的民主权利，现代社会民主的法治则体现出保护人民民主权利的意义和价值。当前，农村的法治化建设没能完全实现民主意义的法治化，受传统"人治"文化的影响过多，因此降低"人治"因素的影响，不断向法治方向转化，是农村社会治理法治化的推进方向。

在封建"人治"之下，社会治理的基础就已经向统治阶级倾斜，在此基础上的其他上层建筑、机构设置也会随着基础的倾斜而倾斜，最终目的是为统治阶级服务。法律的功能应该是维护群众的权利，实现社会整体运转的规范、有序，这样的法律充分体现出了人民群众的意愿，人们愿意主动遵守。法律的功能也是法律精神和法律价值的体现，法治就是发挥法律功能的过程，应体现出法律的精神和法律的价值。封建"人治"下的"法治"将法治变得工具化，变成了一种对人民群众的强迫管理的工具，是对法治意义的否定。历朝历代的统治者中均有政绩突出而被后世称赞者，如文景之治、开元盛世、仁宣之治等，这些时期虽然实现了政治清明、社会安定、经济发展，但是没有真正维护百姓的民主权利，国家的主人不是群众，甚至百姓自己都做不了自己的主，自由、平等的现代法律价值无从谈起。

三、农村社会治理的法治目标

（一）民主法治目标

谈到现代社会的法治，离不开"民主"两字，民主作为法治的灵魂，是法治实现的基础，法治则是民主得以实现的根本保障。民主与法治在发展之中相互促进。1985 年，中国出现首例"民告官"案件，农民包郑照起诉当地县政府要求赔偿楼房被损坏的经济损失，结果虽然以原告的败诉告终，但是普通群众的的诉讼行为以及法院对案件的受理体现出了民主与法治的共同进步。法治就是要从维护群众的民主权利的角度出发维护群众的权益，这种建立在民主基础上的法治才是真正的法治。

现代民主意义的法治作为人民意愿的体现，只有从保护人民利益的角度出发，才能获得人民最终的支持。但是，社会的治理需要人来实施，无论如何也脱离不了人的因素，一旦在实施的过程中被特定的人和权力控制，法治就成了"人治"的外衣与掩护，因此我们要警惕法治变为"披着法治外衣的人治"。我们追求的是民主之下的法治，这样的法治才最符合人民群众的利益。

对于实现法治的过程来讲，法律规范的制定只是实现法治的前提，法律的真正施行是法治实现过程中的关键一环。法治的实现程度与社会的发展状况存在一定的关系，法理社会与乡土社会处于社会这一坐标轴的正负两端，法理社会是更加适于实现法治过程的社会环境。城市相对于农村来说，随着发展程度的加深，经济更加繁荣，思想更加开放，熟人圈子的作用相对来说受到了限制，现代化、规范化、民主化的表现更多；农村社会则是不折不扣的乡土社会，其治理不管从治理主体、治理过程还是治理手段看，法治化的水平都有限。

（二）法治化目标

农村治理法治化的推行是以社会基础为客观条件的，同时需要经济政治条件的支持。对于农村治理法治化的目标，笔者认为应当从形式法治与实质法治两个角度进行分析。

1.形式法治

形式法治出现于近现代，是重视法治形式价值的一种模式。形式法治重视的是法治的对外表现形式，至于法律究竟是什么本质，它并不关心。无论"善法"还是"恶法"，对于形式法治来说，都没有必然的区别。基层政府在推进农村治理法治化的过程中，要实现形式法治，就要完善相应的配套制度。在近些年的工作中，针对农村基层与农民生活的法律法规都在不断地建立健全。但是，针对农民的权益保护、政府权力制约等方面的法律法规仍存在一些漏洞，因此从制度层面上对法治进行建设是形式法治所要解决的主要问题。

对农村治理行为的形式法治目标进行深入分析可知，要想实现社会治理法治化，就要建立一个逻辑周全且系统性、可操作性强的制度体系，这种体系的存在会将治理行为纳入规范与管理的对象中，使制度体系更加完善。这样，基层政府在进行治理的过程中对自己的行为会持更为严肃、严谨的态度，做到依法行政；农民也会积极行使自己的权利，履行义务，其正当权利会受到法律的保护。完善的制度体系会为参与主体提供一个程序性的参照标准，从而让制度的建构充分发挥其积极作用。要实现形式法治，需要更完备的制度与机制，在推进农村社会治理过程中，更要将农民、农村组织与社会政府纳入治理体系中，平衡各方主体之间的利益冲突，从而形成符合形式法治的多元主体参与的健全机制。

2. 实质法治

相对于形式法治而言，实质法治更注重的是运用良法对社会各项事务进行管理。法治以规范公权力、保障公民的合法权利为目标，通过建立完善的配套设施来推进法治治理进程。实质法治的目标与政府、农村和农民所追求的目标相一致。实质法治与形式法治相比，在制度与体系的建设追求上提出了更高的目标，即文化性目标。

文化与制度关系密切，文化是制度的内在体现之一，制度是文化的外在表现形式。实质法治所追求的良法并不只对社会治理中所要建设的制度有一定要求，在文化内涵方面，也要求对治理的客体（农民）的心理进行重塑。所谓的文化性目标，首先指的是农民要对自己所享有的权利有一个清楚的认知，这个认知包括对权利重要性的认识，对如何行使权利、维护权利的认识；其次，农民在这个基础上要培育契约精神，即农民要在法律框架下行使权利，按照制度办事。

第五章 农村基层治理与法治化的关系研究

第一节 农村经济结构的变化与法治

随着农村家庭联产承包责任制的推行以及乡村非农产业的发展，农村社会的经济结构由单一的小农经济走向多元经济形式。小农经济结构的变迁使分化出来的大量农业剩余劳动力转移到第二产业及第三产业中来，在参与市场竞争的同时，培养了农民自由、平等、契约、权利观念和自律意识，传统的靠血缘、宗族势力、人情关系管理乡村企业和调整农村社会人际关系的方式逐渐被淘汰、改造。农村社会关系的调整必然由主要依靠民俗转而依靠体现市场经济关系的市场经济法律制度。这一变化将产生现代法治赖以生存的经济基础。

一、小农经济开始向市场经济转化

在自给自足的小农经济条件下，土地是农民的衣食来源和家庭生计的基本保障，农民具有强烈的土地拥有欲，"耕者有其田，平均地权"既是农民革命的目标和联合起义的口号，又是政府构建政治制度结构的基础。为守住土地，农民惜土如命，因为土地是农民世代谋生的手段，是农户生存繁衍下去的前提条件。在中国传统乡村社会中，农户拥有土地的多少成为衡量其在社会上地位高低和财富多寡的重要标准。过去，有些农村会以祭神的方式来表达自己对土地的信仰和情感，如建土地庙、供土地神等。20 世纪 80 年代以前，在计划经济体制下，农村土地实行集体所有、统一经营的方式。农民的这种集体的成员权是与生俱来的。这种成员权主要体现在两个方面：①作为集体中不可分割的一部分，成员拥有土地的产权，特别是部分剩余索取权；②成员拥有在土地上就业的权利。这种成员权加上土地的养育功能，把农民和土地捆绑在一起，使农户基本上没有非农择业的机会和权利，农民的身份也难以改变。

20世纪80年代初期，全国农村开始推行联产承包责任制，这是迄今为止中国农村最具深远意义的一项重大改革。它为小农经济结构变迁、农民角色转换提供了条件。在访谈的4个样本村80多份农户的问卷中有两个问题："土地家庭承包责任制是否比集体耕作制好？好的理由是什么？"对此，农户一致认为，土地家庭承包责任制比集体耕作制好，理由主要有两个：①如今农民自由了。他们理解的"自由"是，你想什么时候出工就什么时候出工，你想到哪儿去就到哪儿去，不再有人来管了。②如今农业劳动的时间比过去减少了，但产量与生活水平都提高了，农民能填饱肚子了。对于第一个问题的回答，意味着如今农户可以摆脱土地的束缚，按照市场资源配置的规则，重新进行择业行为。因此，可以说20世纪80年代中期的家庭联产承包责任制是打破小农经济结构的里程碑。

二、农民和土地的传统不可分割关系开始松动

（一）兼种兼收

兼种兼收指的是目前大多数农民把耕种土地作为一种兼业行为，在从事非农业的同时，忙里偷闲，照顾一下自己的责任田。这种现象在经济比较发达的地区表现得尤为突出。涂永珍曾对龙泉村进行过相应的数据调查，该村一共有736户，3400口人，其中农民工达到1200人，个体工商业者36人，雇工500人，农业劳动者则只有120人。每家每户的青壮劳力几乎都在村企业上班，这与龙泉村集体对农业的补贴有密切的关系，因为村里对农民种的土地实行"七统一"，农民只需拔拔草，在村统一浇地的时候到地里改改沟，在村用大型收割机收割的时候拿着麻袋到地里把粮食运回家就可以了。①

---

① 涂永珍.农村法治社会基础论：对当代中国四个典型村庄的调查与研究[M].郑州：中原农民出版社，2002：22.

（二）土地种植正在向着专业化方向转变

目前，在我国部分经济相对发达的农村，农民已经不再局限于粮食的种植，出现了更多以市场需求为导向的专业化种植，如花卉种植、果树种植、大棚菜种植、优质大米种植等。这些种植都是以当地市场的供需量为标准，由农民自主选择的。这种行为的产生说明农民对土地的耕种不再是以粮食产出和自足为目标，而是开始向着更为多元的商品化的方向转变。

（三）雇人代种

雇人代种指的是一些农户无暇耕种自己的责任田，或者已不愿在土地上过多地付出辛苦，便在每个农忙时节雇请他人来完成各个耕作项目。如今，这种情况已经普遍存在我国大多数的农村中。据调查，这些农户大都是进城务工的农民，他们在外地就业，家里只剩下留守的老人，且劳动能力已经大大降低，但自家分得的土地又属于良田沃土，于是就拿钱雇人种地，每亩地的费用大多在80元左右，但是种子、化肥、水、电等都是自己的，待庄稼成熟时，粮食也会归自己所有。

（四）转包转租

转包转租这种情况也很常见。此类农户大多以从事个体私营经济为主，但又不愿放弃自己责任田的使用权，也不愿使它荒废，就把自家的责任田转包或转租给他人耕种，自己不投入任何钱物，待庄稼收获时，由承租人每年按所组地的亩数给他交一定数量的粮食或金钱以算作承包费或租用费。

三、农民和土地关系的转变对农村治理法治化的推动作用

（一）为农村治理法治化培养了内生力

在传统农业社会，农村的经济结构是单一的种植业，农民以单一种植业为生存之源，以家庭为基本经营方式，聚村而居，共同利用以土地和水利为主要内容的稀缺自然资源，以自给自足的方式，自己生产自己消费。由于土地无法流动，人们离开土地后就会失去生存资料，这就使农民世世代代被束

缚在土地上，生于斯，长于斯，老于斯。这种社会关系就是费孝通在《乡土中国》中描述的中国传统礼治社会的"三农一体"的"差序格局"。在中国传统乡土社会中，法律并非是正义的、唯一有效的裁判，邻里、宗族、血缘关系是农民依赖的重要关系。农民的交往主要限于熟人圈，法律在这个熟人圈内成为异己力量而被农民所排斥。一旦村民发生冲突与纠纷，往往就请村中声望较高的长老、族长出面，依靠以家庭和乡邻关系为基础的人情、礼俗进行调解，很少使用国家法律，所以农民也并不追求法律面前人人平等的价值取向。今天，农民的择业行为由依赖土地转向依赖市场，家庭经营资源的多样化不断地突破血缘和地缘的依赖关系，逐步向市场关系发展。市场经济建构起来的人与人之间的关系是平等交换关系，在这种平等交换的社会关系中，人们需要遵守一个"规则"，这种"规则"就是我们说的国家制定的调整市场经济行为、规范市场秩序的法律规范。在这样的社会基础上，人们主流的价值观只能是"法治"，纠纷的调解、社会关系的处理只能依靠法律来解决。

（二）为农村基础治理法治化培养了生长点

岳悍惟认为，"国家农民"是对强国家、弱社会状况下农民形态的一种法理界定，是指国家作为能动主体，直接设计、支配农村的结构方式和生活方式，而农民以群体的形式被动地去实践、运行国家的设计模式且成果归国家、集体所有。这种结构方式和生活方式中的农民就是"国家农民"。"国家农民"的主要特征如下：①农民处于计划经济体制下的自然经济之中，土地等生产资料的集体所有使农民丧失了对土地的经营权，农民唯一的职责就是在计划指导下种地；②国家的统购统销制度使农民丧失了对农产品的支配权，自给自足的财产拥有只是农民的理想；③农民的集体劳动把农业劳动力严格地束缚在土地上，劳动力资源无法独立，尤其是我国特有的城乡户口管理制度对农民的自由流动权予以否定；④社会的治理靠的是行政命令，界定农民和政府关系的法律呈虚无状态；⑤政府作用下的共同富裕实际上是一种超越生产力水平的乌托邦，它导致的是农村平等的贫困，农民只能成为有限人权主体，人权内容匮乏，最基本的生存权都难以保障。

在人民公社体制下，以土地集中经营为基础的国家对农村社会的全能治理使农民从人身到财产都依附生产队，依附村庄，无个体人格可言，基本上是作为治理的社会客体而存在。也就是说，农民没有多少意志自由，不具备经济主体的资格。尤其是生产队的集体耕作制度具有强制性，一切行动听指挥。保守的集体劳动抑制了个人的进取精神，尽管生产大队的决策有时也遵循多数决定的原则，但基本不体现或者不考虑个人权利，因此"国家农民"谈不上民主，谈不上法治，农民和国家的关系并非契约型的互相尊重，而是农民绝对地服从国家。

所谓"社会农民"，是指农民从国家的强力控制中解脱出来，以完整的人格独立自主地决定农村的组织结构方式和生存方式，并且这种自治以法律为后盾，自下而上地影响着国家的农村政策。这种状态下的农民谓之市民"社会农民"或"公民"。"社会农民"的主要特征如下：①市场经济是其经济基础，家庭联产承包责任制是农业生产的基本方式；②农民实际拥有承包土地的种植权、经营权和收益权，在市场上平等自愿地交易，且自由进入和退出市场；③农民身份不再为世袭所限，追求个人利益是农民经济活动的原动力，择业自由使很多农民成为城镇建设的主力军；④国家基本上从农村的微观管理活动中退出，农民依法管理本阶层的政治、经济、文化等事务，在宏观上接受国家的指导。农村土地联产承包制度的确立使农民拥有了生产经营权、收益权以及投资收益权，农民自主的法律人格得以恢复，农民的意志得以自由。人格自主和意志自由使农民可以在法律不禁止的范围内随心所欲地决定自己的行为方式和生活方式，且自由享受这种行为方式和生活方式给自己带来的收益和惬意。也就是农民获得了独立于政府权力之外的经济自由权利，经济自由权利必然导致农民和土地关系的松动。农民和土地关系的松动是农民从人民公社体制下的"国家农民"向"社会农民"转变的必然结果。

农民从"国家农民"向"社会农民"的转变意味着市民社会正在农村酝酿和形成，而市民社会理论正是马克思主义法律观得以确立的重要基石。按照马克思市民社会理论，市民社会与政治国家并列存在是现代法治国家的基本特征。过去，我们忽视了这一特征，人为"冒进"，力图通过"一大二公"来消灭市民社会，形成纵向隶属，结果政治社会化的同质社会结构造成了生产力的停滞，法律也几近泯灭。改革开放后，商品经济获得迅速恢复和发展，农民从以往高度集权的政治经济体制框架中解放出来，有了择业的自主权，对土地的依附关系因经济利益的驱动而松弛。农民的自主择业权得到法律的充分尊重、确认和保护，利益关系得到独立、广泛的发展，即与国家政治生活相对的"世俗化"的市民社会生活领域正在农村社会形成和发展。也就是说，如今农村社会正在形成市民社会与国家的分离，并构成有机互动的二元社会结构，而这一社会结构又为农村市场经济的进一步发展奠定了必要的基础，也对法律供给产生了强烈的需求。作为人们行为和社会活动基本规则的法律就必须扎根于这一市民社会的基础和现实，反映这种二元社会结构基础上的复杂多变的利益关系和需要。

（三）促进了农村社会结构由土地维系转向经济活动维系

实行家庭联产承包责任制后，农民成了土地的主人，虽然土地所有权是集体的，但农民有长期的经营权，可以自由支配土地和自有的农机、农具、耕畜等生产资料，可以自主支配自身和家庭的劳动力去从事各种生产、经营活动，可以自主生产、自主交换、自主分配和消费。农民成了独立的商品生产者，这是农村最本质的变化。这一本质变化改变了农民的社会交往方式，使农民从土地维系的交往开始向经济活动维系的业缘交往转化。

对此，我们可以通过农村社会婚嫁关系的变化来透视地缘和业缘的关系。在20世纪90年代以前，我国农村同村婚嫁大约可以占到73%，跨乡镇婚嫁仅约为5%，这表明过去我国农村的婚姻关系受血缘、地缘关系的影响较大。20世纪90年代以后，随着我国市场经济的快速发展，农民的生活方式发生了极大的改变，同村婚嫁的比例从73%骤降至25%左右，这说明我国农村的婚姻关系受血缘、地缘关系的影响逐渐减小。

今后的婚嫁范围预计呈现分散状态，选择跨乡镇、跨县、跨省的可达40%，表明农民和土地关系的松动使农村婚嫁范围逐渐由土地维系的交往向业缘交往的方向发展，使传统农村社会血缘与地缘的融合关系受到冲击。这意味着农村社会关系的调整必然由主要依靠民俗转而依靠体现市场经济关系的现代法律制度。

四、农民土地关系变化中非正式因素对农村法治化的影响

（一）"农本位"思想不利于农民从传统到现代的转变

根据涂永珍对刘庄、龙泉等非农经济发达地区的相关调查，农村剩余劳动力已经大量转移到第二、三产业，多数农民已有稳定的农业外就业收入，他们虽然不愿意种地，但仍看重土地承包权。愿意无条件放弃承包土地的农

民不到 3%，愿意承包土地的农民仍占 50% 以上。这表明大多数农民不愿意离开土地。"农本位"思想大大延缓了传统农民向现代农民的转变。因为从社会学的角度讲，农民是社会的基础，城市社会是法律运行的社会基础。另外，西方发达国家的法治进程都是伴随传统农民的终结而实现的，如美国农民只占全国人口的 3%。所以，如果农民过分地依恋土地，将不利于农村社会的法治化进程。①

（二）"人情"关系抑制了农民对法律的需求

农村数百年来自然形成的村落主要是依靠血缘、亲情关系维系的。如今，农民和土地关系的变迁虽然在一定程度上冲击、瓦解了村落内部的亲情关系，但并没有使传统的亲情关系完全转变为人们之间平等、自由的契约关系，而只是使原来的血缘亲情关系变化为"人情＋理性"的关系。例如，农民土地的转包大多发生在亲族之间，这种转包行为大多是一种人情往来，而非以"劳务—报酬"为基础建构的一种平等、自由的契约关系。

（三）土地承包权利无法带来利益，导致农民对法律失望

1. 从土地使用权划分看，农民的生产经营主体地位很难确立

在现在的土地承包制度下，集体与农户之间、土地所有者与使用者之间的责任、权利、义务未能做出明确的划分。这主要表现在集体不仅拥有土地所有权，还拥有土地的最终使用权，农民得到的不是完全的使用权，其使用权是受集体支配和限制的，没有根据自己的意愿对土地做自主使用和处置的权利。在这种情况下，农民生产经营的独立性往往是不够的。农民的生产经营主体地位很难确立起来，主要表现为一些乡村干部对农民土地承包权的侵犯。从调查的材料来看，侵犯农民土地承包权最普遍的形式是不尊重土地承包关系，视承包合同为废纸一张。目前，耕地承包期再延长"30 年不变"不但成为一种共识，而且已经得到政策和法律的认可。但是，从延长土地承包期的实际运作看，具体的土地制度安排与法律、政策存在较大的偏离。一些地方甚至可以根据"村规民约"或"村民代表大会"的决议剥夺农民的土地承包权。这表明农村社会在一定程度上、在一定领

---

① 涂永珍.农村法治社会基础论：对当代中国四个典型村庄的调查与研究[M].郑州：中原农民出版社，2002：20.

域内是超越正式法律控制的。因为国家还不能够提供足够的或对路的法律来维持乡村社会秩序。

2. 从土地使用经营权看，农民作为承包经营主体的地位无法在市场交易中得到体现

土地作为最基本的生产要素，在市场经济条件下应由社会进行配置，从而组织有效生产。农民可以通过交易土地使用权，追求和实现社会平均利润。可是，农民在现实的经济实践中无法通过市场自由购买和交换土地使用权。想多种地的农民无法通过市场得到土地使用权，不想种地的农民，也无法通过一定的程序或市场规则，自由出让土地使用权。农民作为承包经营主体的地位无法在市场交易中得到体现，进而阻碍了农民的弃农决策，他们多选择"兼业"经营方式。从现实来看，完全放弃土地进行务工经商的农民即使在沿海发达地区所占的比重也甚微。"兼业"问题与农业的小规模经营在中国将持续较长的历史时期。

3. 从土地收益权来看，农民作为承包经营主体无法得到经营土地的回报

（1）土地的流转价格越来越低

在有些地方，经营土地成了农民的绝对负担。调查资料显示，目前多数农民认为种田是划不来的事，发生土地流转时，转出户不仅不能从土地转让中获得收益，反而要倒贴给转入户每亩 300 元，当地称此为"倒贴皮"。

（2）农民经营的绝对收益越来越低

在有些地方，农业经营甚至绝对亏本。目前，多数农产品提价的空间小，降价的压力大。加入世界贸易组织（WTO）后，农产品提价的空间越来越小。与此同时，在以小规模农户分散经营为主的农业组织结构之下，农产品成本增加的势头却一直比较强劲。以 1999 年为例，当年粮食、棉花、户养生猪的生产成本占出售价格的比重分别高达 82%、94% 和 99%。在价格、成本双因素的夹击下，我国农业经营的绝对收益已经越来越低。

（3）农村土地负担越来越重

越来越多的农民视土地为"鸡肋"或包袱。近年来，由于有关方面的积极努力，减轻农民负担工作取得了显著成效。但是，农民负担问题的严重性并没有因此而有明显的减弱。农民负担的增长往往呈现出以下特点：费比税增加快，隐性税费比显性税费增加快，欠发达地区比发达地区问题严重。在许多地方，日趋沉重的农民负担有相当一部分是按地分摊的。日趋沉重的土地负担，使越来越多的农民感到承包地"食之无味，弃之可惜"，甚至有不

少农民将承包地视为包袱，早甩包袱早开心。在此背景下，土地的保障功能几乎无从谈起。

第二节　农村基层社会体系的变化与法治

1949 年以来，中国农村基层社会结构发生了广泛而激烈的变化。至 2000 年前后，历经数十年的改革开放发展，农村社会的各个领域均发生了显著的变化，更有学者将我国的这一现象称为"千年未有之大变局"。农村社会体系结构的变化也使长期以来在农村社会背景下强调运用民间规范，结合国家法律，融情理法于一体的乡村司法、法治受到了一系列冲击。

一、农村社会的地方性被打破

地方性"是指他们活动范围有地域上的限制，在区域间接触少，生活隔离，各自保持着孤立的社会圈子"[1]。其中，家庭和家族充当了十分关键的角色。美国学者费正清认为，从社会角度看，村子里的中国人直到最近主要还是按家族组织起来的，然后才组成同一地区的邻里社会。村子通常由一群家庭和家族单位（各个世系）组成，他们世代相传，永久居住在那里，靠耕种某些祖传土地为生。每个农家既是社会单位，又是经济单位。其成员靠耕种家庭所拥有的田地生活，并根据其家庭成员的资格取得社会地位。随着国家治理政策的调整以及乡村交通、通信的日益发达，人们的流动性大大增强，同时以电视、手机为代表的现代性下乡使村民的价值观念发生了巨大的转变。传统乡村社会以家族为组织结构、以守土为核心特征的地方性渐趋消解，村庄的封闭性逐渐被打破。

（一）国家政策转向

1. 压力型体制

1949 年中华人民共和国成立摧毁了封建社会秩序，乡村社会与国家之间建立起新的联系。中国共产党通过对农村土地制度等经济制度的改造和意识形态的动员，建立起了以集体经济为基础、以行政控制为手段的"集权式

---

[1]　费孝通.乡土中国 [M].北京：北京出版社，2011：168.

乡村动员体制"，国家权力冲击甚至取代了传统社会控制手段，地方政府及乡村干部垄断了乡村社会权力。这一时期的乡村社会从组织到人员、从生产到日常生活均被统合进国家权力的监督和管控之中。村庄的行政职能"也从税收、治安、执法，扩大到执行计划生育、组织政治运动等，甚至全国性的政治斗争也会沿行政渠道很快进入村庄"。国家权力进入乡村的目的在于服务国家政权建设需要而改造乡村，因此村民间的合作也是通过国家权力自上而下地高压推进来实现的。人们虽然失去了生产资料的所有权，但公社制仍然牢牢地将村民固定在村庄范围内的土地上，因此这一时期国家权力对社会的"吞噬"并未带来村庄的流动性，反而以另一种形式（行政压制）强化了村庄的封闭性。

2. 汲取型体制

1978 年 12 月，中国共产党召开了具有历史意义的十一届三中全会，拉开了当代中国政治民主化和经济市场化的改革帷幕。随着乡村经济的发展和政治改革的推进，"集权式乡村动员"的压力型体制在乡镇与村庄之间出现了转轨。国家行政权力在文本制度上退出了村庄公共权力领域，出现了乡政管理与村民自治二元格局。尽管如此，国家通过对村庄资源的汲取和以计划生育为目的的人口控制时刻维持着官方权力在乡村的"在场"与"表达"。乡镇政府一度被称为"三要政府"，即要钱、要粮、要命，分别代表收取税费、定购粮和开展计划生育。在国家与农民的关系上，仍然以压制性关系为主。

3. 悬浮型体制

20 世纪 90 年代，经过家庭联产承包责任制改革后的农村土地产权关系已经基本稳定。村集体拥有对耕地的所有权，农民则拥有使用权和收益权。但是，税赋制度并不完善，农民向国家缴纳的税收主要是农业税，种植经济作物的农民还要缴纳农业特产税。在农业税之外，则是更具任意性且数额比重更高、种类繁多的费用。由于缺乏明确的征收标准，实践中往往异化为各地方政府充实地方财政的有力抓手，成为农民沉重经济负担的主要来源。中央政府虽于 1998 年出台文件对"三提五统"的收取标准和办法做了明确规定，要求"三提五统"的总量不得超过当地农民人均纯收入的 5%，但实践中不少地区以人为"提高"农民人均收入的办法对其加以规避，因此农民的非税负担问题并未得到彻底解决。鉴于此，中共中央自 2003 年开始大规模推进以减轻和规范农民负担为目标的农村税费改革，至 2006 年全面取消了农业税，乡村社会的治理格局亦随之转变。改革后，乡镇基层政权在乡村的资源汲取使命结束，因此其与乡村社会的直接互动主要表现在计划生育政策的落实以及始于 2005 年的新农村建设两方面。随着新生代农民生育观念的转变，计划生育工作在乡村社会并无太大压力。而新农村建设中，囿于其覆盖面以及建设力度等限制，乡镇基层政权同乡村并未大范围建立起紧密的联系。乡镇机关"主要工作"的减少和转向使国家权力在乡村社会处于持续"后撤"的状态，进而形成了一种"悬浮型"乡镇政权。

4. 新时代"服务型"乡镇基层政权与国家权力的回归

我国新时期精准扶贫工作于 2013 年开始启动。不同于以往的是，精准扶贫由省、市、县对口支援单位组织工作组直接进驻扶贫村庄，在乡镇基层政权和村委会的配合下开展扶贫工作。大量资金、技术和人员以前所未有的规模进入村庄，极大地改变了乡村社会的基础设施条件和经济社会面貌。伴随国家财政对乡村的全面反哺，乡镇基层政权从"消极"撤退再次转向"积极"进入村庄。不同的是，国家政权初创和巩固时期的积极进入多以资源汲取和政策实施为目的，因此带有"压制性"特征；新时代背景下国家权力的回归则以建设乡村社会和发展乡村经济为目标，故具有显著的"服务性"特征。于是，后税费时代形成的乡镇"悬浮型"体制亦开始转向"服务型"体制。但由于"压力型"体制下的一整套组织体系并未恢复和重建，亦即缺乏一种强有力的"权力的组织网络"，"服务型"体制并未完全摆脱后税费时代所形成的"悬浮性"特征，资金与人员大规模进入乡村的表象背后面临的是国家权力重返村庄的重重困境。

（二）乡村交通和资讯日益发达

传统乡村社会维持其封闭性的一个重要前提是物理空间的封闭性以及资讯的闭塞性。然而，随着国家对乡村建设的力度持续增大，当代中国乡村的交通和资讯日益发达，乡村社会的封闭性正悄然改变。在交通方面，交通运输部在 2003 年就提出了"让农民兄弟走上沥青水泥路"的目标，自此中国农村公路建设每年以新建 30 万千米的速度向前延伸。截至 2010 年底，中国公路网总里程达 395 万千米，其中农村公路总里程达 345 万千米。东中部地区 94% 的建制村通沥青（水泥）路，西部 98% 的建制村通公路。乡村交通运输条件的改善在人民法庭和人民法庭所辖区域亦有明显的体现，而且是乡镇政权以及扶贫工作组推进乡村建设的重中之重。在资讯方面，随着电视和手机的普及，信息的传递和沟通变得日趋便捷。尤其是微信、抖音平台等新型媒体的兴起，给乡村社会的资讯带来了近乎革命性的变化。

（三）人员流动频繁

与国家治理策略、乡村社会交通与资讯等的变迁相一致，村民的流动性亦日益频繁。美国学者施坚雅依据辐射范围和功能曾将我国传统农村市场划分为基层市场、中间市场和中心市场三个层次。基层市场为市场下属区域内生产的产品提供了交易场所，是农产品和手工业产品向上流动进入市场体系中较高范围的起点，也是供农民消费的输入品向下流动的终点；中间市场则在劳务和商品向上和向下两方面垂直流动中处于中间地位；中心市场通常在流通网络中居于战略性地位，具有重要的批发职能。施坚雅认为，这三个层次的农村市场体系不仅具有重要的经济范围，还有重要的社会范围，传统中国农民自给自足的封闭生活空间并非村庄而是基层市场社区。随着新农村建设以及扶贫工作的推进，尤其是劳动力的输出和高等教育的推广，村民的活动空间早已超越村庄乃至基层市场社区的范围，城乡间的关系变得空前紧密。一方面，外出务工仍然是农村家庭获取货币的主要途径，以"80后""90后"为主体的新生代农民几乎整体放弃了祖祖辈辈所习惯的"守土"生活模式，进城务工成为其首选谋生手段；另一方面，经过几轮大规模的高校扩张及大中专院校的高速发展，当前初、高中毕业生的升学门槛大幅降低，入学机会显著增加，这也客观上促进了人员的流动。持续的人口输出造成了乡村社会老龄化、少儿化、女性化"三化"并存与"青壮务工去，收禾童与姑"的现状。

二、农村人际关系日渐货币化

随着乡村社会的封闭性被打破、经济的发展和现代性因素的大量涌入，农民已被深深裹挟进市场经济的日常运转之中，成为全国乃至世界市场中的一环。有学者认为，打工经济会催生农民对自身劳动力价值的经济理性。当农民发现了劳动力价值的时候，农民在村庄生活中将变得理性起来，乡村社会中可能存在的互惠性帮工和互助变得不可能，如果没有经济激励，农民就没有积极性参与村庄公益事业以及村民间的帮工、换工。在相关调查中亦发现，传统乡村社会常见的帮工、换工的确出现了大幅减少，代之而来的则是根据不同劳动力以及劳动生产类别明码标价，以货币为媒介输出或者购买乡村生活中必需的劳动力。也就是说，传统乡村社会中居支配地位的互惠原则在现代市场因素的侵蚀下日渐为契约关系所取代。

但这并不能完全归因于打工经济所造成的农民理性化。因为在封闭的社会物理空间下，互惠原则系人们为应对社会生活中的不确定性风险，并为自己建立起码的社会保障，而在长期的社会互动中所形成的非正式社会规范，其本身即为一种理性的非正式制度安排。事实上，农民的经济理性并不必然带来互惠关系的终结。经济学理论认为，农民作为理性经济人，其行动为两个基本的信条所支撑。首先，每个个体都追求自我利益的目标；其次，每个个体从不同的手段中做出理性选择来实现这些目标。以此来看，在传统社会结构背景下的互惠原则之所以在新时期难以存续，是因为过去的互惠帮干最终未能实现"互惠"的结果。其中，最具根本性的原因是"老龄化、少儿化、女性化"所带来的农村优质劳动力的短缺以及劳动力结构的不平等。从市场角度看，优质劳动力短缺使青壮年劳动力成为乡村中的稀缺资源，其经济价值势必增加；而劳动力结构的不平等使作为交换的互相帮工必然产生不公平的结果，此种不公平交换的持续会激起优质劳动力输出者心理上的失衡，基于理性利益计算的互惠原则就失去了基础。正如有的学者所言："双向互惠原则为每一项规则都提供了约束力。在每一个行动中都存在社会学意义上的二元性：提供服务和负有交换责任的双方，每一方都密切注视着对方履行义务的程度和行为的公正性。"为了弥补此种劳动力交换的不公以及由此产生的心理失衡，在市场条件下，劳动力的货币化评价与结算有其必然性。正因为如此，邻里之间基于互惠原则的换工并未完全消失，其在劳动力价值大致相当的村民间仍然存在。于是，村民之间的相互关系形成一种社会工资与邻里换工并存的格局。

三、利益格局与社会规范多元化

有学者认为，"改革以来，中国社会结构的最根本的变化是由总体性社会向分化性社会的转变。"随着乡土社会的地方性被打破，以及人与人之间关系的货币化，村庄利益格局呈现出显著的分化，传统以地缘和血缘关系为基础的社会规范亦渐为多元社会规范所取代。乡土社会的利益格局与乡村社会分层状况密切相关。有学者根据家庭经济状况将村庄分为五个阶层：上层、中上层、中层、中下层和下层。其中，上层家庭多为企业家阶层，年收入超过 30 万元；中上层以个体工商户、乡村工薪阶层等为主，年收入在 10 万～ 30 万元；中层家庭兼业化程度很高，年收入 5 万～ 10 万元；中下层为乡村社会中的主体，以打工收入为主；下层（贫困阶层）家庭缺乏稳定的收入来源，多依靠政府救济维持生存。有相关调查显示，经济较发达地区和经济发展水平不高地区与此具有较高的一致性。因前者城镇化程度较后者高，故其企业家与从事个体工商经营的阶层在整个人口中占比相对要高。在近年来经济下行压力剧增的背景下，前者人民法庭辖区内不少企业主和个体工商户因资金链出现断裂而"失信"和"跑路"的现象增多，因此民间借贷案件在该地法庭整个收案数中占绝大多数比重。后者人民法庭辖区中从事企业经营以及个体工商业的人员比重虽然较低，但民间借贷类案件亦呈显著上升势态。无论如何，随着村庄封闭性的消解以及现代性的进村，村民从事非农生产、经营并获得收入的机会大大增加，村庄利益格局发生了实实在在的变化。过去较为单一的"守土"经济与社会结构逐渐形成了更具多元化的经济和社会结构。

利益格局的转变必然带来社会规范的变迁。在传统乡土社会背景下，中国社会没有群、己（社会与个人）的明确界限，因此也缺乏建立在此基础之上的普遍性的道德。一切都要站在"己"的中心位置上去度量，道德（更确切说是有效之行为规范）的范围则可大可小。在此"特殊主义的关系结构"（或曰"差序格局"）中，人们自然注重"关系"（具体的、特殊的而非抽象意义上的）、讲究"人情"。然而，在转型乡村社会的背景下，以亲属结构及其规范为主导的村庄秩序开始受到国家、公司、企业、教会、大学等非亲属结构的巨大冲击。非亲属结构在社会结构中成为主要成分的结果将"不可避免地对某些甚至全部亲属单位造成"功能丧失"。与此相应，乡村社会特殊主义的规范体系亦将走向多元化。借用詹姆斯·C.斯科特的话，"迁移模式往往要冲淡乡村'小传统'的特性和自主性"。

四、半熟人社会体系结构的形成

（一）从"熟人社会"到"半熟人"社会

中国乡村是以依赖土地的小农经济为基础的，土地本身的固定性使人们需要聚集成村落以便互相帮助、共同生存，乡村社会因此成为不流动的、封闭的社会系统。乡村的人们在固定的土地上聚集成村落，相应地，其后代也在同一个村落中生活，一代代人的更迭没有使村民的关系疏远，反而使村民之间的关系更为熟悉，由此形成了中国乡村"熟人社会"的特征。

费孝通在《乡土中国》中用将"差序格局"与西洋社会的"团体格局"对比的方式凸显出"差序格局"的特征。"西洋的社会有些像我们在田里捆柴，几根稻草束成一把，几把束成一扎，几扎捆成一捆，几捆束成一挑。每一根柴在整个挑里都属于一定的捆、扎、把。每一根柴也可以找到同把、同扎、同捆的柴，分扎得清楚不会乱的。在社会，这些单位就是团体……我们的格局不是一捆一捆扎清楚的柴，而是好像把一块石头丢在水面上所发生的一圈圈推出去的波纹。每个人都是他社会影响所推出去的圈子的中心。"

第一，差序格局是以父系血缘关系为核心的人际关系。中国传统家庭扩大的路线是单系的，即只包括父系这一方面。除了少数例外，家不能同时包括媳妇和女婿。在父系原则下，女婿和结了婚的女儿都是外家人。可以看出，核心家庭要想扩大其功能就要通过生育开枝散叶。所以，在这样的家庭中，不同代际之间的同性关系要比夫妇亲密。

第二，差序格局确定了以伦理为差等的礼治秩序。费孝通说："以'己'为中心，像石子一般投入水中，和别人联系成的社会关系，不像团体中的分子一般，大家立在一个平面上，而是像水波纹一般，一圈圈推出去，愈推愈远，愈推愈稀薄。"从自己为中心推出去、以自己为坐标中心产生的社会关系就是人伦。

（二）半熟人社会

贺雪峰在《新乡土中国》一书中提出了"半熟人社会"的概念。随着社会主义市场经济的发展，中国已经从费孝通眼中"捆在土地上的中国"变成了苏力教授说的"市场中国"。乡村与城市的联系日益密切，农民不再将视野局限于眼前的土地，很多农民选择进城寻找务工机会。乡村为城市发展提供资源和劳动力，城市发展的福利也影响着乡村的发展进程。

可以说，如今中国的乡村已经不再是封闭的社会系统，而是更为开放的、更具流动性的社会系统。同时，乡村的社会人际关系渐渐发生了变化，它既不再是"熟人社会",也未成为更理性的"陌生人社会"。

第一,乡村社会多元化,村民之间的熟悉程度降低。村庄中人口资源的流动使村庄的社会关系多元化,除基于血缘关系产生的社会关系外,因村庄间沟通交流及人口流动增多产生的姻缘关系、农民外出务工时因来自同一村或镇的情感依赖聚集成团体而产生的业缘关系都成为新的乡村社会关系。由此,村民之间的熟悉程度降低。

第二,村民对村庄的主体感逐步丧失,内部力量不能维持基本的生产生活秩序,村庄不再是村民赖以生存的社会基本单位。城市与乡村的密切联系使更多农民尤其是年轻人到城市寻找务工经商的机会,也就是当下乡村普遍存在的"以代际分工为基础的半工半耕"的模式,这使村庄主体丧失。

(三)"半熟人社会"的产生促使乡村法治的产生

前文在"差序格局"的论述中已经提到,在"熟人社会"中,它的规则体系倾向道德约束。首先,礼是从个人内心出发的对个人行为的自我约束,长老是宗族中的权威者,承担着父亲式教化者的角色,对村民产生一定的外在约束力。其次,中国人传统的羞耻心在一定程度上可以规范其行为,使其不超过道德界限。对中国人来说,"面子"在彼此熟悉的群体中十分重要。所以,在封闭的村庄社会系统中,这样的规则体系的确可以使村庄保持一个相对平稳的运行状态。

社会关系类型进入"半熟人社会"时,①社会的开放和发展使社会观念多元化,"礼"的观念已经逐步弱化,即使在乡村,村民也不会再完全恪守"礼"的准则,村民的行为任意性更强;②乡村从封闭的社会系统渐渐瓦解,更开放、更流动的乡村社会关系冲击了长老在村庄中的权威,长老作为一种外在的约束力,其效力大不如从前。内在约束力与外在约束力的双重减弱呼吁新的乡村规则来维护新情形下的乡村秩序。

五、农村基层法治化中乡村司法的转变

组织理论认为,外部环境对组织起着制约、塑造、渗透和革新的作用。每个组织都存在于特定的物理、技术、文化和社会环境中,并要与之相适应。没有任何组织可以做到自给自足,所有组织的生存都取决于该组织与其所在的更大系统建立各种关系。因此,组织制度环境乃至组织系统自

身的变迁必将影响组织的运行方式。乡村人民法庭作为一种常见的社会组织，法庭外部及内部环境的变迁必然会对其运行过程及结果产生制约和重塑效果。

（一）乡村司法过程更具形式理性特征

韦伯曾以形式主义和理性为一端，以工具主义和非理性为另一端，将法律制度划分为两种理想类型。前者是高度形式化的，因为它是从抽象的司法定理中逻辑地演绎出来的，因此可以等同于理性主义。其特征是法律具有自律性以及形式化的程序正义被尊崇。后者的法律制度则是工具性的，其不是从恒定抽象的法律定理中逻辑地推导出来的，而是统治者意志的产物。囿于社会结构的限制，传统乡村司法多以一种工具主义的方式在运行，其关注的是因事、因时地实现个案的圆满处理，而非某种普遍法律规则的实现，即苏力所发现的，乡村司法所追求的乃是纠纷解决，而非规则之治。但随着乡村社会结构的变迁和人民法庭自身的发展，乡村司法的运行更多地体现出形式理性的特征。尽管法院系统内部仍然自上而下地强调人民法庭要"因地制宜，大力开展巡回审判"及"纠正机械理解司法被动性的不正确认识，从中国特色社会主义司法制度的高度出发，积极开展法律服务"，官方主流话语也不断宣扬人民法庭深入群众，如何于田间炕头及时息纷止争的先进事迹，但是大量实证研究显示，除送达诉讼文书及个别特殊案件外，人民法庭的法官已很少下乡办案。从办案方式上看，自上而下的司法责任制改革、案件质量管理、案件流程管理和绩效考核正以一种强有力的方式将形式理性的实体规范和程序要求灌输进乡村人民法庭的日常司法活动中。具有法的神圣性和一致性象征的法袍、法槌以及整个法庭独特的陈设开始在乡村人民法庭发挥其效果。

（二）乡村司法规范依据的分化与整合

乡村社会结构的根本性转变使基于血缘和地缘而形成的以情、理、法为核心内容的传统民间社会规范一统的格局开始松动。乡村社会利益格局的分化、人们价值和观念的多元化使乡村司法的规范环境渐趋分化，因而呈现出多重知识和多重秩序并立的格局。这为乡村司法带来了规范适用上的挑战和困境。由于纠纷当事人和社会公众分别持不同的价值观，在缺乏共识性规范的情况下，针对纠纷的协商和调解变得几乎不具有可能性，因为在双方价值针锋相对时，没有一个人能够证明自己的尺度比另一个人的更高明。人们基于解决日常生活纠纷、修复失衡的社会关系，来维系社会的存续和发展的需要，新的超越多元价值和规范的更具普遍性的一般规范的出现成为必要。作为现代社会多元价值和利益诉求最大公约数的国家立法自然成为最具正当性和经济性的替代性规范。正式法律规范在乡村司法中开始由边缘走向中心，由借助民间规范的间接效力转向直接的约束力。即多元利益格局和价值体系下的村庄社会借由国家法律规范的正式进场而实现了再次整合，从而为乡村司法的法治化运行奠定了基础。

（三）由"个人化"到"一般性"的正义输出

波斯纳认为，"个人化正义"是指解决纠纷具有下列三种特别风格中的一种或全部：第一，根据法官个人在案件中的利害关系；第二，按照争议双方的个性、身份外貌或其他个人特点进行，而不是按照他们诉讼本身的优劣进行的；第三，得出的是实质正义而不是形式正义，即以一种看来对案件最佳的处理方式而不是运用一般规则来解决纠纷。如果以此为衡量标准，传统工具主义主导下的乡村司法所输出的正义显然属于一种"个人化正义"。首先，制度性利益纽带的形成。乡村司法所处的特殊社会场域（尤其是行政化的内部管理与司法的治理化定位）及其受理案件的社会结构（以熟人间的纠纷为主）共同为法庭及其法官营造了同案件处理的利益纽带，这种制度性的利益关联是民事诉讼回避制度所无法解决的。因此，法官在纠纷处理中固有的利害关系左右着纠纷解决的方式和过程。其次，力量对比决定案件走向。法官同案件处理过程及其结果的利益关联导致法官在司法过程中的摇摆立场，当事人双方的力量对比在很大程度上决定着案件的走向以及最终处理结果。最后，司法规范和标准多元化。由于追求一种"合情合理"的结果，无论是纠纷解决之过程，还是最终解决方案之确定，基于熟人社会的乡土伦理均发挥着决定性的作用，法律本身并未受到足够之关注。评价体系的扩展意味着争论的焦点和范围也会随之无限扩大，这就决定了纠纷处理结局是一种特殊主义导向的实质正义而非普遍主义导向的形式正义。但随着乡土社会和乡村人民法庭的变迁，乡村司法的运作场景、主体和规范均处在剧烈转变之中，乡村司法运作的宏观社会结构的陌生人化、货币化，乡村司法运作主体的精英化、专业化，以及国家法律规范在司法中的回归，传统乡村司法"个人化"的实质正义必然会被更具一般性的形式正义所取代。

第三节　农村基层政治结构的变化与法治

法治是以民主为前提和目标的，是一种民主的法制模式。因为没有民众的政治参与，法律就失去了最基本的社会基础，法治就会被人治所代替。因此可以说以广大农民政治参与为基础的乡村政治结构是我国农村社会走向法治化的政治基础。

中国数千年的封建制度是以政权控制社会政治，以族权控制社会基层，以神权控制意识形态，以夫权控制伦理家庭。在封建社会的乡村政治结构层面，只有族长的权威得到官府的承认，族内或家庭其他成员无权个人参与乡政，农民个人与上层阶层的联系是微弱的，多数农民的政治参与意识一片空白，封建政权缺乏乡村社会的合法性基础。

20世纪80年代以前，我国农村的政治结构是"政社合一"。即公社既是一级政权组织，又是一种经营管理组织形式。村组织既是政府的政务代理机构，又是一级财产所有者和经营管理单位，负责本村的生产计划制订、土地利用管理、组织农产品生产与交换及农民的收入分配等。可以说，在人民公社的"政社合一"的农村社会政治结构中，农民的人身是不自由的，他们几乎完全依赖行政体系，行政关系取代了血缘、地缘关系而成为重要的社会关系，并强有力地把农民组织起来，最终包揽了生产生活的各个方面，也使国家对乡村社会的控制效力达到顶点。形成鲜明对比的是，一端是以意识形态为中心的整齐划一，即农村社会较为普遍地存在着个人和权力崇拜倾向，宗法等级观念和平均主义思想决定着人们的价值取向；另一端是农民政治素质的极为贫乏和乡村社会的一穷二白。正如时运生教授所指出的："改革前集权式的政治使农民政治参与可用"冷淡"两字来形容，表现为政治触角的迟钝和政治热情的衰减以及大量自在自为的远政治群体的出现。"20世纪80年代以来，改革使乡村权力过分集中及功能混同的政治结构开始分化，中国农村走上"乡政村治"的道路。1987年通过的《村民委员会组织法》提出要实行村民自治。村民自治制度的推行、基层普选范围的扩大以及乡镇人代会制度的日益正常化等均表明农村政治民主化程度明显提高，农民在获得独立的经济地位和生产经营自主权的同时，获得了更大的个人自由度和政治独立性，农民的参与意识不断自主增长。农民由被动变主动，要求更多的民主、自治，乡村政治的民主化进程日益加快，以至于外国学者得出结论："中国的村委会选举是为了赋予中国 9 亿农民政治权利所采取的积极的和重要的发展步骤。"因此，可以说村民自治的应运而生标志着乡村政治结构从传统的阻碍民主发展的迟滞型政治向动态的推动民主发展型政治转变，是中国民主政治的生长点，是农村法治的政治基础。

一、村民自治使农民获得了广泛的民主权利

中国最多的"民"是农民，这是我国的特殊国情。长期以来，中国农民既无充分的民主，又无法享受与城市居民同等的权利，其平等意识、民主精神和政治参与诉求都非常薄弱，小生产者意识和依附心态相当浓厚。村民自治在农村社会的伟大实践使农民能有效地发挥自我管理、自我服务、自我约束、自我发展的功底，抵御国家权力的滥用与扩张，增强农民的民主权利，从而确立起权利与权力的双向互动的平衡与制约关系，推进基层民主政治的发展。

（一）村民自治推动农民成为民主政治主体

村民是农村自治的主体，村民通过村民委员会行使其村务管理权，把当家作主的权利落到实处。《村民委员会组织法》规定："年满十八周岁的村民，不分民族、种族、性别、职业、家庭出身、宗教信仰、教育程度、财产状况、居住期限，都有选举权和被选举权；但是，依照法律被剥夺政治权利的人除外。"村委会人选的提名和确定在充分发扬民主的基础上，由村民直接选举产生，村民会议有权依照法定程序罢免和撤换那些不称职、严重违法乱纪、失去村民信任和拥护的村委会成员。涉及全体村民共同利益和村里的大事都由村民代表会议认真讨论、决定。村委会虽然聚集着农村精英，但也仅是村民会议的执行机构，需向村民会议负责并报告工作。村委会办理本村公共事务和公共事业所需的费用也必须由村民会议讨论决定。全体村民通过村民会议直接行使当家作主的权利。村民理财小组是村民行使民主监督权的重要渠道。由此可见，村民委员会、村民代表会议（村民议事小组）和村民理财小组作为村民自治的组织载体，它们的建立和运行是广大农民成为民主政治主体的组织保证。

（二）村民自治推动农民民主权利广泛化

1987 年颁布的《中华人民共和国村民委员会组织法（试行）》正式确立了村民自治的法律地位，农民的各项民主权利也得到了法律的保障。例如，建立健全村民委员会的民主选举制度，保证了村民的民主选举权；建立健全以村民会议或村民代表会议为主要形式的民主议事制度，保证了村民的民主决策权；建立健全以村务公开、民主评议和村民委员会定期报告工作为主要内容的民主监督机制，使村民获得了民主监督权。

村民民主权利的获得主要体现在以下几个方面。

1. 村委会选举规范化

现今的村委会选举多是采用海选的方式，将候选人提名权完全交由村民负责，让村民根据自己的真正意愿推荐候选人。这种做法使每一个有选举权的村民都获得了提名权，使每个选民都有机会成为初步候选人。在海选的基础上，采用全体选民投票选举的方式，按照得票多少确定正式候选人，把确定权交给村民。确定的正式候选人，尤其是村委会主任的两名正式候选人，都得登台向选民宣讲自己的治村主张，包括将为村民办哪些好事。宣讲完成后，选民可以踊跃地提出问题，候选人面对面地解答。最后，由村民投票，行使自己的权利，产生村委会组成人员。

2. 村民代表会议制度逐渐普及

村民代表会议制度就是由 10 户左右的村民推选 1 名代表，代表负责与推选自己的农户联系，反映他们的意见和要求。农民在村民代表会议中获得以下权利：第一，提出议题权。村民通过村民代表反映自己的意见和要求，村民代表根据村民的意见在村民代表会议上提出自己的议案，提交村民代表会议讨论。这使普通村民有了表达自己对村中公共事务意见的合法渠道。第二，提出批评建议权。村民委员会要定期向村民代表会议报告工作，经村民代表对村委会工作和村委会成员进行评议。对于他们工作中的不足之处，村民代表有权提出质询，并要求获得答复。村委会应当根据村民代表提出的批评和建议，对工作进行改进，接受村民代表的监督。第三，民主决策权。村民代表会议负责决策的重要事务，包括村工农业生产计划的制订、村民自治章程的制定。每位村民代表都可以充分发表自己及联系户的意见，并享有投票决策的权利，这一权利在每位村民代表中都是平等的。经村民代表会议讨论决定的事情村委会必须执行，任何个人和组织都无权推翻或更改。

3.农民民主参与制定乡村自治章程

村规民约的内容一般比较广泛，包括村民组织、经济、管理、社会秩序、社会保障等方面。较为普遍化的几项内容大致包括以下几条：①坚决遵守党和国家的政策法令，按时完成上级下达的各项任务；执行村党支部、村委会制定的各项规章制度。②正确处理干群关系。村干部要廉洁奉公，办事公道，主动接受群众监督，坚持做到政治、经济、议事、指标、任务、奖罚、分配全公开。村民要认真履行各项义务，诚心帮助干部做好工作，积极监督干部。③加强法制观念，人人做到学法、懂法、守法、依法。④提倡勤劳致富，科学种田。⑤遵守村民行为道德规范，家庭团结，正确处理好左邻右舍的关系，人人养成尊老爱幼的好风气。⑥积极遵守社会公德，助人为乐，扶困解难，不说不利于他人和集体的话，不干有害集体和他人的事。⑦积极开展文化体育活动，提高文化水平和政治素质。积极学习时事政治，关心国家大事，关心集体经济。

（三）村务公开使农民获得了监督权

村务工作直接涉及农民群众的切身利益，是农民群众最关心的热点问题之一，也是影响农民群众积极性的重要因素之一。村务公开，给群众一个明白，乃天经地义，也是社会主义国家农民应享有的权利。群众普遍关心、反映强烈的问题和农村的重大事务都应该是村务公开的内容，都应向村民公开。从相关调查来看，村务公开的内容大体包括以下三个方面：①政务公开，主要涉及党的方针政策、国家的法律法规和政策规定以及村里制定的规章制度；②事务公开；③财务公开。

二、村民自治促使农民阐述了民主法治的合理诉求

在我国，农村占据广阔的区域，农民占中国人口的80%以上，所以研究中国社会民主法治化，在一定程度上讲就是研究农村基层民主的法治化。农村问题的核心是农民平等与参与问题，农村社会的民主法治化程度主要取决于农民的政治素质以及农民的民主权利和民主意识、法治观念和法律意识的觉醒和形成。如上所述，村民自治的伟大实践使我国农民的民主参与、民主管理、民主监督等各项民主权利得到了充分的实现。同时，村民自治的实

践也可以说是亿万农民民主法制的培训班，通过村民自治，农民真切地感受到了用法律保护自己民主权利的重要性。

（一）促进了农民对法律知识的了解

中国农村虽然地域广大、人口众多，但是受到社会二元结构的影响，不论在经济发展方面还是文化教育方面，都普遍落后于城市。受经济与文化因素的制约，农民对法律的了解非常有限。各地农村广泛开展的村民自治实践使广大农民在村委会的选举过程中，通过选民登记、提名候选人、预选、参加投票等活动，受到了一次又一次生动的民主法制教育。正是在这种与国家法律的亲密接触中，一部分农民才开始对《中华人民共和国村民委员会组织法》有所了解，并进而认识、了解其他法律。在调查中发现，有一些农民为了行使好法律赋予自己的神圣权利，还自发购买了有关法律的读本，认真学习《中华人民共和国村民委员会组织法》及其他法律、法规。可以说，没有村民自治，就没有广大农民对法律大范围的亲密接触和深入了解，是村民自治给予了农民密切接触、深刻认识、亲身实践法律的机会。

（二）村民自治锻炼了农民的政治参与能力

乡村自治事实上相对脱离于国家的民主政治，只是一种社区民主，即农村社区内部需要通过民主的方式来解决社区内部的事情。它是一种自下而上的推进，还不能代替自上而下的事情，所以说村民自治不能代替国家层面的民主政治。但是，村民自治毕竟把农民从传统的政治被动者的位置推向了主动参与政治的地位，使农民得到了自己管理社区事务和公益事业的锻炼。这种锻炼对农民参与政治的能力起到的促进作用是非常重要的。农民把一个村的事情管好了，逐渐就会管好一个乡的事情；把一个乡的事情管好了，逐渐就会管好一个县的事情。这样，逐步锻炼，就能提高议政能力。在中国数千年的封建专制传统下，民主化进程应该是一个渐进的过程，而很难是一步到位的民主。村民群众若能够将自治事务通过民主的办法管理好，就能提高自己的民主能力和政治素质，就能逐步为将来的国家民主做些准备。也就是说，具有对内功能特征的村民自治通过自我管理、自我教育和自我服务，可以额外地为国家层面的民主化做些有益的准备工作，为民主政治的展开打下牢固的根基。此外，村民自治又使农民可以有力地抵制与监督上级行政部门对农民的乱摊派与不廉洁行为，这种抵制与监督本身具有使农村民主由村级向上级扩展的希望。

（三）村治弥补了国家对农村社会法治资源的供给不足现象

即使是民主的法治国家，也只能保障国家有序运转，并不能完全维护社会的公益和公正，如公民的生老病死、社区公共设施的建设、邻里之间的矛盾等。对此，民间社会利用其资源与社会权力，可给予补救。特别是对社会的弱势群体给予扶助，对多样性的社会公益事业自动地、自愿地做出及时的反应，对违反伦理道德的事施以社会舆论压力，给予制裁和纠正，弘扬公共道德和服务精神，从而有效地弥补国家法制资源对农村社会的供给不足。

（四）村治起到权力制约的作用

1.村民自治推动了决策的民主化

村民自治使村干部由原来的"两眼向上"变为"两眼向下"，群众观念增强。原来村干部是由上级任命的，许多村干部办事情只对上负责，不对下负责，结果脱离群众，颐指气使，让村民很反感。现在村干部由村民选举，其"官帽"被群众拎在手里，他们必须做到对上负责与对下负责一致，强化了其群众观念，使村干部的权力运作有了深厚的群众基础，使党的宗旨得到了充分的体现。村民自治先是重大问题民主决策，广大村民能够参与村里事务决策前的讨论，这有利于集中群众的智慧，减少决策失误，同时调动群众的积极性，便于各项决策的顺利实施。

2.村民自治促进了村干部的积极性和责任感

实行民主选举村委会后，村干部工作的积极性和责任感大大加强。原来村干部工作搞好搞坏对自身影响不大，现在村干部是在向全体村民许诺后被选上的，如果工作做得不好，群众就不答应；严重不称职的，村民可随时将其罢免；如果工作一般化，换届时会落选。因此，实行民主选举后，村干部切身体会到来自群众的信任和压力，这促使他们主动想方设法做好村里的各项工作，积极为群众多办实事、好事。

3.村民自治强化了基层干部廉政勤政与自我约束能力

过去，村干部权力很大，大事小事少数人说了算。通过开展自治活动，村干部被置于村民的监督制约之下，再辅之以民主评议、村务公开等制度，村干部的廉政勤政意识和自我约束能力有了很大提高，多吃多占、优亲厚友等不公平现象大大减少，有效地防止和杜绝了村干部以权谋私、损公济私等现象的产生。

4.村民自治培养了农民的法律意识

村民自治要求村民自我管理、自我教育、自我服务，并且明确规定了农民参与村民自治的权利、制度和程序，不仅把农民从政治被动者的位置推到了主动的政治参与者的地位，而且把农民从传统的政治生活非制度化参与者逐步改变为制度化参与者。尽管这个过程还没有完成，但是目前农民在参与村民自治的过程中正在发生非常明显的积极变化。经过民主化训练，现在农民已经学会了依法保护自己的合法权益。当他们的民主权利受到侵害时，他们不再过多地采用暴力手段，而往往寻求法律、舆论等合法手段解决问题。

第四节　农民价值观念的变化与法治

一、转型期我国农民社会心理及价值观的积极变迁

在中国历史上的社会转型时期，农民的社会心理都发生了巨大的改变，特别是随着20世纪80年代的改革开放浪潮，在政治结构变革的作用下，农村社会政治、经济、文化等各个领域也发生了巨大变迁。费孝通就曾指出："经过80年代开始的最近二十年的改革，到21世纪的最初时刻，我们已经可以从我国经济发展和我们与世界经济的联系中看到经济、社会和文化巨大变迁的来临，预感到21世纪即将给人类的生存和发展带来全新的面貌。"这一时期，中国社会的巨大变革不仅给人们的物质生活带来了重大影响，还给中国农民的社会心理带来了猛烈冲击，农民的思想观念、价值取向、政治热情、审美情趣等产生了深刻的变革，广大农民普遍从以往安居乐业、狭隘、自满的小农意识转变成求富、求知、求新的心理需求。总体上看，农民的社会心态和价值观念都出现了良性变迁趋势。

（一）自觉意识觉醒

在20世纪，文化与文化之间、区域与区域之间有着明确的界限，这个界限是社会构成的关键。马克思主义哲学指出，社会存在决定社会意识，农

村与城市存在文化、环境上的差异，相对于市民，农民显而易见地表现出自主意识方面的保守、落后。然而，随着中国社会"三级两跳"的变迁，农民的自主意识也逐渐觉醒。

1. 农民自觉意识觉醒的客观条件

中国传统的农业社会基本生产结构主要是手工业与家庭生产相结合的自给自足的小农经济，生产目的主要是保障家庭成员的基本生活需要而不是商品交换，农民有很大的依附性，这种依附性体现在生产生活的各个方面。中国农民小生产者的生活圈子有二：一是以血缘为基础的家庭圈子，二是以地缘、邻缘为基础的亲戚、邻里、朋友圈子。这些都被称为"圈内人"，其他则为"圈外人"。可见，在由血缘和地缘确定的社会关系中，各个地域间不容易接受外界事物，农民被禁锢在了固有的土地上。

中华人民共和国成立之后，消除了人身依附关系。改革开放以后，农业社会经济改革确立了农民在生产经营上的自主地位，从传统方式解放出来的农民摒弃了传统的依赖心理，逐渐产生了强烈的自主意识。改革开放的浪潮激发了广大农民内心深处强烈的脱贫致富欲望。乡镇企业的发展以及村民自治的建立表明，农民走出了一条工业化和农业现代化的创新道路，反映出了农民的聪明智慧和创新精神。

20世纪80年代，随着城镇化的迅速发展以及城市化进程的加快，大量农民进城务工，出现了"民工潮"。过去，普通农民的流向大致为向边疆地区流动（如闯关东）、向西部地域流动（如走西口）、向海外异域流动（如下南洋）、向城市地带流动（如进上海）等。与此同时，原为宗族首领的乡村精英或为躲避战乱，或为经营商业，或为进城求学，普遍开始向城市流动。如今，农民进城务工使农民在生活水平上不断提高，从而进一步激发了农民个体意识的觉醒，部分农民还产生了致富意识观念，并形成了讲效益、要服务的现代化经济意识。这也反映了农民价值观的根本改变。一些农民在改革开放的初期成了求大富、敢大富、致大富的典型。

2. 农民自主意识觉醒的具体表现

随着改革开放的深入，在市场经济运行机制下，政府转变职能，在加强宏观调控的基础上，更加注重发展市场经济，广大农民过于依赖政府的旧习惯失去了存在的基础，于是也有了自觉性，对市场产生了敏锐的嗅觉，自主形成了根据市场产生经营决策的意识。

中国政府又为农民创业提供了政策和基础，取消了农业税，同时发出

"取消一切限制农民创业的政策规定，革除一切束缚农民创业的体制弊端，激发农民自主创业的潜能，营造鼓励农民干事业、帮助农民干成事业的社会氛围"的声音。这也是对农民自主创新意识的认同与鼓舞。

第二次农业普查的结果有力地体现了农民自主意识的觉醒。第二次农业普查结果显示，至2006年末，68.4%的乡镇有综合市场，28.2%的乡镇有专业市场，23.0%的乡镇有农产品专业市场，7.6%的乡镇有年交易额超过1 000万元以上的农产品专业市场，34.4%的村域内有50平方米以上的综合商店或超市，50.2%的村庄在村内就可以买到化肥，5.2%的村在村内可以买到彩电。此外，88.4%的乡镇有储蓄所。与此同时，农民的生产与消费行为日益商品化、市场化。长期以来，中国农民经营与消费最显著的特征是自给或半自给，但改革开放以来，市场取向已成为农民最主要的行为特征。

这种自主意识的觉醒也体现在政治领域。农民在传统社会有着严重的政治依附心理。封建专制统治使他们不能脱离官僚思维的束缚。在政治上，农民没有保护自己的自主意识，一方面期望"清官""贤君"为民作主，为民请愿；另一方面把自己塑造成逆来顺受、唯命是从的"顺民""良民"。农民这种懦弱、畏惧、依附的心理在改革开放前几乎没有大变化。改革开放后的商品经济全面彻底地改变了人们的思想观念，催生了农民自主、自立的意识，农民的平等观念、权益观念也逐渐形成。同时，国家从法律和制度上对村民自治给予了保障和支撑。比如，信访渠道的畅通、人大代表制度的完善、舆论媒体的发展、法制宣传的推广等。农民逐渐由自轻自贱的"草民""贱民"成长为自尊自重和具有自我权利意识的公民，越来越多地使用各种方式和手段为自己谋求利益。

（二）参与意识增强

参与意识是指个体积极参与包括社会交往、政治活动等一切社会活动的心理状态。中国农民普遍受到传统的"等级森严""个人崇拜""依附权威""与世无争"等意识的影响，安于自给自足的小农经济，普遍缺乏参与意识，基本处于消极状态。改革开放后，农民的参与意识（现代公民意识）逐步增强。

1.农民参与意识的形成分析

在古往今来的农民运动中，农民是政治运动重要的参与者，但这种参与往往带有一种盲目性、局限性。农民的劣根性导致了其参与的政治运动都以失败告终。

封建社会"祈盼清官"的思想和政治的高压统治使人们对政治产生了疏远和逃避心理。改革开放后，中国农民对自己的权利有了明确认识，参与意识在自主意识增强的基础上应运而生。如前所述，市场经济决定了参与主体的自主性基础，民主政治制度的落实和完善则进一步促进了参与意识的萌发。改革开放以来，人民代表大会制度、政治协商制度以及信访、举报制度的发展给予了农民很大的自主权利，从而提高了农民的社会责任感与参与政治的信心和热情。农民过去那种"冤死不打官司"的心态发生了很大转变，开始行使自己的权利以谋求正当权益，政治参与意识明显增强。

中国在 1998 年正式通过了《中华人民共和国村民委员会组织法》。这标志着农业社会基层民主建设进入实质性发展阶段。农民的"民主选举、民主管理、民主决策、民主监督"的权利得到了法律的确认和保障，并在实践中得以逐步实现。农民的参与意识在各项民主、经济活动中得到进一步增强，并在长时间的活动中积累了经验，提高了参与能力。

2. 农民政治观念的转变

改革开放以后，农民的社会心态呈现出一种鲜明的外向趋势，受到社会变迁的影响，农民参与社会活动的意识明显增强。农民的力量也逐渐强大，并受到重视。随着市场经济的推进，农民奋发向上的精神、竞争意识使他们勇于接受商品经济下的竞争，敢于接受新事物。

改革开放以后，由于受到社会经济变迁的影响，农民逐渐被卷入全国社会经济发展的浪潮之中，农民参与社会活动也由之前的"要我参与"转变为现代的"我要参与"，社会活动参与意识明显增强。他们不仅在争取自身的经济利益，还在争取自己的社会权益，更希望在城市拥有自己的"话语权"。比如，信访是农民参与政治的重要渠道之一。近年来，农民信访量、参与信访的人数大幅增加，表现出了农民合法追求自己权利诉求意识的提高。农民在实施村民自治的过程中，建立了村民代表大会制度，广大农民踊跃参加村民自治，也反映出农民民主参与意识的提高。这种参与是积极的、主动的、向上的。

农民参与意识的觉醒在相关调查中得到了佐证。2005 年 7 月，华中师范大学中国农村问题研究中心的全国性调查表明："有 52.0% 和 26.19% 的被访者对'村干部上级任命的不如自己选的'这一问题分别表示'非常赞同'

和'比较赞同'；对'国家大事都是由当官的说了算，与老百姓无关'这一问题的回答，也有35.2%的人表示'很不赞成'，20.8%的人表示'不太赞成'，两者合计56%。"这充分说明当今农民当家作主的意识正在逐步提高，他们已经认识到自己在政治参与中扮演的重要角色和发挥的重要作用。最值得肯定的是，一些农民已经能够把权利和义务有效地联系起来，以维护自身利益。

（三）竞争意识增强

马克思指出，封建社会末期，竞争机制促进了小商品生产的两极分化，并为资本主义生产方式的确立和发展开辟了道路。从这点可以看出，竞争引领了社会的进步。中国的传统农民观念落后，墨守成规，迷信权威，安于现状，生活节奏缓慢，缺乏完善的竞争机制和环境。因此，农民在社会的变革中缺乏时代的敏锐度和嗅觉感。直到改革开放，随着市场经济的发展，农民的竞争意识才有所凸显。

1. 农民竞争意识的表现

中国农民的竞争意识是在波及中国社会各个领域深刻变革的改革开放之下，在受到市场经济熔炉的历练后形成和增强的。

竞争是市场经济的基本特征。在中国社会的转型期，中国农民面对瞬息万变的市场经济，他们逐渐意识到墨守成规、安于现状已不能适应市场经济的需求。有市场必定有竞争。他们开始抓住机遇，为自身发展创造机遇。邓小平曾号召"让一部分人先富起来"。农民不再避讳自己的求富心理，开始顺势而上，闯出了一条生存、发展之路。"万元户"成为20世纪改革开放之初的时髦词语，市场成为他们的致富场。一些农民不仅敢闯市场，还在市场中学会了调整产业结构，讲究特色农产品，以此发家致富。同时，改革开放的实践使农民的社会心态呈现出一种外向趋势。为了谋求较高的经济收入，传统的守土敬业、"父母在，不远游"的思想也发生了转变，大批农民融入社会竞争中，开辟出了自己的一片新天地。在改革开放的浪潮下，农民逐渐克服了墨守成规、因循守旧的传统惰性心理，逐渐养成敢闯、敢冒、敢干的精神气质。

2. 市场经济的推动作用

在中国社会的转型期，随着农村社会的变革和国家政策的扶持，农民成为改革开放的最初受益者。从表5-1中可以看出，1978—2006年，我国主要农产品产量大幅增长，且在世界各国中居领先地位，农村经济增长最直接的效应是农民生活水平的不断提高。

表5-1　1978—2006年我国主要农业产品产量居世界位次

单位：万吨

农业产品	1978 年		2006 年		2006 年比 1978 年增长
	产量	位次	产量	位次	倍
谷物	27 304	2	44 237	1	0.62
大豆	757	3	1 597	4	1.1
棉花	217	3	675	1	2.1
花生	238	2	1 467	1	5.2
油菜籽	187	2	1 265	1	5.8
甘蔗	2 112	7	9 978	3	3.7
茶叶	27	2	103	1	2.8
水果	657	9	17 240	1	25.2
肉类	1 103	3	8 051	1	6.3

资料来源:《中国统计年鉴》，粮农组织数据库。

农村经济的发展最直接的原因就是市场经济的刺激，市场经济中的竞争思维也是加快农民社会意识转型，促进农村现代化，使农民由传统迈向现代化的有效催化剂。改革开放以来，农民经过市场经济大潮的洗礼，逐步破除平均主义"大锅饭"的思维，开始具备参与、竞争与合作的市场观念。以"求富"为特征的经济心理特质表现得最为突出。越来越多的农民开始主动寻求致富信息和科学技术，掌握市场经济的规律，占领先机，为自身赢得长远发展的空间。

3. 农民竞争意识对农村基层社会的相关影响

随着小农经济的解体与现代化进程的加快，在由传统农业社会向现代的工业化社会转变的过程中，市场经济的竞争性、风险性迫使农民逐渐克服了因循守旧、墨守成规的传统惰性心理。在大环境下，他们勇于实现自我发展，逐渐养成了敢闯、敢冒、敢干的精神气质。20世纪后期，农村社会出现了又一关键词——"奔小康"。农民开始为提高自身的生活水平而奔波，逐渐克服了小农意识中慵懒散漫的心理模式，金钱观念、时间观念、效率意识融入农民的思维习惯中，农民队伍中涌现出不少带人发家致富的企业家，中国的农民企业家吴仁宝、史玉柱就是典型代表。

中国政府在政策上也鼓励和支持农民提高自身在市场中的竞争力，如加强农业社会的义务教育，包括为农民工开展专业技术培训，开展农业社会远程教育，等等。同时，中国在资金扶持、产业规划、科技支持等方面为农村发展创造了条件，农民逐渐摆脱了"温饱陷阱"，从而进入优胜劣汰的竞争环境，逐渐增强了竞争意识。竞争意识增强最直接的后果就是农民的生产与消费行为也日益市场化、商品化。中国农民生产经营长期以来处于自给或半自给状态，但改革开放以来，市场取向已成为农民生产经营最重要的特征。这可以从以下方面得到确证："农村居民以实物收入为主的状况逐步被货币收入所替代。2007 年农民现金收入达 4 958.4 元，比 1980 年的 113.12 元增长 42.8 倍，货币收入率提高到 85.6%，比 1980 年的 52.3% 提高了 33.3 个百分点。"[1] "农村居民货币消费支出大幅增加。农村居民货币收入率的提高，促进了农村居民购买力的提高。农村居民人均生活消费现金支出由 1978 年的 48 元提高到 2007 年的 2 767 元，增长了 56.6 倍，年均增长 15.0%；生活消费现金支出占生活消费总支出的比重也由 1978 年的 41.3% 提高到 2007 年的 85.8%，提高了 44.5 个百分点。"[2]

（四）创业意识萌芽

中国的传统农民一直以来过着自给自足、固步自封的小农经济生活，长期稳定安逸的生活状态使之缺乏竞争意识，更不用说创业意识。鸦片战争后，中国的自然经济受到冲击，沿海地区产生了资本主义萌芽，中国的有识之士致富兴国的理念也逐步形成。然而，中国农民的创业思维形成得较晚。

1. 农民创业意识的表现

中国实行改革开放后，城乡居民的生活水平得到了提高，同时城乡贫富差距不断扩大："自 1985 年到 2002 年，我国城镇居民人均可支配性收入

---

[1]　国家统计局.改革开放 30 年报告之五：城乡居民生活从贫困向全面小康迈进[R/OL].（2008-10-31）[2020-06-02].http://www.stats.gov.cn/ztjc/ztfx/jnggkf30n/200810/t20081031_65691.html.

[2]　同上。

由 739 元增加到 7 703 元，农村居民人均纯收入由 398 元增加到 2 476 元，城乡比由 1.86 ∶ 1 扩大到 3.11 ∶ 1；从城乡消费水平的差异看，自 1985 年到 2002 年，城镇居民人均消费性支出由 673 元增加到 6 030 元，农村居民人均生活消费支出由 317 元增加到 1 834 元，城乡比由 2.12 ∶ 1 扩大到 3.29 ∶ 1。"① 可见，农民的收入水平有了大幅提高，但城乡收入差距不断扩大。在中国社会的转型期，金钱理念逐渐融入农民的社会生活中，由于利益的驱动、致富心理的驱使，大批农民渴望改变命运，渴望提高生活水平。这促使他们改变了以往慵懒的思维方式，使自己融入市场经济中，开始进行不同形式的创业。

在中国社会的转型期，农村社会最具代表性的创业模式就是"经商回归"和"打工转型"。随着市场经济的发展，农民当中不少"能人"抓住创业机遇，跳出传统农业发展模式的思维，较早投身于市场经济的大潮。他们在积累了一定的资本和市场拓展的经验之后，回乡创办企业，带领全村农民发家致富，从而激发了年轻一代的创业热情，从根本上改变了以往安于现状的思维理念。还有一些农民凭着坚强的意志与刻苦耐劳的精神，融入城市化进程，改变命运，进行事业打拼，在市场经济的熔炉中养成了"优胜劣汰"的生存理念，彻底改变了固步自封、狭隘的小农意识。

2. 农民创业意识形成的社会条件

改革开放前，我国农村实行的是"一大二公"的人民公社制，农民的一切生产经营活动均统购统销，农民自然也就养成了遵守、服从的思想理念，其社会心理层面存在盲目性、保守性的特征。1985 年，中国取消了计划经济时代实行了 30 多年的国家统购统销制度。农民重新获得了生产经营的自主权，农村的商品服务、交通运输、农产品加工等各类行业也出现了前所未有的繁荣景象，这种繁荣景象的出现离不开农民创业意识的萌动。

改革开放后，市场经济为广大农民提供了一个史无前例的创业大环境。有些农民敢于冒险，敢于竞争，突破各种观念和条件的束缚，抓住机遇，走出农业社会，力争打造新的天地。随着生活水平的逐步提高以及农民收入的逐渐增加，一批外出务工多年且具有一定资金积累的农民返乡创业，出现了一大批农民企业家，为农村经济的发展带来了福音。

中国的发展史证明，社会的变革只有在符合广大人民的需求、维护群众

---

① 国家统计局. 中国统计摘要（2003）[M]. 北京：中国统计出版社，2003：99.

利益的基础上，才能得到劳动者的支持和肯定，从而使他们付诸行动，促进社会生产力的发展。因此，中国政府不断在政策上为广大农民提供支持，在资金、技术、项目选择、经管管理等方面提供技术和知识方面的解读和支撑。在这种情况下，越来越多的农民开始自己创业，建立起产业化经营锁链，创业意识由此形成。农民创业意识的萌动也在一定程度上促进了中国农业社会现代化的进程。

（五）科学精神增强

农民社会心理的变迁是市场经济发展的结果，为农村社会向城市化、现代化转型提供了思想条件。那些先进的现代制度要获得成功，取得预期效果，必须依赖运用它们的人的现代人格与现代品质。无论哪个国家，只有本国人民从心理、态度和行为等都能与各种现代形式的经济发展同步前进、相互配合，这个国家的现代化才能真正得以实现。

1.科学技术的有效应用

20世纪末，中国社会的转型为社会发展带来了勃勃生机。它带来的并不只是经济、政治体制的重大变革，生产力的快速发展，人们生活水平的提高和生活方式的变革，更为深远的影响是改变了人们的精神世界。

改革开放前，广大农民由于受到自身素质和社会条件等各方面的限制，只注重经验而轻视科学，重实践而轻文化。随着知识经济的到来，农民越来越意识到科技是第一生产力，深刻体会到科学技术对提高劳动生产率和增加经济收益的作用。

特别是改革开放后，以生物技术、信息技术为核心的农业科技革命的浪潮席卷全球，农业科技已成为提升国家竞争力的强大动力。1949—1997年，全国共育成并推广了包括玉米、水稻等41种大田作物在内的5 000多个新品种，粮、棉、油等主要农作物品种在全国范围内更换了3～5次，每次更换一般增产10%～20%。

"'十五'期间，我国每年取得的科研成果达6 000多项。培育出包括杂交水稻、杂交玉米在内的一大批突破性农作物新品种，农业生物技术研究达到国际先进水平，杂交水稻等研究处于国际领先水平。"① 农业科技的发展给

---

① 黄季焜，胡瑞法，张林秀，等.中国农业科技投资经济[M].北京：中国农业出版社，2000：102.

农业注入了新的活力，提高了农民的生活水平，给农民带来了新的希望，客观上促进了农民崇尚科学、热爱科学思想意识的形成。

2. 科学思维的形成

改革开放后，知识经济不断兴起，中国广大农民产生了强烈的求知欲，主要体现在两个方面：①增强了教育理念。中国农民开始进城务工，外出经商，转变了"以农养老"的思想意识，希望自己的子孙后代通过知识改变命运，能够接受良好的知识教育。②形成了科学思维。比如，在种植和养殖方面逐步摒弃传统方法。越来越多的农民重视科学种植，懂得了科技的力量。

改革开放前，农民的文化水平不高，阻碍了他们对新的生产方式的认同；改革开放后，由于基础教育的普及，农民受教育水平显著提高。2007年底，西部地区"两基"人口覆盖率达到98%，比2003年初的77%提高了21个百分点，超出计划目标（85%）13个百分点；西部各省（区、市）初中毛入学率均超过计划提出的90%；西部地区到2007年底累计扫除600多万"文盲"，青壮年"文盲"率下降到54%以下。全国义务教育普及程度实现了新的跨越。小学净入学率、巩固率、升学率进一步提高，初中毛入学率、巩固率、升学率迅速提升，主要增量都在农村地区。

当今社会科学技术的发展日新月异，信息成为主导资源，知识成为主要资本，农民的求知欲逐渐增强，这也反映了农民新的生活理念的建立。广大农民开始注重提高个人文化修养，渴望学习知识，特别是致富信息。昔日的"读书无用论"荡然无存，广大农民不断丰富自己的知识储备，踊跃参加各种技能培训，以提高自己的教育和收入水平。此外，农民善于将现代化生产技术运用到农业中去，国家也极为重视人才的力量，积极引进先进的生产技术和生产装备，极大地提高了劳动生产率，加快了农业社会现代化的进程。"科技兴农""科技致富"得到了大多数农民的认同。广大农民能够运用科学思维，自觉利用现代科技成果来提高农业生产的经济效益。封建迷信、种族观念的畸形思维得到了改变。

3. 转型时期中国农民的科学精神

在中国社会转型期，教育事业得到了发展，农民的文化素质普遍提高。改革开放后，在党的富民政策的号召下，农业科学生产在农村得到推广，优质种苗、科学养殖、种植等农业技术给农民带来了巨大的利益，农民由此产生了对科技、教育和文化的渴望。他们希望学习到先进的科学技术来提高农产品的产量、质量和附加值，同时希望得到准确的种植、养殖市场信息，以瞄准市场，提高农业生产的经济效益。农民由小农经济时代对新事物的排斥、恐惧心理转变为渴望、接受心理。

此外，大众传媒的普及对农民心理的转变也起到了积极的作用。知识时代的到来带动了农村传统的生活模式向现代信息化生活模式的转变，在一定程度上改变了农民对科学的态度，"发展农业关键靠科技"的观念深入人心。如果没有发达的大众传播体系，现代社会就不会有效运转。因为1978年改革开放前的农村，有线广播和无线广播几乎是农村传媒的"独行侠"，是农民了解外部世界的主渠道。但是三十年后，独领风骚的广播早已成为明日黄花，代之而起的是时新、先进的电视机、电话甚至电脑……至于农村的通信事业，发展更是惊人，一度被人们描述为"通信靠吼"的农村居民，2007年平均每百户拥有的程控电话机、移动电话已分别达到68.4部、77.8部。通过传媒的广播，国家的各种科学惠农政策得以传播，科学理念得以输送，外面的世界也刺激了农民彻底改变自身命运、改变家乡面貌的决心。他们不再把命运寄托在算命卜卦、烧香拜佛之上，不再把发财致富之梦寄托在对神的供奉上，而是通过各种培训班，靠学习科技、广收信息成为农产品种养专业户。一些农民甚至学会了运用网络进行信息检索和专家咨询，以了解市场动向。还有一些农民在农业发展中逐渐形成了生态意识、环保意识、健康意识等科学理念，在国家政策的支持下开展"绿色农业""立体农业""生物工程"，为自己带来了更多的实惠。

综上所述，无论从农民求富、求知、求新的心理需求抑或是多方位个人意识的觉醒看，农民的价值观念在这一过程中的变化都集中在了权利本位、权利意识等方面，他们形成了初步的法治意识。

二、农民价值观念的转变对农村法治化的影响

（一）农民权利本位思想推动了权力制约和权利保障规则的确立

法律规则既约束国家又约束公民。它一方面保护公民免受高位政治机构、官僚、警察、军人、富人、权贵的专断及非正义决定，另一方面约束公民谋求自己眼前利益的冲动，从而使权力和权利都服从于普遍有效的良法规则，以实现权力制约和权利保障。首先，民众普遍的权利本位心理必然会转化为维护自身合法权益的行为。一旦权力滥用，必然会损害民众的合法权利。如

果滥用权力风险过大，成本过高，相对个人获得私利的收益率过低甚至是负效益，则滥用权力的动力就会减弱；如果权衡估算的结果是滥用权力风险很小，甚至无风险，或者滥用权力的收益率很高，则可刺激滥用权力行为的实施。其次，普遍的民众权利本位心理可以构成一种社会基础，形成一种社会力量，成为一种不可阻挡的社会形势，必然促进权力的设置、实施、监督全过程的优化。在权力运行过程中，如果一个社会的民众权利本位心理发展不成熟，则会形成权力本位，权力义务关系设置中以权力为优先，实施过程中则易出现权力傲慢和权力专横，对权力的监督也会流于形式。权力界线模糊，非法要求民众履行义务的现象就会泛滥。只有依靠完善、成熟的民众权利本位心理，才能构建完善的良法规则。

（二）权利意识的增强有助于农民权利本位法治心理的形成

法律是社会关系的调节器。社会是人的社会，社会调整意味着确立个人和集体的行为，为其指明发挥作用的方向，并将这些行为纳入一定的范围、目的和秩序中。法律调整的对象是社会关系参加者的意志行为，社会关系只有表现为通过人们的意志而形成的思想关系时，才能成为法律调整的对象。在长达几千年的封建集权统治下，农民长期迷信君权神授思想，皇帝享有超越一切社会规范约束的特权，统治者内部缺乏权利本位的心理条件，这决定了封建社会的专制政体，也决定了中国古代法家只能提出依法治民，工具化理解法律，无法形成真正的法治。在中世纪的欧洲，人在神面前丧失尊严，形成了不敢奢望权利的卑微心理，所以法治出现倒退。18 世纪中后期，资产阶级启蒙思想家所提出的"法律面前人人平等"为社会民众所接受，并通过三权分立取得组织保障。我国 1949 年之后建立的人民代表大会制度和人民民主专政使人民最大范围地获得了政治生活的权利，形成了更大范围的权利本位心理，从而使社会主义法治可能成为优于资本主义法治的新形式。社会主义法治的建成要求必须有更高水平的民众权利本位心理作为保障，如果农民以权利本位为核心的现代法治心理没有发展成熟，必然会导致农村法治发展的缓慢，甚至倒退。

（三）法治心理的形成有助于农村法治秩序的构建

公民意识可以促进社会成员的不同价值判断与制度价值规范的整合，通过合法性来获得分散性支持，从而产生社会凝聚力和协同行动。因此，农民小农意识的终结、现代心理意识（公民意识）的形成能够使农民以护法精神、权利主张及义务的自觉履行精神推动农村法治秩序的实现。

三、我国农民价值观念消极心理因素与农村法治化

（一）农民价值观念中的消极心理因素

观念的变革是有阶段性和层次性的。这种变革的初期阶段从文化心理结构的浅层开始。在观念意识或文化心理的深层结构中，旧的思维定式和心理定式有着很强的刚性，改革较为艰难，这个层次中所遇到的矛盾冲突也较为激烈。如今，我国处于新时代中国特色社会主义发展阶段，农民的价值心理和行为取向难免处于困惑当中。此时，文化心理结构的表层和潜层会发生矛盾冲突，观念在变革中会产生扭曲，新观念中将有可能被融进旧意识。笔者以为，目前农民文化心理结构变迁中留存的旧观念、旧意识主要有以下 5 种。

1. "知足常乐"观念

这是封建小农意识的典型表现。分田到户后，绝大多数乡村第一次达到温饱。尤其是中老年农民，知足感很强，要他们改变种植结构，种植高投入、高技术、高效益的经济作物，他们并不认同。只要桌上有白馍，囤里有余粮，他们便心满意足，缺乏求富欲望与风险意识。

2. "权力至上"思想

旧中国留给我们的封建专制传统比较多，民主法制传统很少。中国的农民自封建社会以来就处于社会的底层，更多地接受统治，习惯于服从权力，做"良民""顺民"。权力就是法律，甚至大于法律的封建专制思想深深扎根于农民的意识之中，导致农民不知道、不习惯也不敢用法律来维护自己的利益，错误地认为法律是当权者的事，只能为当权者服务，使法律沦为权力的工具。农民盼望清官，但对法律敬而远之、畏而离之。这些都阻碍了诉讼观念、维权意识的形成。

3. "法律即义务"思想

如今，法律即义务的思想在个别经济不发达村中还普遍存在。在这种思想的影响下，很多农民对国家的法律看到的只是其强制性的一面，而对其权利保护的一面视而不见，农民的义务意识愈加浓厚，权利意识愈加淡薄，对

法律更加难以接受，即使是为了整个社会的长远利益和未来利益的法律，在农村也很难短时间内获得人们的认同。比如，根据法律、法规在农村集资修路、办学、建设精神文明村等，农民作为最终受益者也是十分抵制的，这被农民视为政府的事，认为这些与农民的直接生活无关或关系很小。

4.“情义本位”思想

中国人历来憧憬“和谐”，讲求“仁爱”，因而“举整个社会各种关系而一概家庭化之，务使其情益亲，其义益重”。这种思想在农民中更是根深蒂固。作为一种道德思想，“情意本位”还是值得称颂的，但过度不分条件、状况、场合地滥用，势必造成以情代法、以人情网络秩序代替法律秩序。在某次法律意识问卷调查中，部分内容设计了这样一个问题：“生活中往往有人情大于国法的现象，您的看法是怎样的？”在全部回答者中，认为“对”的占21%，认为“不对”的占44%，认为“不完全对”的占35%。不容忽视的是，仍有21%的人肯定“人情大于国法”，这个比例不可谓不高。农村改革给过去封闭的农村社会注入了一些新观念，如商品意识、自主观念，而既存的政治经济体制被突破后，新的体制又未完全有效地建立起来，致使农村社会在意识形态等方面还存在一定的混乱状态，特别是比较强大的行政力量在近年受到较大的削弱，而法律力量还未能有效地、及时地填补这一空缺，这就使人情关系得以迅速复兴甚至泛滥，这说明对农民进行法治教育是非常必要的。

5.民主意识差

由于中国长期受封建意识的影响，故中国农民缺乏民主意识。如今，通过一些普法宣传，部分农民也懂得了一些民主、法律甚至人权的相关概念，但他们心目中的“民主”一是只要你不触及“我”与家庭的利益，对谁做官、当家并不在乎；二是一旦触及他们的利益，便上诉上告；三是将“民主”理解为无政府主义，谁也不能管谁，谁也管不了谁。错误的民主观念制约了农民的政治参与意识。

（二）农民消极心理因素对农村基层法治化治理的制约作用

1.传统伦理取向与法律价值相背离

日本法学家川岛武宜认为，在传统社会向现代商品经济社会转型的过程中，基于利益计算法的非伦理性必然与传统伦理相冲突。因此，要实现现代法治，就必须把现代法治精神内化为市民社会成员的法意识，并在正义原则上使法与伦理相统一，从而使法秩序得以建立和维持。中国农村是一个具有深厚儒法伦理传统的社会，民主与法治精神先天不足，现代法与传统伦理的冲突表现得更为突出，加上社会变革中出现的价值震荡和真空状态，极易造成农民价值选择的迷茫。由于对市场经济和法治所倡导的平等、自由、竞争、正义等主体价值缺乏普遍的、科学的理性体认，因此其会以所留恋的传统义利观、仁德观、均等观及盲目接纳的西方极端个人主义思想，来误读现行法律的原则和规范，造成对法律规范内在价值缺少足够的认同，进而产生对法律的异己感、外在感，不能有效地内化为其自觉的价值尺度和行为准则。这样一来，农民的现代心理意识难以确立，逃避法律、抵制法律的消极对抗情况随之增多，法治秩序的建立也就步履艰难。另外，这种冲突的价值观念和取向也会反作用于法律制度本身，使其内涵、价值受到一定程度的影响，因而也必然影响到现代法治价值观的确立。

2. 权力本位意识与法治观念的背离

现代法治是以法律对权力的限制和约束为逻辑起点的，相信法律至高无上。而在中国农村社会几千年的封建传统中，法律始终在王权之下发挥其御用的工具性价值，没有自身的独立地位。这种法律文化沉淀为潜在的社会意识，影响着农村社会的民主法制进程。改革开放40余年来，民主与法制建设取得了巨大成就，建立法治国家、全面依法治国也成为全体人民的共同要求。然而，以言代法、以权代法、权力滥用等权力扩张情况仍时有发生。除制度性因素外，这一方面体现了权力本位和特权思想的巨大惰性，另一方面表明了权利主体对法上权利、法外权利及权利的非合目的性运作的宽容，还表明了权利主体对自身自由和权利的某种程度的疏怠。"权大法大"的怪圈难免造成权力本位意识的强化和法制观念、公民意识的淡化乃至遏制，并不同程度地渗透到立法、司法、执法和守法各个环节，给权力制约和人权保障的现实化带来障碍，因而制约着中国民主法制进程。

3. 法律即义务思想与现代守法精神相背离

现代法治以弘扬人的主体自由理性为价值取向，因此现代守法精神既摒弃盲目性守法观，又排斥拒受约束的极端自由主义和无政府主义。它体现的是正义和理性原则下的自由与责任、权利与义务的和谐一致，即基于形式法律的价值合理性而赋予其合法性，进而形成对形式法律设定的权利义务权威性的认同和服从。然而，我国以往政治教育重于法制教育，且形成了政治教育在法制教育上的泛化，使"人民"观念远远重于"公民"观念。这一方面使人们对法律与自身的关联性缺少足够的感知和觉悟；另一方面使人们往往游离于法律而进行政治价值选择和评判，尤其有时将法与专政工具的观念相结合，形成法律是"对付敌人"的这一片面认识，这就给正确认识法律价值的合理性、合法性造成了一定障碍，也使自觉守法精神难以确立。

由此可以看出，消极心理因素使农民对法律文化的认同感大打折扣，严重制约着农村基层法治化治理的进程。

（三）农村法治化建设中农民消极心理因素的原因探析

1. 基层政府向农村基层输送的法律资源有限

政府向农民输送的国家法律资源有限，不便于农民法律意识的形成。在某次调查农民法律意识的问卷中，有一个这样的问题："您是通过什么方式获得法律知识的？"在给定的7项选择中，有11.8%的人回答"政府的普法活动和村民大会"，10.5%的人选择"网络"，19.1%的人选择"听广播"，41.4%的人选择"看电视"，5.7%的人选择"小道消息和与人聊天"，8.7%的人选择"阅读有关书籍"，2.8%的人选择"其他"。这种结果反映了广播、电视、网络这些现代化的传播媒介对农民接受法律知识起着主导作用，同时表明乡村组织对农民法律输出的严重不足。

2. 司法不公现象在部分地区依然存在

就司法机制而言，目前仍然存在许多不利于农民权利意识形成的因素。首先，司法不独立。虽然宪法规定司法部门依法独立行使审判权，但是司法部门仍然受到党政领导权力的干预，这种权力掌握着法官的任免和升迁，法官不得不服从。实践中，司法裁决倾向权力。其次，金钱的诱惑。在解决纠纷中，有钱者特别是具有更强实力和财力的企业在同财力单薄的农民进行诉讼时，可以对法院施加更大的影响。有些法官甚至进行权钱交易，以权谋私。通过相关调查可以发现，多数法院经费不足，办案要当事人支付出差费用。一些村镇反映，司法人员到基层办案，大吃大喝，村镇有些招待不起。这些情况妨碍了司法机构对纠纷的公正解决，使农民对司法机构的信心不足。由于没有正式的诉求渠道，人们只能接受是非界限不明的"私了"，或者干脆忍耐不说。法律授予的权利缺乏有效的组织保护机制，人们就不会积极主张这些权利。

3. 立法思想上缺乏农民权利本位精神

商品经济是天生的平等派，它要求主体意志独立，行为自主，市场经济是权利经济，以主体权利为本位。市场经济要求充分尊重市场主体的权利、自由和利益，以调动他们进行经济活动和创造的积极性和主动性。在市场经济条件下活动的农民通过在日常生活中切实地行使权利、保护权利，从而形成相应的权利本位心理。市场经济要求在立法中充分尊重和运用市场本身的特性和规则，只有与市场要求相一致，体现权利本位的法律，才能促进市场经济发展的良法。如果法律、法规、规章不能充分保护主体的权利，或对交易的发展不能起促进作用，或未能尊重交易当事人的合同自由和财产权利，就根本不可能适应市场经济的需要并促进社会的进步。立法质量应该以上述原则和精神来进行衡量，法律、法规、规章的内容是否体现权利本位是评定其质量优劣的重要标准，而立法者是否具备权利本位心理决定了他们能否选用权利本位标准。民众的权利本位心理是法律运行的社会基础条件。

回顾我国的立法历程，进一步考察、分析农村法律生活，归纳起来，国家在农村立法上是缺乏农民权利本位心理的，主要体现在以下几个方面。

（1）立法上缺乏农民权利优先意识

我国目前城乡差别并没有消除，从整个国家的现状来看，无论在生产资源的占有还是社会利益的分配上，农民实际上都处于劣势，属于弱势群体。对于弱势群体，在立法上应该更加注重其权利，对其权利加大保护力度。因为强势群体和弱势群体之间存在着实质意义上的不平等，如果法律不有所倾斜，弱势群体将只能永远处于弱势地位。中华人民共和国成立后，虽然农民的地位大大提高了，但历史遗留下来的农民参政议政问题、身份问题、贫困问题、实质平等等问题长期得不到解决，农民的权益在社会权益结构中始终处于低位。20世纪50年代实行的国家工业化是符合农民长远利益的，广大翻身农民也懂得这个道理，他们积极为工业化提供了大量的原始资金积累。在国家已经工业化或初步实现工业化后，本应反哺农民，但一直没有采取有效措施，使农民利益处在社会低位的状态持续存在，尤其是在思想意识上不仅没有农民平权意识，更没有农民权利优先意识，反而不断地强调要树立农民利益服从国家利益的思想。这种思想与做法辐射到立法层面上，导致法律忽略农民权益。加之我国实行一元多层次的立法体制，法出多门、对口立法、应急立法、仓促立法，农民的权益更容易被忽略或受损害。立法指导思想上社会弱势群体——农民权利优位意识的缺乏引发了农民立法待遇的不公和现实的不合理，造成国家法律不能反映农村社会需求的缺陷，农民回避法律，甚至不惜违背法律。

（2）国家立法未能深入农民的具体生活

例如，有关村民自治的规定，其成立的现实基础并不十分坚实，这就造成了法律与农民的隔膜，有的甚至格格不入，使农民反感。

（3）授权性规定及切实保护农民利益的规定还不多

农民还难以从法律中直接看到自身利益所在，因而法律也就不易赢得农民的信任和拥戴。另外，农村执法中的漏洞往往减弱了法律应有的积极效应，放大了消极效应或反面感受，这阻碍了农民法律意识的提高。

第六章 农村基层治理法治化进程存在的问题

第一节 实现农村基层治理法治化面临的难题

农村社会治理法治化既是农村治理规范化、现代化的具体实践，又是依法治国基本方略在广大农村社会治理中的具体实践，是依法治国的重要组成部分。农村作为中国基层社会最基础、最原始的组成单元，所处位置是整个国家治理体系的最终端。农村人口占全国总人口的绝大多数，农村社会治理法治化水平的高低不仅直接影响着农村社会的发展环境，还会对整个国家的社会治理法治化工作水平产生影响。推进农村社会治理法治化，必须坚持将依法治国基本方略作为指导，遵循法治思维，引导农村社会治理沿着法治化轨道前进。因此，我们需要对农村社会治理过程中的一些非法治化的表现进行了解，只有这样，才能进一步分析造成农村社会治理非法治化现象的原因，才能对症下药，最终实现农村社会治理的法治化。

一、农村基层社会治理主体较为单一

农村社会治理实现规范化、法治化任重而道远，不管从治理主体、治理方式还是治理手段来分析，都存在各种各样非法治的现象。

推进社会治理的法治化、规范化，就需要"坚持系统治理，加强党委领导，发挥政府主导作用，鼓励和支持社会各方面参与，实现政府治理和社会自我调节、居民自治良性互动。"具体到农村社会治理而言，对其治理主体

进行分析，必然包括基层政府、村民自治组织、农村社会组织和村民等方面。但长期以来，党的基层组织、基层政府对农村的社会治理形成了一种管控态势，限制了村委会作用的发挥。农村人口数量众多，个体间能力、水平参差不齐，而且农村社会组织几乎没有参与治理的传统，因此代表农民利益的农村社会组织很难在短时间内得到规范发展，并作为正式主体参与到农村社会治理的工作中，发挥出相应的社会职能。特别是随着大规模城市化的推广，农村人口中的青壮年大多进城打工或生活，留守在农村的人群呈现出老弱妇孺居多的特点。在一些地方，村民自治出现人才外流以及选不出合适人选的状况，导致村民在农村社会治理中发挥的作用减弱，其作为治理主体的治理能力也相对弱化。目前，对农村社会治理主体的规范处于一种较为尴尬的局面，单一化的限制难以突破困境，多元化的目标难以实现。

（一）农村基层自治组织的自治职能压缩

村委会作为农村基层自治组织，与乡镇政府之间应是平等互助的模式，只有这样，才能与新时期工作要求相符合，才有利于基层群众自治的开展，有利于农村民主政治建设；两者之间若是直接照搬上下级政府间领导与服从的关系，将会导致村委会自治组织职能受到压缩，不利于人民群众当家作主的实现。

第一，乡镇政府与村委会之间的工作模式具有各级政府之间才应该具有的压力型体制的特点。压力型体制的特点就是上级政府将各项工作任务进行分解下压，下级政府处于上级政府的压力之下，完成上级政府布置的各项工作任务。在这种压力型体制之下，乡镇政府面对各级政府层层下达的行政命令，工作中承受着多层的压力，自然也会将这种行政模式原样复制到与村委会之间，将压力向下传递给村委会，推动各项计划、政策和措施在农村的落实，使村委会逐渐变成乡镇政府下一级的"代理"机构。

第二，村委会的政绩考核由乡镇政府主导。现行的村委会工作考核机制是由乡镇政府主导对村委会各项工作进行考核，考核成绩不仅关系到村委会的排名，还关系到村干部的工资、奖金乃至去留等切身利益。

第三，与村委会相比，乡镇政府的权威性更容易得到认可。乡镇政府是我国的基层国家行政机关，而村民委员会只是一个由村民民主选举产生的群众性自治组织，在人们的直观印象里，乡镇政府的权威性更容易得到认可。

权威性的差别可能导致乡镇政府在行政、决策的过程中越权干涉村委会的工作，破坏村民自治的权利。

（二）村支部与村委会或合二为一，或一权独大，难以制衡

随着经济的发展、社会的进步和改革开放程度的加深，村党支部和村委会的工作形式、方法、内容都在变化、进步，但依然存在问题，并会对农村工作的开展产生影响。

第一，村党支部包揽村委会职能，使村委会的功能得不到充分发挥。诚然，村党支部在农村的领导地位得到国家认可和法律保护，任何部门和组织必须坚持党组织的领导，村庄治理的各项事务都必须由其参与和决定，但也要对村委会职能的发挥进行保障。在村民自治实施以前，村党支部是党务、村务一把抓，受这种传统农村管理体制的影响，在村民自治实施以来，农村治理中以党代政的现象依然时有发生，限制了村委会作用的发挥。这里不得不提村党支部书记和村委会主任"一肩挑"的模式，其初衷是让村委会更好地接受村党支部的领导，让党的政策更好地落实，但也容易造成村党支部与村委会之间职能的混乱。笔者经调查了解到，一般地方基层街道办事处村党支部书记和村委会主任"一肩挑"的比例达到70%。

第二，村委会不能自觉接受村党支部的领导，村党支部的领导职能与领导作用弱化。在调查中，没有实现"一肩挑"的30%的村委会存在村党支部对村委会的领导作用不强的现象。如果村委会脱离党支部的领导，党的政策就得不到有效落实，村内事务管理必然混乱，也必然对村民自治权利的发挥造成制约。村委会与党支部之间职权不明，各自为政，不仅导致村内事务管理的混乱，对村庄资源造成内部损耗，影响村庄发展，还会影响农村社会治理法治化工作的推进。因此，理顺农村"两委"关系，实现村党支部与村委会的精诚合作，对确保农村的工作不偏离轨道以及农村社会治理法治化顺利进行具有重要意义。

（三）农村社会组织力量薄弱

农村社会组织成立或是由农民自发组织，或是在于行政部门的推动和支持，参与的主体是农民群众，组织建立的目标在于更好地开展农村的政治、经济、文化等一系列活动，或是实现某种特定的社会功能。农村社会组

织主要包括农村经济型社会组织、农村服务型社会组织、农村社会维权型组织等。农村经济型社会组织是指与农村经济活动相关或为农村经济提供服务的一类农村社会组织，如农业合作社，通过农业合作社的发展可以让一部分农民脱离土地的束缚，这为农村社会管理带来了新的方式。农村服务型组织主要涉及农村教育、娱乐、养老等功能的实现，如幼儿园、养老院、舞蹈队等，这类组织与农民日常生活息息相关，对于改善农民生活的质量、提升农民生活的水平有很大帮助。农村社会维权型组织的典型例子就是村民调解委员会，它负责对矛盾纠纷进行调解，维护村民合法权益。统计至 2015 年 12 月，笔者所在街道办事处依法注册登记的基层社会组织有 107 个，其中农村经济性社会组织 9 个，农村服务型社会组织 49 个，农村维权型社会组织 41 个，社区社会组织 8 个。49 个农村服务型社会组织主要分布在教育、养老等领域。

当前，我国农村社会组织虽然有了一定发展，但还处于起步阶段，相较城市社会组织的快速发展，农村社会组织的发展速度还比较缓慢，不仅表现为数量上的缺少、类型上的单一，还表现为规模偏小、专业化程度不够。发展得比较好的一般为农业合作社和一些服务型合作组织，但也存在缺少资金支持、数量不多等情况，很难形成规模和较大的影响力。例如，一些村级幼儿园、养老院条件简陋，服务力量明显不足，远不能满足农民日益提升的需求。农村社会组织内部管理机制不健全，难以在农村社会治理中发挥作用。农村社会组织不但在数量和类型上不能满足农民对社会组织的需求，而且自身发展水平较低，大多是村民自发自愿参与进行活动的组织，组织人员只是为了实现盈利或是娱乐的简单需求，根本没将其当成正式社会组织来看，更不觉得会有什么大的功能，因此自身的人员配备、机构设置不完善，缺少相应的规章制度。

二、治理过程中非民主现象严重

目前，我国依法实行民主自治对农村社会进行治理，这种治理方式有利于农村社会治理法治化的实现。在农村社会治理中，各治理主体广泛参与，在民主的基础之上履行相应的工作职责，从而实现农村社会治理的法治化、规范化、民主化。但是，当前农村社会治理方式还没能完全达到依法民主自治的要求，民主选举、决策、管理和监督工作很难落实到位。

（一）农村选举个人力量博弈

现在的村委会选举分两个阶段进行，每个阶段各有一次投票的过程。第一阶段是确定正式候选人的过程，由选民、村党支部、村民小组通过村民代表会议、村民自荐等方式提名候选人，然后进行预选来确定正式候选人；第二阶段是正式选举的过程，即召开选举大会，全体选民进行无记名投票，直接选举出村委会成员。

在村委会选举的过程当中，有一些违法违规的现象出现，以下举例说明。

其一，有些人为了当选，会用钱或物进行购选拉票。根据经济条件的不同，有些人可能会选择在选举前或承诺当选后，发放洗衣粉、面粉、油等物品或不同金额的现金。还有的采用企业捐款这类变相拉票的方式。为了保证想要的结果，在填写选票时有"监督"，或是同时填写一个有代表性的名字。这种行为在前几年比较普遍，在最近几年因为管理严格，已经很少发生。

其二，选举过程中宗族势力之间的竞争。在某些村庄，全村可能就是由几个大宗族组成，宗族势力很强大，而每个宗族基本都会有自己的候选人，或者是几个宗族合作。某个宗族的候选人一旦当选，则给自己的宗族带来更多的利益，如将村里的项目让自己宗族的人来承包，发展党员的时候，名额倾向同宗同族的人。

其三，在某些村子的选举过程中，乡镇政府为了保证村支部书记与村主任"一肩挑"的比例达到要求，或者为了让利于工作开展的候选人当选，可能会在选举现场采用明示或者暗示的方式，为特定的候选人争取支持，对选举的公平性造成影响。

其四，在某些地方的选举过程中，存在更为极端的现象，有的候选人为了当选，在选举的过程中甚至会采取暴力、恐吓、威胁的极端方法逼迫选民把票投给他。这是极其个别的现象，这几年已经非常少见。

这些现象的曾经存在或是继续发生导致村民对村委会选举的民主性和公正性持怀疑态度，认为选举都是村里有钱有势的人在参与，而且最后选谁都可能是已经定好的，进行投票只是个民主的幌子，对村里有竞选意向的村民的积极性也会产生影响。

（二）农村决策过程简单化

村民会议、村民代表会议是最能体现决策民主性的环节。村民会议是一种最直接、最广泛实现民主决策的组织形式。村民代表会议则是一种更为便于操作的实现民主决策的组织形式，更容易组织召开，更符合我国农村的实际。村民代表由村民选举产生，其产生的广泛性使其能够集中村里最合适、最优秀的力量，从而促进村庄的管理。例如，村民代表相对于普通村民而言，可能具有更为丰富的经验和更强的民主意识，他们为村务管理出谋划策，可以使民主决策更为科学，这样产生的直接性是让他们成为村民的代言人，保障村民的切身利益。

但是，必须看到村民会议、村民代表会议在决策实施过程中存在的一些问题，这些问题导致村民会议、村民代表会议在民主决策过程中的作用得不到有效发挥。①村民常年外出务工、居住在外，无法及时参加村民会议、村民代表会议，对农村的情况了解有限，无法很好地做出决策；②村委会直接执行乡镇政府或是有关部门的指令，村民会议、村民代表会议根本没有召开过，发挥不了任何民主决策的实质性作用；③村内的事项虽然提交村民会议或村民代表会议进行决策，但是当群众意见与上级意见不同时，被直接放弃的是群众的意见，遵从的是上级的意见，民主决策程序成了走过场；④已经在村委会提议、党支部审议的过程中做出的决策虽然交由村民会议、村民代表会议进行决议，但只是走过场，不会改变结果，本应由村民民主决策的事项并未能体现出真正的民主、民意；⑤通过村民代表会议决定事项时，很多村子的普遍做法是除村民代表外，"村两委"干部、村民小组长和村里的党员都会参加，这种做法很不规范；⑥村民代表产生的过程受到村干部的操控，村干部暗中指定代表，产生的是"村干部的代表"，并不能代表广大村民，看似是由村民代表会议说了算，实质上却成了由少数干部说了算。

（三）村民民主监督形式化

村务公开的内容都是与农民切身利益息息相关的事项，这些工作是由村干部、村委会在进行的，要及时发现并有效杜绝村干部、村委会在工作过程中存在的问题，就必须对村干部、村委会的工作进行必要的监督。

在与村民的交流过程中，当问到他们平时会不会去看村务公开栏时，有人回答不怎么关心很少去看，有人回答太忙没时间去看，有人干脆回答不想去看，让看到的都是没问题的。无论哪种回答，都表明当前农村民主监督工作仍存在诸多问题，这些问题主要表现在以下几个方面。

1. 村民对监督存在误解，不愿意、不敢也不善于进行监督

村民更关心自己的生活和工作，不愿拿出时间去进行监督。用他们的话来讲就是："哪有那么多时间整天去看当官的干了什么，我自己的事情都忙不过来，有时间还不如多挣点钱实在。"很多村民觉得对村干部的一些错误做法他们管不了，管了只会得罪人，都在一个村里住着不想把关系弄僵。还有村民担心举报之后受到打击报复，于是发现问题也当作没看见。一些监督会议召开时，村民认为其只是一种形式，能不参加就不参加，参会率极低。

2. 村务公开环节很不规范

很多村子只是重视公开栏等硬件设施建设，村务公开的形式比较单一，使村务公开成了一种"面子工程"，没有实现它的本来意义和目的；一些村子的村务公开多是单方面的公开，公开的主动权在村干部和村委会手中，在对公开内容的选择上避重就轻，只公开一般性政策等一些无关痛痒的事项，对群众关心的重点、热点问题，群众普遍关注的比较敏感的问题却一点也不公开或者公开甚少的一部分；对有关公开的内容缺少细致的说明，如在公开财务收支情况时，对财务支出的数目、支出的原因等都有相应的说明，但村民无从查证；许多入党积极分子、低保、评先树优的公示往往只见过程，不见结果，公示后到底合不合格、有没有发现问题等都不再向群众进行说明。这些问题的存在严重挫伤了村民关心村内事务、参与农村民主监督工作的积极性。

3. 民主监督相应的惩处机制不完善

惩处机制不完善阻碍了民主监督的作用，面对村干部的过错和失误，村民进行监督和检举，却不一定能够发挥作用，问题反映给有关部门后，结果可能是无人受理，或受理之后无人处理，或处理之后无人追究相关人员的责任，导致群众监督工作成了走过场，失去了实际效果。

（四）治理手段过于单一化和粗暴化

要实现农村社会治理的法治化、规范化，就必须在农村社会治理的过程中综合运用多种治理手段，发挥多种治理手段的作用。因为像过去一样依靠单一的行政手段根本达不到良好的治理效果。只有综合运用多种治理手段，如行政、经济、道德、法律等手段（条件成熟后还可采用现代管理手段）才能实现农村社会治理的法制化、规范化。但目前我国农村基础设施和农民文

化水平的状况限制了治理手段的多样化和现代化的发展，影响了农村社会治理法治化的整体效果。

例如，频频发生的一些暴力强拆事件，相关执行者采取暴力、威胁或者中断供水、供热、供气、供电和道路通行等手段迫使被征收人搬迁的行为饱受诟病，延续了过去管理手段的粗暴化、单一化。在群众诉求日益多样化、复杂化的今天，受基层行政管理水平和农村公共服务水平所处层次的限制，治理手段与需求的多样化并不对等，行政化的手段还是占据绝对化的主导地位。行政化手段导致基层治理组织缺少与群众的沟通、交流和互动，对群众关心不够，发现问题不够迅速、及时，解决问题的方法单一且不够有效，治理效果不好便会导致组织力、号召力和影响力大打折扣。同时，由于农村发展滞后，基层组织行政管理和农村公共服务不完善，农村基础设施建设不完善，导致诸多先进手段无法应用。例如，通信网络设施的不完善导致信息传播、技术普及受限，诉求表达、沟通也不通畅，法律、经济、教育等诸多现代化治理手段无法实施。很多农民的自身文化素质有限，对现代技术了解不够，掌握程度不高，也使现代化手段的应用效果大打折扣。

三、农村立法存在缺失

改革开放以来，伴随着社会主义法制建设的发展，农村法制建设也取得了明显成效，为农村经济社会发展提供了重要保障。但是，从总体来看，无论农村的法制建设还是法治建设都远远落后于城市的发展，特别是随着农村经济和社会结构的调整，法制建设已经不适应其发展，甚至出现了明显的法制缺位现象。

"三农"问题是一个大问题，系统体系庞杂无章。当前，经济发展不平衡、城乡发展不平衡以及农村人口较多等使"三农"问题愈显突出。法制的创建是立法的过程，立法存在漏洞，则法制必然缺失。没有健全的立法，则没有可遵循的法律，依法治国、有法可依便成为天方夜谭和美丽的谎言。改革开放 40 余年来，我国农村立法取得一定成效，但体系不强，许多问题还不能从法律上找到切实可行的依据和对策，在农业生产发展、农村市场体系建设、农村金融信贷、农村财产分配、农业投资以及农产品国际化等方面都还缺乏有效可行的法律制度。

（一）农村立法相对滞后

1979 年以来，我国制定法律和有关法律问题的决定 380 多部，制定行政法规 800 多部，制定行政规章 4 000 多部，而农村法律、行政法规和行政规章只分别占同期我国法律、行政法规和行政规章总数的 4.32%、5.29% 和 11.25% 左右。相对于中国特色社会主义法律体系，"三农"立法在国家立法中的比重仅占十分之一左右。在一个农业大国，一个农村人口占多数的国家，农村立法呈现这样的现状，让人堪忧。没有充分的法律规定，如何实现农村法治化的蓝图？在农村，时代的发展带来了许多新问题，而立法活动并没有及时跟上，使农村问题总是层出不穷。例如，农民基于对土地承包而衍生的土地收益权、支配权还存在法律空白，征地拆迁、补偿等方面还存有法律漏洞，对农业的投入缺乏明确、具体的法律保障。在农村，土地就是农民的命根，随着城镇化建设发展，许多土地被政府征收，但对农民土地征收的补偿规定难以真正满足农民的需要。另外，土地被征收后，没有相应的法律与政策来帮助农民解决失地后的生计问题，极大地损害了农民的利益。

（二）农村立法对农民权益有所忽视

我国现行的大多数农业法律是在改革开放前的计划经济体制下制定的，后来虽经过数次修订，但依然明显带有计划经济体制下的行政命令特征。在农村、农业的立法中，涉及农民义务时，往往是强制农民履行义务，而对农民的权益有所忽视。由于我国的立法体制是自上而下的，因此国家立法机关在制定法律时，规定的标准都具有很大的开放性，一些地方立法机关便将标准再次降低，而地方行政机关在行政时，又再次降低标准，从而在中央立法机关规定的开放范围之下，以最低的标准来执行，从中获取较低的行政成本。在执行政策时，基本都是按地方政策和地方行政法规执行，有关部门往往一再降低对农民的维护，使本身就是弱势群体的农民的利益更加受损。许多农村的现状是，村民委员会是村民自治组织，但对村干部的补贴和奖励往往都是由乡镇政府给予，这就造成了村民委员会听命于乡镇政府的行政命令式特征。村民委员会在处理村务和遵循国家法律时，往往以乡镇政府的要求为准，忽视农民的利益诉求，以行政命令的方式要求农民服从政治和法律，对农民正当的合法权益则一拖再拖或不了了之。许多涉农立法都只规定了农民的义务，对农民的权利却规定宽泛，农民如有不服，也只能通过法院起诉，而不能阻挡行政机关行政行为的执行。

（三）农村立法层次低、效力差

我国的大多数农业立法都出自行政法规、地方性法规和地方政府规章以及自治条列和单行条列。相对法律而言，其稳定性较差，容易变动，而且不易实行。较低的立法主体在立法时往往存在一定的不足，立法者在依据政策制定法律的时候，脱离农村实际，忽视农民的意愿和需要，单纯地进行"政策搬家"，把政策的原则性和灵活性直接引用为法律条文，法律规范缺乏可操作性，直接导致"有法难依"或故意曲解。越往基层，制定政策和规范性文件的效力越差，也越容易忽视农民的权益，不尊重农民的诉求和意愿，造成农村立法的相对缺失。

四、基层党组织堡垒作用不够牢固

农村基层党委是领导农民奔小康，实现共同富裕、乡村振兴的主体力量，在农村事务治理中发挥着领导核心的作用。党的十九大对农村、农业、农民发展有深刻的期望，尤其是对农村基层党委在乡村振兴战略视野下的农村基层治理的能力提出了新要求，即在农村治理实践中发挥主导作用。①改革开放以来，我党面临着内外问题，尤其是资本主义权力利益诱惑、社会思潮侵袭，使部分党员干部步入罪恶的深渊，团结和带领农民走进新时代的积极性下降，影响到与人民群众的深厚感情。特别是我国部分的农村基层党组织资本主义权力利益诱惑，眼睛"向上看，不向下看"，忽视底层百姓的利益，对团结群众和发挥我国农村基层党组织在农村的先锋先进模范作用十分不利；偏离与群众的密切关系，使农民与基层党组织关系疏离，不利于农村振兴和农村治理优化发展目标的实现。②农村基层党委对党和国家的重要农村政策战略的领会不够、执行力不强。农村基层党委生硬理解党中央农村政策，导致农民对党的重要农村战略不理解和不认真执行。尤其是党的十九大对农村寄予了高度的期望，农村基层党组织若要继续推进农村发展乃至推进乡村振兴，就必须摒除成规，发挥党的堡垒作用，上下努力。③我国当前的社会矛盾发生了重要转变，但有些农村基层党组织喜欢一贯的治理方式，对农村治理结构转型与农村发展认识不够，不能完全适应社会主要矛盾的改变，对农村治理的角色和责任意识担当还不够清晰，因而造成农村党组织堡垒作用涣散。乡村振兴战略指出，要按照产业、政治、经济、文化和环境五个方面的总要求，把农村建设成美丽家园。当前农村基层治理需要按照这五个方面的总要求安排工作并一一执行，只有这样，才能推进新时代乡村振兴战略的顺利实施。

五、乡村精英人才外流

城市规划导致农村政治、经济、文化、社会结构发生巨大变化，城市化向农村蔓延，驱赶农民进入城市，使农民失去世世代代赖以生存的家园和精神慰藉。同时，市场经济的发展与资本利益的驱使使农村淳朴的乡情、和睦的乡邻关系、互助乡风文化逐渐消失，农村个人主义盛行，这也导致农民大量流入城市。乡村精英外流是当前农村衰败的主要原因。乡村精英外流体现在以下方面。①城市规划大片农村土地纳入城市化推进的版图中，导致原有农村团结友爱、互助互帮的传统逐渐消失，希望带领农民群众实现繁荣稳定的乡村精英失去了用武之地，他们往往流入城市。②随着城市化进程的加快以及市场经济的快速发展，个人主义和金钱观开始逐渐深入农村和农民的内心，大量接受过教育的中青年离开农村，前往城市追求更好的生活，农民与农民之间的睦邻关系逐渐疏远。③农村资源匮乏，发展机会少，生存质量不高；城市资源多，发展机会多，生存质量高，能接受更多的新生事物。这是当前城市与农村现实存在的特征。在城市的诱惑下，大量乡村精英人才往往倾向到资源多，发展机会多，有更好地展现自身能力的平台，能够接受更多、更丰富的新生事物的城市，从而抛弃资源匮乏、生存质量不高的农村。这也是现在我国农村发展面临的"后继无人"的凄惨情况。党的十九大报告里明确提出，要培养"两懂一爱"的工作队伍，这是党和国家深刻分析当前农村治理和农村发展的现状而做出的重大决定，对农村基层治理和乡村全面振兴具有重要意义。农村精英是做好农村工作、维持农村稳定的重要保证。当前乡村精英外流是农村衰败的主要原因，因此新时期农村基层治理必须在吸引精英返乡支持农村上下功夫。

六、农村公共品供给机制短缺

坚持为人民服务，坚持以民为本是农村基层组织的义务和责任。农民是国家的主人，有权选举出为农民提供公共产品服务的农村基层服务组织。随着改革开放和城市化的深入推进，农村经济和农民生活状况发生了变化，农业、农村、农民对农村公共品的需求也随着经济、文化的不断发展而日益增长，需要农村基层服务组织增加必要的教育、卫生、医疗、环境、文化基础设施的投入。特别是党的十八大以来，中国已经进入了一个新的时代，社会主要矛盾发生了变化，由"人民群众日益增长的物质文化需求和落后的社会生产之间的矛盾"转变为"人民日益增长的美好生活的需要和不平衡不充分的发展之间的矛盾"。无论从国内抑或国外的发展环境来看，当下农村治理和农村公共产品供给都有着良好的发展机遇。因此，党和农村基层服务组织应为农村、农业、农民提供满足农村发展，使农业强、农民生活富裕的基本公共服务满足其追求更高质量发展的需要。然而，由于先天形成和后天累积的体制矛盾，农村发展过程中农村公共产品存在供给不足和短缺等情况。其表现在三方面：①村民基层自治组织供给动力小。其产生的特点就决定了农村公共产品供给能力不高。村干部工资绩效的发放来自基层政府极少的财政补贴，村级干部在农村基层治理和在农村公共品供给上积极性不高，专心为民服务、以民为本的动力不够。②村级基层服务组织用于为农民提供公共品供给的中央和地方财政转移支付实际获得和分得财政资金极少，进而对教育、文化、卫生、环境、生活和安全等公共产品供给的投入有限，导致农村公共品供给机制短缺。③农村基层服务组织在农村公共品供给机制上发挥作用的空间有限，对农村治理乃至乡村振兴无法起到促进作用。

七、农村文化公共性衰弱

农村文化是农民安居乐业、繁荣稳定的精神支撑，是传承中华民族文化的精神慰藉，缺少了传统农村文化风俗就等同于农村农民没有了灵魂依靠，农民对建设农村就失去了期盼和动力。传统农村文化包括农村独特的风俗文化、礼仪节庆、宗教信仰等，寄托了中华儿女千百年来对农村形成的独特情感。蕴藏历史文化价值的乡风民俗有利于农村文化繁荣和发展，对当今农村精神家园的重建具有现实意义。如今，中华文化随着社会改革浪潮前进，中外文化相互交融，文化形式多元化。在这种背景下，农村文化必然受到其他外来文化的冲击，导致当前农村文化公共性不断减弱，农民赖以依靠的精神支柱与情感慰藉逐渐消失，农民的精神家园逐渐变得空虚，农民的幸福感、获得感缺失。与此同时，农村市场经济的发展使农村团结友好、相互支持、尊老爱幼、尊敬师长、诚信等传统礼仪、风俗文化以及长期形成的宗教信仰日渐消失，个人主义在农村开始盛行，个人行为失德现象随处可见，农村文化的公共性正在遭受严重的冲击。同时，城市规划和农村开发拆毁了许多历史悠久和具有人文价值的古村落和宗教寺庙，使包含着人们独特情感的根基遭到破坏。乡村振兴战略的宗旨和使命就包括振兴农村文化，增强农民的幸福感，促进农村的繁荣稳定。然而，当今农村文化正遭受着城市化和市场化冲击，中国高速发展带来的农村社会结构调整使农村文化公共性不断衰弱。农村文化公共性衰弱正成为当下农村基层治理的一大问题，也是影响乡村稳定的现实问题。若城市规划不遵循城乡发展规律，中国农村传统乡风民俗、宗教信仰就只能成为人们记忆中的东西。农村文化公共性衰弱是当下乡村衰落的主要原因。要实现农村文化的繁荣发展，就必须不断在增强农村文化公共性基础上努力，保护农村文化遗产，珍惜农村文化情感，给子孙后代留下宝贵的文化财富。

八、村民自治功能弱化

目前，我国农村实行的是在农村基层党委领导下的村民自治，旨在发挥农民的创造精神，使农村稳定、繁荣发展，实现农村善治的期望。村民自治制度是农民当家作主、行使民主权利的中国特色社会治理制度，村委会是农村治理的具体实施者和操作者，是农村稳定、农民富裕的历史担当者。改革开放以来，我国农村基层治理的德治和法治建设提高到了新高度，法治意识深入民心。但是，村委会自治功能并没有随着法治的推进得到提高。①法律规定农村基层党委是农村治理的领导核心，领导农村事务决策，造成村委会和其他村级组织与其权力的悬殊。由于村委会自治权的功能失调，村委会所起的作用很小。②在农村基层治理中，农村党委和村委会及其他村级组织之间的关系界定不清晰，使农村基层治理结构不对称，发生治理权力异化，不利于形成协调健康的多中心的治理体制。乡村振兴战略是希望农村能够建立一个农村基层党委、村委会、农村其他社会组织间相互协调、有机统一的农村基层治理合力。经过40多年的改革实践，村级民主化水平有所提高。但是，村民自治能力不强始终是我国农村现代化发展过程中的绊脚石，若不解决和完善村民自治能力这一短板，会严重阻碍农村治理现代化。因此，村民自治功能弱化是当前农村基层治理以及乡村振兴推进的重要问题。

第二节　农村基层治理法治化问题原因分析

只有找到农村社会治理非法治化现象产生的原因，并让这些问题从根本上得到解决，才能使农村社会治理取得进步并得到完善，农村社会生活才能有序和规范，广大农村的发展活力才能得到彰显。

一、传统观念的影响深远

起源于封建社会的各种观念作为一种社会意识，不仅直接影响了各个封建王朝的法律制度，还在很大程度上影响了普通民众的法律意识。封建统治者通过法律实现对民众的统治，民众只能老实遵守，没有任何反抗的力量。中华人民共和国成立后，一些政治运动严重阻碍了我国的法治建设，使我国的法治建设停滞不前甚至出现倒退。改革开放之后，党和国家领导人审时度势，提出了建设法治国家的要求，从加强法治建设到中国特色社会主义法律体系的建设完成，极大地推进了我国的法治建设进程。但是，依然有一些封建观念存留在社会生活的方方面面，对现代法治观念的形成产生了极大的阻碍。

这种带有封建色彩的观念经历了多个封建朝代的发展演变，不会轻易消除，而且其作为一种社会意识，具有意识形态所具有的一种历史惯性。中国现代法治观念则是近代以来才慢慢形成的，并逐渐在现代法治社会中成为主流。传统法治观念自形成、强大到后来受到冲击，有着深厚的基础，并且是主流法治观念的主要构成部分。在中国社会的发展进步和法治进程的推进过程中，中国传统法治观念中的消极因素及其与现代法治观念的冲突会日益暴露。

（一）轻法轻诉观念的影响

农村很多群众的想法是，只要自己老实本分做好自己的事，不做坏事，不去违法犯罪，自己就用不到法律，更没有必要去学习法律。他们不知道法律的作用价值，不知道法律的作用不仅是对一些违法犯罪行为进行处罚，还对与自己的生产、生活、工作相关的方方面面进行规范。在农村，老百姓如果在日常生活中遇到纠纷，大多会采取找人说和、私了、上访等方式进行解决，很少会选择依靠法律。例如，在农村土地征用补偿方面，许多农民不了解具体的法律政策和补偿规定，判断不出自己拿到的补偿是否合理；又如，农村的遗产继承，有的农民理所当然地认为遗产应该只归儿子所有，不应该分给女儿或父母，死者父母及女儿的继承权往往得不到保障；再如，农民建设房屋这件事，有的农民认为自己在自己的宅基地上盖房子，和别人没有关系，更说不上和法律有关系，其实这件看似很普通的事里却涉及了土地管理规划、邻里关系等多项法律关系。最为严重的是，有一些刑事案件也有人妄图用非法律的方式来解决，如打架斗殴伤了人，开车撞了人，就会想通过花钱私下了结，甚至对司法机关隐瞒事情的真实情况，以此逃避法律的制裁。归纳起来，农民法律意识淡薄主要受以下因素影响。

1. 奉行"和为贵"的思想观念

儒家学说创始人孔子曰："听讼，吾犹人也，必也使无讼乎。"（《论语·颜渊》）意思是，处理诉讼案件时，我也和别人一样按照法律办事，但我和别人不同的地方在于我先实行礼法教化，从根本上杜绝诉讼案件的发生。自古以来，中国的传统观念里就重视宗法伦理，重视感情义气，轻视个人利益，提倡无讼息讼，追求和平和谐，所以老百姓从心底里反感打官司，排斥进法庭。但随着社会的发展，人们的思想观念逐步开放，遇到矛盾、纠纷开始到法院起诉进行解决。但仍有一部分人奉行"和为贵，忍为上"的传统观念，即使自己的合法权益明显受到损害，也一味忍气吞声，低调处理，这在广大农民群众身上体现得尤为明显。

2. 不重视对法律知识的学习

法律对农村来说是新鲜事物，人们对法律感到很陌生，需要时间去接受、去熟悉，但是由于立法速度的加快，旧的还没有熟悉新的就出现了，农民学习的步伐跟不上法律的更新速度，不知道到底哪些方面法律已经进行了规定，哪些方面法律还没有相关的规定，哪些方面法律规定最近更改了，面对不熟悉的法律感到手足无措，更谈不上如何更好地遵守法律了。法国法学家勒内·达维德也说："立法者可以大笔一挥，取消某种制度，但不可能在短时间内改变人们千百年来形成的，同宗教信仰相连的习惯和看法。"随着经济社会的发展，农村也有新变化，可能每天都会出现新情况、新问题，一些旧有的法律规范不能适应新变化、新形势、新情况、新问题的需要，坚持使用不合适的法律可能根本就解决不了问题，还会造成新的纠纷。

3. 农村经济条件的制约

付出多少成本、获得多少收益是衡量一件事情是否值得的重要方面。由于种种原因，农村经济发展相对落后，农民的收入比较低，如果不省吃俭用，就可能会影响到生活水平，所以他们会想要把有限的收入用在比较重要的事情上。鉴于此，当他们遇到纠纷需要打官司时，诉讼相关的费用就成了他们不得不考虑的问题。农民在实施诉讼行为的过程中，人力、物力、财力和时间必然会遭受一定的消耗，这些被消耗的资源成本的总和就是我们所说的诉讼的经济成本。当事人选择进行诉讼或者通过非法律途径解决纠纷时，会考虑经济成本，衡量进行诉讼是否划算，即两者的收益与成本之比孰高孰低，至于公平、正义则并不是首要考虑的条件。进行诉讼便要付出一定的经济成本，可能还要耽误自己的工作，增加额外的开支等。例如，2014 年日照农民的人均纯收入为 12 635 元，一般案件的受理费用在 100 元左右，农民还可以承受，但是其相关的诉讼费用（如勘验费、签定费、公告费以及证人等参与诉讼者的交通费、住宿费、误工费等）可能就超出了农民的承受能力。同时，农民进行诉讼要付出的经济成本可能不仅仅包括由诉讼费、律师费等直接支出和时间、人力等间接支出组成的固定成本，还包括因为司法官僚主义和司法腐败现象的存在所带来的一些隐性成本，这是不容忽视的问题。司法官僚主义和司法腐败现象已成为制约我国社会治理法治化的极大障碍，少数法官以手中的权力为资本，进行权钱交易，谋取私利，破坏了法律的严肃性。当事人在诉讼过程中一旦遇上此类事情，要么权益得不到保障，要么付出巨大的经济代价。

（二）农村社会治理重人情轻法律观念占主导

中国是一个非常典型的乡土社会，人们在相对固定的区域内生活、工作，日出而作，日落而息，地域的限制将人们的活动牢固限定在特定的人情网络内，日常生活遵从自有的一套宗法、礼俗、习惯、秩序，由此形成了重人情、重宗法的思想意识。人们习惯于用情感化、伦理化和道德化来建立人与人之间的社会关系，对于伦理道德以外的通过法去处理和协调人际关系、社会关系的做法不屑一顾。今天，人们在法律的应用过程中仍然会受到血缘关系、伦理道德和个人情感的影响。例如，在一个诉讼过程中，无论原告一方还是被告一方，第一反应可能都是去找熟人、拉关系，争取最大的利益或是最小的损失。究其根源，民俗学者张铭远指出："礼俗作为一种社会秩序最适合血缘社会，反过来讲，任何血缘社会只能以礼俗来维持。试想，在一个远近、亲疏、长幼、尊卑的自然秩序的血缘集团中，要讲个人的权利，讲法律面前一律平等，岂不是太不近人情了吗？因此，这种社会只能以人情为法度。"

法理社会或陌生人社会是现代法律得以有效运行的最理想的社会环境，而中国农村是一个不折不扣的人情社会。人与人之间最基本的关系构成是家族内部关系和邻里关系。"中国的家族制度在其文化中所处地位之重要及其根深蒂固亦是世界闻名的。中国老话有'国之本在家'及'积家成国'之说，在法制上，明认家为组织单位。"① 例如，无论是在人民公社制度下的集体化管理阶段，还是在中国实行了家庭联产承包责任制以后，农村都是"熟人"社会，以家庭、家族为单位的组织从未被完全打破，亲情、乡情地位依然处于法律之上。一旦将适用于法理社会的规则适用于人情社会来解决人们之间的纠纷，法律完全理性的处理方式必然影响到人们相互之间的感情，这种处理方式超越了以血缘关系为纽带的"熟人"社会的许可范围，如果选择就等于选择承受各种压力。从经济成本的方面来分析，这种选择得到的收益甚至可能抵不过需要付出的成本，社会成本方面还可能面临更大的牺牲。邻里之间以后还要继续相处，整天低头不见抬头见的，诉讼的后果可能是导致两家结成世仇，而这种社会成本是农村居民在选择诉讼时必须考虑的，或许还是必须放在首要位置去考虑的。例如，在村里有威望的第三方从中进行调解时，农民出于对社会成本的考量，有可能做出妥协。

（三）农村社会治理重宗族尊卑轻权利义务观念严重

1. "长幼有序，尊卑有别"的封建等级观念

由于封建君主统治在我国持续了 2 000 多年的时间，君权、父权至上的思想影响深远。中国封建社会不同家族之间、家族不同成员之间的衣食住行按照等级有所区分，封建法律对权利义务的分配也同样按不同的社会等级进行区分。不同社会等级之间差异明显，与中间阶层和低阶层相比，上层等级享受许多优势和特权。这种由封建等级制度、特权制度所形成的等级差异观念经过长期的发展已经成为一种顽固的思想意识，影响中国社会发展直至今天。而自由与平等的价值追求是现代法治的基石，它反映了现代商品经济社会中个体对公平分配权力的追求，否定等级差异和特权，以维护商品经济社

---

① 梁漱溟.中国文化要义[M].上海：上海人民出版社，2011：11.

会所需要的公平竞争的社会关系和秩序。但在我国现代法治社会的建设进程中，人人平等的观念受到传统等级观念的冲击。长此以往，就造成了人们对权力的过分推崇。如果将权力和法律放在一起，人们绝对对权力充满信仰和信心，认为权力可以操纵法律，有了权力也就有了保护。社会发展到今天，这种对权力的重视依然表现得特别明显，人们认为既然法律通过行政执法机关和司法机关执行，权力自然在这些机关手中，于是他们在经历诉讼的过程时，就会想方设法地去拉关系、走后门，有的是为了争取法律的公正，有的是想通过执法人员或司法人员，获得权力的支持来让自己少承担责任或是多获利益。这些行为往往因会侵犯的个体权利，助长了依靠权力进行贪污腐败的势头。对于许多公正、廉洁的干部，群众称其为"青天大老爷"，也有人对官员的称谓是"父母官"，这些称呼也反映出地位的不平等，体现出人们将权力看得很重。

2. 对个体权利的忽视

中国历代的封建统治者都将"重农抑商"作为最基本的经济指导思想。这一经济指导思想重视对农业的发展，将农业视为国家根本，不容动摇，却为维护统治而限制工商业的发展。这样的经济政策使自给自足的小农经济成为中国古代社会经济生活的主要形态，商品经济发展受到阻碍，这必然导致人们相应的商品经济意识的形成受到阻碍。社会的统治更多地强调人民对国家的义务，强调人民对统治者的服从，而从不主张人民群众拥有的权利。体现自由与民主的权利意识的发展与商品经济的发展密切相关，商品经济发展受到了阻碍，自由与民主的权利意识也就不可能得到健全的发展。自由与民主的权利意识是个体对自身正当权利要求的追求、向往，是商品经济社会中法治规律在意识层面的反映，是现代商品经济社会中法治的出发点和落脚点。传统法治观念中的义务思维导致个体对自由与民主权利意识淡漠，难以形成现代社会所需要的权利意识和法治观念。对法治观念的影响是，在法律与权利、义务的关系面前，只看到法律为自己规定的义务，看不到法律对自身权益的保障。对权利意识的影响是，既不注重权利的有效行使，权利受到侵害时也做不到有效捍卫。

二、政法工作不足，降低法治的公信力

在法治建设中，立法是国家治理实现法治目标的一个基础和前提，执法、司法的过程才是让国家法律由条文走向现实的过程和重要环节，否则，

法律就只是条文，其存在无异于形同虚设。也就是说，法律的作用与效力要通过司法、执法的过程来实现，司法、执法人员也就成了法律发挥作用的关键。改革开放以来，国家虽然为提高农村的立法、执法、司法水平进行了大量的工作，为执法人员的法律素质以及全社会的法治观念的提高做出了很大的努力，但整个社会的法治观念的现状并不乐观，不仅仅农民对法治缺乏相应的认识，立法机关、执法机关、司法机关对法治的认识也不足。

（一）立法侧重管理，忽略对农民权利的保障

在立法的指导思想上，有关农村的立法更多侧重管理性质的立法，即对农村行政管理工作进行具体化的规定，相对而言，保护村民权益的立法受到了忽视。行政领域的立法大多是从便于政府进行管理、便于行政部门开展工作的角度来考虑，把立法当作他们管理农民的一种手段，带着明显的实用主义和工具主义倾向。造成的结果就是被摆在首要位置考虑的不是公共利益，而是行政部门的利益，行政部门之间对权力和利益进行划分，这种背景下生成的法律自然丢失了被信仰的基础。

一些与农业发展全局密切相关、与农村生产生活密切相关的重大问题仍缺乏有效的法律保障机制。比如，在农业物资、农村土地征用补偿、农业科技等方面仍存在立法空白，出现了在发生纠纷后要面对没有专门法律可以参照的局面，只能选择依照一些原则性法律或是乡土伦理规范进行解决，问题很复杂，结果却可能存在不公平。现实的情况是，不同地区之间的习惯、风俗各不相同，而法律是针对社会的普遍情况来制定的，并不能满足所有人的条件，照顾到所有人的需求，一般做法是考虑大多数人的情况，满足大多数人的需求，通过忽略少数人的特点来维护大多数人的权利与利益。因此，对于农村社会的特点，法律制定过程中很难完全考虑到。农村需要的法律偏向实用，法律条文越详细，应用起来越简便，越容易被接受。而国家法在很多情况下表明的是一种原则或是进行的一种概括的表达，人们不理解为什么这样应用，或是明明大致相同的情况结果却出现差别，国家法在农村不容易被接受，降低了法律的实用性。就立法这一过程来说，它忽略了农民发声的权利。从绝大多数农村群众的角度出发，立法往往过于神圣和遥远，普通大众没有参与的机会和渠道。在实际进行立法的过程中，群众即使有了不错的意见和建议，也因针对群众的意见征求机制的不完善、意见建议的表达渠道不

畅通等而无法得到体现。长此以往，立法脱离群众，就会导致法律内容与农村实际脱节，与群众利益脱节。

（二）司法工作过程不公正、不严肃

从司法工作的现实情况来看，许多司法人员的专业素养尚不能完全与司法工作公平、公正的要求相符合。司法人员专业能力达不到，司法机关的职能就得不到充分发挥，司法工作的公平、公正也就得不到彰显，必将给法律工作带来不良影响。

直接导致的不良结果体现在两个方面：①冤案错案的产生。真正犯了错的人没有受到惩罚，无辜的人受到伤害，严重的是这种伤害是不可逆的。②司法人员直接违法。司法人员利用自己或是领导、同事的关系，打探案情、说情，或是适用法律时出现一点偏颇，可能案子的最终结果就大不一样，以此帮助违法分子逃避处罚，为自己捞取好处。全国每年都会出现司法人员违法、违纪案件，这些案件的发生损害了农民对法治的信任。因此，司法人员的专业以及道德素养会直接影响到法律的公信力的发挥，进而影响到我国法治化的进程。

（三）行政执法工作不严格

从行政执法工作的现实情况来看，在基层的行政执法过程中，行政执法队伍的构成鱼龙混杂，一些执法者存在徇情枉法、以权谋私的行为。这些现象的存在降低了群众对执法工作的评价。暴力执法现象时有发生，当权者不反思执法队伍的建设问题，却把临时工拿来做"替罪羊"；执法人员的执法资格认定管理混乱；一些部门出现以罚款代替执法的现象；一些部门的行政执法行为甚至成为推进其他工作的手段，如在拆迁过程中，食品安全办公室、工商等部门会对拒绝拆迁的商店饭馆开展食品安全检查；等等。这些都是行政执法工作随意、不严格的表现。由于农民在执法上处于弱势，很可能遭受到不公平待遇，一朝被蛇咬，十年怕井绳，他们认为执法者都是一样的作风，都不会考虑群众的利益，因此农民不敢再相信法律，不敢再信任执法者，不相信执法者会公正地执行法律，也不相信执法者会保护他们的利益。

（四）执政能力不强

党是国家治理发展的领导力量，而农村基层党组织是领导农村基层治理和农村事务的核心，在农村治理中发挥着主导作用。但是，当前我国农村基层党委在农村治理实践中的主导作用薄弱，具体表现在四个方面：①农村基层党组织在领会中央农村重要战略思想、执行党的"三"农政策和路线上下功夫不够，简单、粗暴地执行和理解党中央重要农村战略和"三农"思想，使农民对村基层党组织的解读不理解，也就无法配合执行党的路线方针，贻误了战略执行的最佳时机，使农民对基层党组织失望，甚至可能造成抵制"三农"工作执行和实施的农村群体性事件，从而不利于基层党组织在农村基层治理中所扮演的领导角色，使党的形象受到损害。②农村基层党员和党员干部具有团结和带领农民扶贫、促进经济稳定发展的先锋模范作用。但是，农村治理中能够团结和带领农民共同与贫困战斗，扶贫脱困，实现农村经济发展的党员、党员干部太少，农村基层党员和党员干部的带头模范效应很少在农村治理实践中得到体现。③随着城市化发展，大量中青年离开农村进入城市，农村基层党组织中新鲜血液的注入减少，造成农村基层党组织人才队伍匮乏。当前农村中的党员和村干部呈老龄化趋势，严重影响了新时期农村基层党组织农村治理能力的发挥，不利于当前农村优化发展。④农村党员队伍中成员受教育程度普遍偏低，在文化理论知识的学习上比较吃力，在对党的政策与路线的理解和学习上存在误区。在农村实践中，基层党组织治理方向容易发生偏移，从而对农村经济、农村稳定造成影响。新时期，中国农村基层党组织执政能力不强，对农村民主、经济和社会稳定会造成不利影响，因此新时期的农村基层党组织应"多补课，多学习"，增强农村治理执政能力。

（五）基层党组织为农民服务意识淡薄

党是中国特色事业中人民利益的发言人，对人民利益的维护和实现是其前行的动力。而农村基层党组织是离人民的利益最接近的发言人，为民服务就是检验基层党组织在新时期治理执政能力的重要标准。人民日益增长的美好生活需要和不平衡不充分的发展之间的矛盾是中国特色社会主义进入新时代后社会的主要矛盾。在社会主要矛盾发生根本性转变时，农村基层党组织在新时期的治理能力和为民服务的意识并没有随着社会转变而提升。具体原因主要有两方面：①农村基层党组织在市场化的诱惑下、在经济利益的驱使下大力引进污染高、能耗多、环境破坏大的村级企业，在追求高发展、高效益的经济方式上，不顾农民群众的利益。当农村经济发展与农民生活水平提高后，农民日益增长的对环境改善、生活富裕的要求与现实生活形成了巨大冲突。基层党组织仅顾忌了眼前利益，把农民日益增长的长远需求抛之脑后。②党的宗旨意识淡薄。农村基层党组织在农村治理中没有全心全意为农民根本利益服务，在村民利益受损时，党员干部碍于人情，不愿得罪本村支持者，从而形成"懒政"，拉远了农村基层党委与农民的关系，使基层党组织与农民群众关系不紧密，组织和动员农民开展村民会议热情低下。总之，基层党组织建设软弱涣散的事实是我国农村基层治理的困境和难题，解决这一困境有利于党在实现农业农村现代化过程中做出正确决策和部署，为世界提供乡村振兴下农村基层治理的中国经验。

三、农村法治建设面临经济条件的制约

"生产力决定生产关系，经济基础决定上层建筑"，这是马克思的至理名言。农村法治建设属于上层建筑，农村经济条件属于经济基础，农村经济发展与农村法治建设休戚相关。

（一）农业发展和农民增收缓慢，对法律的需求偏低

我国的农业和农村伴随着时代前进的步伐，迎着改革开放的浪潮，艰难地前行着，却无论如何也跟不上时代发展潮流，逐渐成为国民经济的薄弱环节。随着经济的高速发展，农用地却在极大地萎缩。到 2000 年，中国人均耕地不足 1.59 亩（1 060 平方米），14 个省区的人均耕地面积不足 1 亩（约 666.7 平方米），其中有 6 个省区的人均耕地面积低于 0.5 亩（约 333.3 平方米），远远低于联合国粮农组织确定的 0.86 亩（约 573.3 平方米）的警戒线。同时，农业的收益在不断减少。据国家统计局 2011 年 9 月 7 日发布的初步核实后的 2010 年数据，第一产业占就业人口比例为 38.1%，而第一产业占该年 GDP 的比例仅为 10.1%。由于农业效益低，且随着投资的发展，大量农村土地被征收与征用，农民手中的地越来越少，无法进行规模化经营，农村剩余劳动力越来越多，最后绝大部分成了农民工。在如今的农村，年轻人的

身影已经越来越少，留在农村长期居住的大多是空巢老人和留守儿童。他们对法律的需求相对较低，即便遇到经济利益的冲突和矛盾，大部分愿意选择村干部调解，而不会诉诸法律。许多农民的收入偏低、增长缓慢，仅靠农业种植已经不能满足其生活所需，在利益受损或产生利益纠葛时，大部分人愿意采取私力救济，而忽视公力救济。长此以往，法律很难真正融入农村，新农村法治建设将面临很大的难关。

（二）农村市场经济发展滞后，制约农村法治建设

法治与经济的发展密切相关，无论政治的立法还是市民的立法，都只是表明和记载经济关系的要求而已。传统的农村经济以自给自足的自然经济为主体，在社会主义市场经济大发展的冲击下，农村自给自足的自然经济开始逐渐解体，并融入市场经济发展的潮流中。但从总体来看，农村经济的发展相对滞后，跟不上时代发展步伐，难以真正适应市场经济发展的需要。市场经济是一种法治经济，法治的发展程度与市场经济的发展程度密切相关。"市场经济得不到充分的完善和发展，法治就不会有根深蒂固的经济基础。"农村市场规模较小，在西部广大农村，集市是最大的交易场所，每逢几天赶一次集的状况在农村广泛存在。大部分生意人都是小商小贩，极少有固定的商场和公司在农村驻扎，这使制定完善的法制在农村似乎有些多余。

（三）城乡二元经济结构状况阻碍农村法治发展进程

我国是世界上最大的发展中国家，也是一个典型的城乡分治的二元经济结构国家。在经济体制改革和制度变迁中，城乡二元经济结构逐渐形成和不断强化，致使我国城乡差距越拉越大，贫富分化也越来越严重。在这样的二元经济结构下，我国实行的是城乡分户的管理体制，将户籍分为农业户口和非农业户口，实行城乡有别的户籍管理制度。这种户籍管理制度造成了资源分配和利益格局调整的城乡差别。户籍的登记注册以及对个人居住、迁移的管理制度，既是策略的选择，又是巩固这一分配格局和状况的关键路径。农村在这种管理格局下无法真正实现与城市的平等，造成了城乡法治发展的天然不平衡，农村法治失去了制度的强力支撑，必然显现出各种先天缺陷。

城乡二元经济体制和城乡分治的管理体制严重阻碍了城乡统一发展和共

同实现社会主义法治化建设的道路。城乡经济发展的不平衡使法治资源分配不公，农村法治发展明显落后，法治人才欠缺，法治文化缺失。在农村，由于经济的发展相对落后，人与人之间的关系往往靠人情维系，即便产生纠纷，也很少通过国家法解决。因此，最终法律虽然制定了许多，但纠纷的实际解决又很少真正能够依照制定了的国家法律规则来处理，甚至出现了立法的表达与乡土社会存在的事实严重背离的现象。民众往往在官方要求与固有行为之间流露出无所适从的困惑，法律在乡土社会的纠纷解决中成了摆设，没有强有力的经济和制度作为保障。

（四）农业生产结构单一

历史命运之安排使中国以农立国，是典型的农业型国家，农业是农村生存发展的基础。在社会高速发展下，中国城乡经济发展趋向良好，农民生活条件和村居环境不断改善。但是，农村经济发展动力始终乏力，农业生产结构单一，制约了农村治理的优化改善，农村要实现良治和农业现代化还有很长一段路要走。农业生产结构单一的主要原因有两点：①中国农村经济发展依靠自给自足和自负盈亏特征的小农经济。小农经济自给自足、自负盈亏的特点决定了历史上中国商品经济发展的缓慢和滞后，直接造成中国经济发展的落后。尽管市场化和城市化加速了社会结构的转型，农村小农经济结构发生重大变化，但农村一、二、三产业发展不平衡的现状几乎没有变化。②我国农村社会的改革、城市与农村的共同发展以及城市化的推进使大量年轻农民外出务工，老年人、妇女、儿童留守农村，这就使农村生产劳动力缺乏，土地资源被闲置或浪费，造成农村产业发展分散，结构单一，加速了农村的衰败。小农经济和农村生产结构单一是目前中国乡村经济发展乏力和农村治理后劲不足的直接原因。

（五）农村生态环境恶化严重

农村经济的可持续发展是建立在和谐优美的生态环境之上的，农村生态环境一旦被破坏，依附其的农村经济就"毛将焉附"，从而影响农村的稳定发展。农村生态环境一旦得到改善，就能为农村经济创造良好的发展条件。但是，今天我国农村生态环境破坏严重，对农村经济的发展提出了严峻挑战。首先，农民环保意识比较薄弱。农民越是经济贫困越是需要开垦土地，从而导致土地土壤肥力下降。在市场规律的供给呼应下，种植经济价值高的经济作物可以给农民带来较高的经济效益，但大量开垦和大规模砍伐森林易造成林业资源的破坏，使农村生态环境恶化；并且市场规律之下的人为的环境破坏使农村经济发展陷入滞后的恶性循环，虽然一时解决了农村经济困境，但是长远来看，农村生态环境一旦破坏，农村经济就会出现问题，导致农村无资源可用。其次，随着农村改革的深入，农村农业人口大量选择外出务工经商，使农村土地闲置，农业发展缺少专业人经营。这也会使农村广义上的农村社会生态失衡，造成农村经济发展乏力。在我国农村基层治理中，农业是物质基础，是农村基层治理得以继续发展的动力。当前的农村发展由于农村产业结构单一，农村生态环境恶化，农村整个社会、自然和人之间的发展呈现出非均衡结构，这种非均衡的结构造成农村治理结构的非均衡，从而影响了农村经济的发展。

四、农村基层公共服务体制缺陷

中华人民共和国成立以来，基于当时中国的国情和农村发展条件，中国农村的基层公共服务供给体系具有独特的内涵，即以政府垄断为主要特征，政府是供给农村基层公共服务的重要主体。但是，1978年我国进行改革开放以来，中国农村基层公共服务体制发生了重要转变，由政府垄断供给向政府、市场和农村社区各方力量合力供给转变，这极大地丰富和完善了中国农村基层公共服务体系和机制，为农村、农业和农民发展带来了农村民主、农村文化设施、娱乐活动方式、农村医疗卫生保障、农村教育以及农业生产的科学技术等基层公共服务产品，弥补了此前政府一方供给基层公共服务的缺陷。虽然我国农村基层公共服务供给制度经历了几个阶段的制度变迁，服务内涵和意义更深刻、更复杂，但是随着社会改革与发展，在新时期，政府仍然在农村公共服务中独自奋斗，市场力量、社会组织和农村社区为农村供给公共服务空间有限，难以在基层公共服务供给中完全发挥作用，使农村基层公共服务体制缺失，造成当前我国农村基层公共服务体制机制不符合农村、农业、农民日益增长的美好生活需求，使农村基层治理难以适应当前乡村良法善治和乡村全面振兴的目标。

（一）政府单方公共服务供给困难

由于中国独特的国情、农情以及中华人民共和国成立初期经济、政治形势的紧张，中国农村基层公共服务发展不规范，农村社会治理力量发育不健全，只能由政府继续充当农村基层公共服务供给的主体，垄断了农村、农业、农民发展的物质和精神需求服务，这导致政府单方农村基层公共服务供给乏力，其他农村基层公共服务治理主体大多还未发育产生，因此政府单方公共服务由于农村事务繁多，农业、农村、农民发展需求激增等，出现中国农村基层公共服务短缺和困难等情况。分析原因，其可归纳为两个方面：①政府在农村的重要职能界定不清。我国农村在改革发展中的治理内容和社会结构发生了剧烈变化，但是政府在农村治理中什么都管，直接包办农村一切事物，事无巨细的服务造成农村基层公共服务的供给效率低下，并没有满足农村、农业、农民日益增长的多元需求。所以，政府在农村基层公共服务供给上有"烦恼"和乏力之感。②成本加减法是农村基层公共服务供给中的最大问题。随着农村经济的发展，农民生活质量不断提高，但农村的基层公共服务供给资金的渠道单一，主要依靠中央、省、县、乡政府的财政转移支付，农村公共服务资金筹措单一。在农村社会结构巨变的背景下，单一的财政转移支付资金远远不能满足农村、农业、农民快速增长的对"三农"资金投入更多的需求，成本加减法正逐渐成为当前乡村振兴战略视野下农村基层治理中公共服务供给的最大问题。

（二）市场力量供给基层公共服务作用薄弱

市场力量是指以私人和企业为主为基层提供公共服务，但又与政府提供的基础的、必要的服务相区别的服务方式，是社会必然发展的重要主体。经过40多年的改革开放，中国的社会主义市场经济基本建立起来，在中国的社会资源、公共服务和人力资本中发挥着重要作用。然而，市场力量在农村公共服务供给中所发挥作用仍然微弱。其主要原因在于以下两点：①市场力量在中国农村发展起步晚、面对的环境差，导致市场力量在农村发展发育落后。20世纪90年代，我国建立了具有中国特色的市场经济，对中国社会中的人力、公共社会方式的优化发挥了重要作用，市场和政府成为我国公共服务的"两只手"。在新时期，市场在社会发展的地位由基础性向决定性变化，成为中国社会发展及基层公共服务供给的重要抓手之一。但是，市场力量在社会发展过程中具有局限性，在农村公共服务中存在发展晚、活力不够等问题，供给基层公共服务作用薄弱，与农村快速增长的需求不相容。因此，在新时期，市场供给农村基层公共服务作用薄弱。②在农村基层公共服务中，市场力量产权界定不清。市场经济产生及发展中始终贯穿利益获取这一根本目的，追求利益是其本质需求。在农村实际需求中，基层公共产品的自身基础和发展属性决定了市场经济获取的利益小，因而其积极性不高。同时，在农村公共服务供给中，农村政策环境使私人和企业等市场力量在公共服务中更加不占优势，造成市场力量在公共服务供给产权中失去保障，容易受到损害。

（三）社会力量公共服务供给发挥不充分

社会力量主要指为农村提供基层公共服务的非政府、非营利性社会组织。该组织是除政府、私人组织外的非营利性、非政府性、志愿性的组成，旨在为农村提供公共服务的社会组织，其是为农村提供基层公共服务的"第三只手"。但是，社会力量的成熟和发育需要一个漫长的成长过程，需要健全的制度空间来保证社会力量的成长，并发挥积极、健康、正面的作用。然而，当前中国农村改革与发展同步进行，社会力量在参与农村基层公共服务供给上仍然发挥不充分。其重要的原因是当前中国社会力量的培育和发展不健全。第三方的社会组织具有非营利性、非政府性、志愿性和福利性的独特特点，与政府机关部门和私人、企业组织相比，它具有独特的优势，可以为农村、农业、农民发展提供政府、私人组织和企业无法提供的公共服务，可以为农村快速发展，农业实力不断增强，农民收入不断增加的需求提供专门的、系统的、有差别的服务，解决"三农"不同需求的问题。但是，社会力量发育发展的不健全阻碍了其发挥为农村提供区别政府部门和私人、企业的差别公共服务的作用，进而导致农村基层公共服务体制不健全，阻碍了乡村振兴战略的实施和农村治理的善治。另外，国家对社会力量等第三方部门的培育制度滞后。由于国家政策、法律上的扶持和保障较少，社会力量的完善和成熟遭遇合法性危机，制度的落后使社会力量的发展缺乏制度的保证，因此社会力量为乡村振兴和农业农村现代化发展提供社会福利性质的公共服务的作用发挥不充分。

（四）农民社区公共服务作用发挥不充分

农民社区是农村践行基层民主的农民居住的社区组织，是农民自我供给公共服务的组织，是调解民间纠纷、维护农村稳定、带领农民富裕的农村治理主体。但是，农村社区为农村、农业、农民提供公共服务的作用发挥不充分。首先，农村社区自治功能被削弱。由于压力型体制下的基层政府治理困境，上级政府分配了各种目标任务给下级基层政府，并作为考核基层政府的指标，而处于压力体制末端的乡镇政府因责任大、权力小难以对接，不得不向农村社区转移上级政府的任务目标，作为农村社区获取资源和干部晋升的评估指标；其次，农村社区作为农村基层自治组织的作用被削弱。特别是当前我国社会的主要矛盾已经转变，农村社区基层公共服务作用发挥不充分，与人民日益增长的美好生活需求严重不匹配，使乡村现代化目标的实现受到制约。

（五）基层民主建设机制不健全

历史与社会的发展和进步促进和推进了中国民主化建设进程，尤其是在十一届三中全会上，党和国家为建设中国特色社会主义现代化国家做出了改革开放的伟大决定。改革开放使我国经济实现了量变到质变的腾飞发展，政治民主化加快，中国农村基层社会治理由分散到系统、由局部到全面发展，农村基层民主取得新突破，村民自治规范和制度正在不断完善与健全。然而，社会高速发展背后必然会带来一系列新的社会结构性变化，特别是农村社会结构的变化，使农村基层民主建设机制与当下农村治理发展不匹配，加剧了农村基层治理的复杂性。基层民主建设机制不健全对于乡村振兴和当下农村治理实践而言是必须攻破的新时期难关。所以，只有从农村基层民主体制出发，建立完善的农村基层民主机制，规范村民自治，与急剧转型的农村治理结构相匹配，适应社会制度变迁，才能带来乡村振兴的曙光，迎来农村发展的现代化。

（六）基层干部队伍建设内驱力缺乏

农村基层干部既是农村治理的主体，又是农村发展的关键，农村少了基层干部，农村发展及治理就毫无意义，何谈乡村发展振兴？因此，保障农村基层干部队伍建设是实施农村战略，促进农村发展稳固、农村有效治理的重要手段。没有离开农村基层干部的农村，也没有离开农村基层的干部，他们是农村实践应有之义。当前，农村改革全面推进，农村基层治理和农村民主改革取得了相当令人满意的成绩，随着农村改革的推进，基层民主化进程稳步实现。但是，农村工作的基层干部建设工作在新时期总是不能令人满意的。其一，真正到农村扎根，投身于中国特色社会主义新农村建设，在农村施展抱负的年轻干部较少，且积极性不高，造成农村基层实践中农村干部队伍建设内驱力缺乏。其二，农村基层培养基层后备干部的意识不强，农村基层组织中干部数量少，并且往往一人身兼数职，不能够使农村治理健康、可持续发展。农村基层组织就是为了带领农民脱贫脱困、实现农村经济发展的基础服务组织，基层干部是基础组织的关键，是团结带领农村奔赴小康社会的领导力量。决胜全面小康社会，脱贫脱困，需要一些具有专业化知识、年轻有为、懂农业、爱农村、爱农民的基础干部来带领农民，这是农村农民和农村治理的选择。其三，农村民主选举不规范，民主性不强。农村民主选举是农村直接选举村干部的形式，是为了选举出能够领导农村基层治理和团结农民的当家人。由于大多数集体经济发达或东部地区的农村民主选举存在不规范等选举现象，选出来的基层农村干部能力参差不齐，这类基层干部不爱农村，不爱农民，严重影响了农村基层治理的健康、可持续发展。其四，在市场利益侵袭下，乡村精英人才外流，农村中"一懂两爱"型干部缺失，造成农村基层干部队伍建设的内驱力缺乏。

（七）民主监督角色缺位

改革开放后，我国农村是一个主体多元、关系特殊的基层社会。农村治理主体的多元使农村治理民主监督的角色也具有多元的特点，但是也容易使民主监督角色混乱且监督角色缺位。基层治理与基层民主监督是相互制约，又相互统一、相辅相成的，两者缺一不可。缺少基层治理，基层民主就不存在了；缺少基层民主监督，农村基层治理就会因缺少监督而陷入权力无限大的局面，这将给农村基层治理带来困难，使农村工作更加复杂，加剧农村的不和谐，伤害农业、农民、农村的利益。首先，我国农村基层治理各主体关系的界定混乱。何为农村基层治理的主体、如何使农村治理各主体共同发挥作用、为何农村治理各主体合作和监督等问题长期模糊，致使农村工作中角色错位与缺席。其次，中国农村民主发展晚、时间短，对农村治理发展经验不够。同时，中国农村基层治理各主体生长和能力大小的差异决定了农村治理各主体之间社会参与和民主监督的能力软弱。当前，中国农村民主发展衍生出了诸多农村治理主体，农村基层治理过程中出现多中心主体治理。但是，中国农村民主发展特征和民主检验标准决定了当前中国农村自治发展还有待提高。农村党委、村民自治组织和其他农村组织之间民主治理能力的差异造成农村社会组织和基层自治组织的民主监督力量软弱，力量弱小的基础组织不能对强大的另一方主体形成有效的制约和监督，致使民主监督角色缺位，农村治理无效。再次，农民民主监督意识淡薄。虽然农民是国家主人，有权选举和罢免选出的干部、监督选举出的干部和农村基层治理，有效行使"手中"权力，但是受文化、民主意识和生活条件限制，农民对农村民主和政治参与主动性不高，对农村基层治理的认识不全面，对参与农村事务管理的积极性不高。这些都会造成农民民主监督权利的失落和角色缺位，使中国农村民主发展与农民手中权利不相匹配。最后，中国农村民主发展和村庄自治制度发挥作用的空间小。中国农村民主符合农村利益诉求，其发展是农村和谐和农民利益实现的根本，对中国农村基层民主监督来说是一个必不可少的重要组成部分，但是空间的有限性限制了民主监督主体发挥作用，如该监督的不敢监督，监督权力虚化缺位。这就导致了不健康、不多元、不可持续的农村基层民主监督。

（八）农村法治建设迟缓

农村法治建设在党的十八大以来已经发生了巨大的变化，农村基层治理制度日渐完善和健全，村民自治依法治理，但是农村法治建设仍然与新时期中国农村民主发展的要求不适应。当前，乡村振兴战略提出了要建设农村基层治理法治化的美丽农村，但农村法治建设迟缓又制约了乡村振兴在全国各地的顺利开展和农业农村现代化的实现。其一，在"熟人"社会中，农村基层干部法治意识不高，农村基层干部习惯遵从特定人情关系处理农村工作，尤其是处理农民间的争议和矛盾时，惯于发动人情去协调和解决，尽量从公平角度出发去平衡矛盾，但该办法是否公平不易衡量，容易导致碍于情面一时平息，以后还会出现类似事情，使工作"一波未平一波又起"。其二，农民法治意识淡薄。随着中国城市化进程的推进，城市规划和农村开发导致农村大量土地和房屋被拆迁，农民流离失所，一些地方的农村干部在拆迁过程中暴力执法，导致许多拆迁农民敢怒不敢言。农民法治意识淡薄，不敢维护自身正当权益，任由暴力行为和粗暴执法在农村发生，农民根本利益受到严重损害。农民在法制上的失语和法治意识淡薄造成了农村暴力行为和事件的出现，农民放下"手中权力"，助长了中国农村法治建设的失语。农村基层干部和农民的法治意识薄弱，放弃"法治之剑"维护农民民主发展，以及对中国农村民主权利的漠视，都是中国农村法治建设迟缓的必然结果。

（九）民主制度供给短缺

制度是行动的保障，农村民主制度是农村基层治理得以发展的条件，缺少了民主制度的供给，农村基层治理就可能陷入发展困境，缺少发展动力。当前，中国农村基层民主在党和国家政策引导和重要农村战略思想的指导下进入了新的发展阶段，基层民主制度在制定上不断贴合农村发展实际，越来越符合农村、农业、农民需要，在制度上不断趋于完善和健全。但是，农村地区是一个复杂的基层社会，社会的发展加快了农村结构转型，引起农村对文化、政治、经济需求的增加，这就需要重新修正农村政治、经济、文化、社会等各方面的基础民主制度，以适应农村社会结构和农村基层治理发展变化的需要。所以，民主制度供给往往跟不上农村社会继续发展和农村社会治理新要求，造成当前农村在中国特色社会主义新时代民主制度供给的新问题。而造成当前农村治理民主制度供给短缺的原因有两点：①民主制度缺少对村民自治组织的供给，造成农村村民自治功能弱化。村级基层自治组织是农村践行民主的农民组织，但是村级基层自治组织缺乏民主发展的支持，如人力、物力以及财力的配套支持，导致中国农村基层自治组织"对内不足，对外有余"，造成村民自治组织带有软弱性。②农村社会组织制度发挥供给短缺。这是因为农村社会组织大多是由农村自发建立，缺少政府制度的认可和许可，造成农村社会组织在农村治理中积极性不高，农村工作和农民利益无人问津。因此，民主制度供给是当前政府推进农村稳定、乡村振兴的必要举措，只有不断提供制度供给，中国农村民主发展才会出现希望，农民幸福和农村和谐才有可能实现。

综上所述，改革开放以来，中国农村民主发展效果初见，乡村振兴战略视野下我国农村基层治理取得了实质性成效，促进了乡村经济发展，巩固了乡村基层民主，优化了乡村公共服务，维护了乡村社会稳定。但是，在乡村振兴战略视野下，中国农村基层治理也存在问题，包括基层党组织堡垒作用涣散、乡村精英人才外流、农村公共品供给机制短缺、农村文化公共性衰弱、村民自治功能弱化等新时期农村治理困境。新时期的乡村振兴战略是分析中国农村民主发展现状和解决农村发展困境，实现农村善治的实践指南，但是在乡村振兴战略正在深入推进实施的过程中，仍然面临着中国改革发展后新的农村治理困境。因此，我们要深抓农村基层治理困境的原因，为乡村振兴战略的全面实现提供理论基础和思想准备。

第七章 农村基层治理法治化推进策略研究

第一节 加强法律常识宣传力度

在我国这样一个农村占据人口数量大多数的国家，农村社会治理不只关系农村内部的事务管理、发展方向等问题，更关系党在农村的执政基础，关系国家治理体系现代化，关系国家治理能力的现代化等多个方面。因此，农村社会治理虽然处在整个国家治理体系的终端位置，却在整个国家治理全局中具有基础性的地位，是国家治理体系的重点领域。我们应通过农民法治信仰、法制意识的培育，农村社会治理制度、法治工作的规范，法律服务的完善等有效途径，实现农村社会治理由非法治方式向法治方式的快速良性转化，这样基层农村的自我治理才会更加规范有序。

在积极稳妥推进农村社会各项事业全面发展的过程中，我们更要按照新时期的发展目标和发展要求，努力推进农村社会治理法治化工作。做好法律宣传教育工作是推进农村社会治理法治化建设的一项基础性工作，借由开展法律宣传教育工作的机会，让法治观念深入人心，培育农民的法治意识。法律作为一种行动指南，如果不为人知或者无法为人所知，就会成为一纸空话。由此可以看出，农民对法律的熟知是其法治意识形成的基础和前提，如果一个人对法律根本就不了解，那他的法治意识也就无法形成。通过法律的宣传教育可以提高农民对法律的认知程度，我们必须注意法律宣传教育工作在培养农民法治意识方面的重要意义。开展法律宣传教育工作的目的，不仅在于普及法律的相关知识，更需要传播法治思想、培养法治意识、弘扬法治精神。在教育过程中，注重贴近群众生活、贴近农村实际情况、贴近农村法治建设，争取群众的广泛支持和参与。开展法律宣传教育工作要针对农村和农民的特点进行，增进农民对与自己生活息息相关的法律法规的了解，帮助广大农民树立法治意识。

一、构建以农村基层工作人员为依托的普法用法宣传机制

加大普法、用法宣传力度，提高农民法律意识。在乡村治理过程当中，乡村工作人员主要是指乡镇政府、乡村司法组织、村民委员会、农村基层党组织的成员等普法、用法的主体。作为乡村治理的个体，他们有责任也有义务将法制理念、法制意识通过自身在乡村社会的实践来宣传和普及。通过让农民重新认识法律，在普及法律的过程当中让农民理解法律不仅有惩罚犯罪的功能，还有保障群众利益的功能；在宣传的过程当中，还应该让群众明白运用法律不一定能打赢官司，因为打赢官司，还需要其他有利条件的支持，如证据；还应该让农民养成守法、依法办事的习惯，形成对法律的崇拜。

加大普法、用法宣传力度，转变农民传统思维。传统法律文化以及传统习俗，在农村地区有着深厚的历史渊源。但是，随着市场经济的不断发展，传统的、陈旧的价值观念已经不再适应当下农村治理的发展。正是基于对当下乡村治理环境的认识，法治化的进程在乡村地区更是刻不容缓，乡村作为法律实行的薄弱领域，村民仍然用着陈旧的处理矛盾的方式，加大农村工作人员的普法、用法宣传机制，将在一定程度上改变村民的法制思维，并且适时地让村民接受国家法律，推动他们传统思维的转变，以实现乡村治理法治化。

二、选择合适的宣传教育内容

在宣传教育的内容方面，我们应注重选择与农民生产生活关系密切的内容，并注重对农民现代法治观念和现代权利意识的培养。权利意识与法律信仰是一种互动关系，权利意识的增强导致法律信仰的生长；反之，信仰的增强也必将推动公众权利意识的扩张，进一步推动法律意识的增强。将宣传教育与农民的生活实际相结合，借由现实案例将抽象难懂的法律条文变得通俗易懂，告诉农民哪些是应当承担的义务必须做，哪些是错误的不能做，哪些是享有的权利受保护以及怎样保护自己的权利。

　　与农业农村相关的法律更应是宣传教育的重点内容，农业、农村的立法与农民生活密切相关，农民更需要去了解、认知。要培养农民的法律信仰，便要从农民对法律的认可着手，健全、完善农业、农村的立法更有利于农民认知、接受、遵守、运用法律。当前，与农业、农村、农民相关的立法还不够健全、完善，为更好地适应农村改革发展的要求，需要进一步完善农业、农村、农民的有关法律，且立法内容需要多考虑民众的实际需求，多考虑民众的想法和愿望，让农民体会到法律能够切实保护农民的合法利益，体会到法律能够切实保障农民的民主权利，从而自觉信仰法律、遵守法律。健全、完善与农业、农村相关的各项立法，就要从完善农村的经济发展、政治建设、文化发展等各个方面的立法着手，而且意义重大。例如，完善保护农业生产的立法，保护农业发展。农业作为基础行业，在各个国家都受到特殊保护。通过立法加强对农业发展的支持和保护，对我国农业发展、农村建设、农民增收具有很大作用，尤其加大对农业的投入和补贴，既可以提高农民的种粮积极性，保证粮食的产量，维护国家的粮食安全，又能够降低粮食进口对农民收入的冲击；通过立法推动农业现代化发展，推广农业合作社等有益尝试，提高农业生产的专业化、机械化以及产出效率；完善可持续发展和食品安全的相关法规，规范农产品生产标准，以质量保证并提高我国农产品在国际市场的竞争力；完善农村社会保障相关制度，如农村养老保障、农村医疗保障、农村社会救助、农村最低生活保障等制度，保护农民切身利益，让农民共享改革发展成果。

三、注重宣传教育对象的不同

　　在法律宣传教育的对象方面，农民的法律素质因受教育程度的不同而具有差异，因此农村的法律宣传教育工作要针对不同群体的不同特点进行。①针对村干部等农村精英群体开展法律学习教育。在农村，村"两委"干部等精英层的影响力很大，提高他们的法律素质对普通村民法律素质的提高具有带动作用，因此可组织针对农村精英层的法律知识学习和培训活动，提升他们的法律素质。②针对农村青年、学生群体开展法律学习教育。青少年是祖国的未来，他们的法律素质对国家法律素质的整体水平至关重要，关系依法治国方略的长远实施，因此青少年应作为法律宣传教育工作的重点。③针对基层行政、司法和执法人员开展法律学习教育。公正司法、严格执法是最好的法律宣传教育方式。现实生活中的司法不公、执法不严现象对法律的严肃性、权威性造成了不利影响，削弱了法律宣传教育的效果。加强基层司法和执法人员的专业知识培训，提升他们的专业素养，提高基层司法和执法人员公正司法、严格文明执法、依法行政的能力和水平，确保他们为农民朋友提供更加合格、更加专业的法律帮助和服务。

四、采用多种创新的宣传教育方式

（一）对教育方式的选择

努力提高广大农村干部群众的法律素质，加强对各级相关部门领导干部的法律培训。将普法与乡村精神文明建设结合起来，利用更多的渠道如广播、电视、互联网来宣传，改变突击式、灌输式、概念式的自上而下的单一普法模式，将普法与基础教育相结合。力争将普法教育纳入义务教育体系，让法律知识进入课堂、写入课本，真正做到普法从学生抓起。结合各地区的特点，积极引导宗教人士和信教群众参与法治宣传教育。

在法律宣传教育的方式方面，我们应该选择多种有效的方式进行，根据不同教育方式的优势，多管齐下，保证宣传教育工作的效果。

1. 利用文化活动的开展推进法律宣传教育工作

开展法律宣传教育工作，对法律知识进行普及只是初级目标。传播法治思想、培养法治意识、弘扬法治精神才是工作开展的终极目标，通过举行文化活动可以营造更适宜思想、意识、精神形成的环境，而且以丰富的文化活动为载体，宣传教育的样式多样，宣传教育的氛围浓厚，可以吸引农民群众主动参与，以文化活动的趣味性、交流性代替枯燥乏味、单向灌输的传统宣传教育方式，让农民在参与活动的过程中不知不觉地受到法律知识的熏陶，从而获得更好的宣传教育效果。

2. 利用法律服务活动的开展推进法律宣传教育工作

农民群众接受法律服务的时候，是他们最需要了解法律、最渴望学习法律知识的时候。基层法院、司法所、援助律师等要抓住向农民群众提供法律服务的机会，教育、引导农民加强对法律知识的学习。比如，通过审理、调解具体案件的过程向农民展示法律的强制性和公正性，让农民明白违法犯罪行为是一定会受到法律的惩处的，将法律服务工作与法律宣传教育工作相结合，促进农民对法律知识的学习。

3.发挥家庭、学校等在推进法律宣传教育工作中作用

以家庭为单位开展法律宣传教育活动，家庭内部、邻里之间相互帮助、共同学习，并充分发挥学校作为推进法律宣传教育工作的主阵地的作用，将对法律知识的学习穿插在学生的日常学习和课外活动当中。

4.发挥传统教育方式在推进法律宣传教育工作中的作用

可以利用村庄的图书室、活动室以及村务公开栏等宣传阵地对农民进行法律宣传教育；可以利用文化下乡等活动，编写农民能够看懂的法律知识小册子并进行发放，号召大家学习法律知识。

其他形式的普法宣传教育还有现场宣讲、发放宣传资料、现场解答法律问题等，同时要积极应用多媒体技术，以网络、手机等为载体，宣传法律知识，开展网络普法活动。另外，可以在农村开展巡回法庭，以案释法，生动直观地让农民观摩学习法律知识，提高法治思辨能力。在村委会、村级阵地建设方面营造法治氛围，从口号标语、农家书屋、村图书室、农民夜校等方面着手，加大普法宣传力度，营造法律文化氛围。在向村民发放宣传单的同时，发放印有法律知识图片的小扇子；鼓励农民利用业余时间排演普法节目并登上村里的舞台演出；利用手机推送典型案例；改变传统的普法宣传手段，创新方式，不断加大加深普法宣传教育力度。针对农村人员流动性大、文化水平不高等特点，创新普法宣传教育的方式方法；除了内容外，还要在普法宣传的感染力、吸引力上动脑筋、下功夫。

（二）明确农村普法宣传的侧重点

采取"重点突破、分类施教"的方法，重点抓好村干部、农民党员、村民代表的普法教育工作，努力提高他们依法办事的能力，提高他们的法律素质，教育引导他们带动广大村民。在普法宣传上选择与农民生产、生活息息相关的法律法规作为普法宣传教育的重点内容，这样农民学习感兴趣，普法人员宣讲也接地气。整合农村现有宣传教育资源，充分利用乡镇普法宣传员、司法所派出所干部、乡村中小学教师、乡镇干部、法律援助律师等人才资源开展农村法治宣传和普法教育。

比如，在阿克苏地区，各地农村均有一支驻村工作队。应充分利用工作队的优势，开展各类大宣讲，加强农牧民夜校学习，鼓励和引导农民学习法

律，帮助他们在处理各类涉农事务时，依照法治的原则处理，努力在农村营造一个良好的法治环境。

（三）对农村普法要做到常抓不懈

普法宣传教育要常态化，不能每年一阵风，同时落实"谁执法、谁普法"的工作原则，通过多种手段调动农民学法、用法积极性，坚持不懈、久久为功，农村普法宣传教育应当大力倡导法治理念、广泛普及法律知识、积极营造法治氛围。农村普法宣传教育水平的高低、工作开展的好坏、开展时间的长短将会直接影响农民法律思维的树立，影响农民对社会治理法治化的认知程度，只有基层群众法律思维水平和认知水平提高了，才能影响和带动农村整体法律环境、法律文化建设。

五、开展送法下乡活动

法律的普及需要政府的推动和动员，也需要广泛的社会参与。送法下乡活动的开展是一个比较好的方式，在许多地方都有进行，但许多都流于形式，为宣传而宣传，走个过场，拍几张宣传照，写几份通稿了事，没有起到实质性的作用。事实上，送法下乡需要经常开展，需要丰富多彩，更需要落到实处。广泛组织和动员社会力量下乡开展法律宣传活动，以群众最喜闻乐见的形式将法律之花送到千家万户，可以提高群众法律修养，扩大法律影响力。

据调查，农民最需要的法律是实用性法律，如《中华人民共和国劳动法》《中华人民共和国农村土地承包法》《中华人民共和国民事诉讼法》《中华人民共和国刑法》《中华人民共和国刑事诉讼法》《中华人民共和国村民委员会组织法》（简称《村民委员会组织法》）等。以某乡镇为例，乡镇文化站里有几千册书，但没有几本法律书，大部分都是农业科技、养殖、农机、电力通信、文学以及一些通俗书籍，如演讲类、故事类、保健类。很少有专门的法律册子和普法书籍。同时，文化站基本没人光顾，很少开门，只有应付上级检查时才布置一番，这突出反映了乡镇文化站的形式主义较为盛行。因此，送法下乡活动应该由县一级文化和法制部门牵头，成立专项工作小组，带着普法任务下去，集中人力、资源优势，营造强大的普法氛围，这样才能引起乡镇干部和村干部的极大重视，才能真正保证送法活动的有效开展。宣传方式也应多样化。由于农村居民居住分散、流动性强、文化程度较低，单纯的法治讲解和发放法治书籍难以提高学习兴趣，需要开展讲座、文艺演出、图片展览、法律咨询等丰富多样的活动，才能使群众在潜移默化中受到法治熏陶，接受法治教育，自觉提高法治水平。农村还存在大量的村公所，要充分发挥村公所这个最接近群众的宣传平台，大量印发法治宣传资料和图书，配备专人管理和负责宣传任务。只有主动学法的氛围在广大农村普遍形成，新农村法治化建设才能真正实现预期目标。

六、以法治培训强化农村基层干部与群众的权利意识

所谓权利意识，是指人们对一切权利的认知、理解和态度，是人们对实现其权利方式的选择，以及当其权利受到损害时，以何种手段予以补救的一种心理反映，它构成了公民意识和宪法精神的核心。基层干部和群众的权利意识在很大程度上决定了农村基层群众对法治建设的热心程度，有强烈的权利意识，才能主动学习法律和运用法律，在遇到权利受损的情况时，才能积极运用法律手段，寻找公力救济，而非靠私力救济，罔顾法律而蛮干。

农村基层干部的权利意识的培养主要应通过培训的方式，一方面，组织农村基层干部分批到党校、干校集中进行法治培训，充实法律知识；另一方面，建立普法队伍，经常下乡开展普法教育课活动，召集村干部和党员到乡镇进行系统学习。而对群众权利意识的培养应该结合群众自身利益，同时对周围发生的众所周知的案例进行法律解释，解开笼罩在群众心中的种种疑惑。这样既可防止农村谣言的散布，又可宣传法律知识，更能促使群众权利意识的觉醒，可谓一举多得。农村群众因为自身条件的限制，在权利受损时，往往通过私了或村干部调解来解决，尤其是发生一些道德品质败坏的违法犯罪行为时，被害人往往为自身名声考虑，放弃自诉权利，将事情隐瞒不报，公安机关与公诉机关便无从得知，犯罪分子难以得到应有的惩罚。对于这种现象，要大力宣传公民的权利，同时保护当事人隐私，防止因不良媒体曝光而损害或侵犯当事人权益，尤其是被害人名誉权的情况。加强村干部和群众权利意识的培养，既能更好地维护基层群众的基本权利，又能促使他们主动履行自身义务，对新农村和谐社会的构建和法治化建设具有极其重要的意义。

第二节　完善法治化规范体系

一、明确治理主体权责

新时代乡村社会多元主体参与治理已然成为事实且在进一步发展中，但权力越位、错位、缺位现象仍然存在。推进治理主体法治化就是要打破公权力主宰乡村社会的治理格局，引入市场和社会主体参与治理体系，既要确保基层政府、村民自治、基层党组织、民间组织、乡村精英等主体"在场"，深度参与实质性事务，又要明晰彼此权责，促使多元主体各司其职、各归其位。

（一）转变政府职能，推进规则治理

基层政府是国家权力在基层社会的代表者，是宣传国家大政方针、贯彻国家决策部署、引导基层治理航向的重要主体，在乡村治理中发挥着主导性作用。当前，乡村治理实践中公权力与自治权矛盾时有发生，根本上是因为治理权力边界不明晰，所以必须要转变政府职能，规范政府治理权力运行，推进规则治理。

应当予以明晰的是，转变政府职能，推进规则治理，引导多元主体合作共治，并不是将"政府之手"完全从乡村治理体系中撤离，一切交由基层主体，而是主动适应时代发展潮流，将政府角色从过去的"全能政府"向"有限政府"转变，从"重管理轻服务"向"管理与服务并重"转变，把"本应由社会承担的交给社会，应由市场配置的还给市场，明确自身在基层治理中的地位及权限，做到'有所为，有所不为'"，推动公权力在法律框架内运行。

要建立"权力清单"，明晰基层政府的权力范围。建立权力清单就是要把基层政府所行使的公权力进行全面统计，并将权力列表清单公之于众，接受社会监督。乡村社会治理事务繁重复杂，民众利益诉求多元多变，政府不可能面面俱到。因此，政府应当向基层社会分权放权，通过建立权力清单以明确与基层自治组织指导、支持、帮助的范围，明确自身的权力限度，对属于基层民主自治范围内的事不轻易干涉，对本应由政府出面的不袖手旁观。比如，对农民普遍关心的农业技术、农村道路、农业水利、文化设施等公共

领域，村委会作用有限，难以满足民众需求，这时基层政府就不能置之不理，应积极履行公共服务职能，主动为民谋利，排忧解难。

要转变基层政府的工作方式，规范权力运行。基层政府处于国家政权体系的末梢，与人民群众的关系最为密切，在乡村治理中的角色是指导而非指挥，是监管而非控管。因此，必须转变过去命令指挥式的管控态度为民主协调、耐心指导的方式，要遵循村组织规定的指导与被指导原则，而非现实中上下隶属的领导关系，要规范自身权力在法律限度内行使。同时，基层政府作为乡村治理运转的掌舵者，要强化在基层治理中监管、引导和服务的作用。对于基层群众经济、生态、民生等发展面临的困境，政府应及时出台政策予以支持，加强宏观调节，营造良好的发展环境。要依法监督村民自治权的正常有序行使，对村民自治中存在的违法违规行为应坚决查处，净化基层政治生态；对影响群众生命安全的违法犯罪行为应加强执法力度，营造风清气正、公平公正的法治环境，保障基层治理健康有序推进。

（二）改善党的领导，推进示范治理

基层党组织是党在基层社会的细胞，是中央感知基层社情、民情的传感器，是落实党的决策部署的执行器，在乡村治理中处于领导核心地位，发挥着领导核心作用。具体来看，党的基层组织主要包括乡镇层面的党委与农村层面的党支部，领导核心作用主要表现为党对基层政府、村委会两级组织在政治、思想、组织上的整体全面领导。与政府等正式的官僚机构相比，党组织的非正式性避免了机构膨胀给国家带来的麻烦。通过先进的政党组织贯彻国家的意志，体现出国家控制的发展，政党内部的组织原则和组织效率是官僚机构的层级节制、利益诱导等机制所无法比拟的。因此，乡村治理过程中必须提升和优化党的治理能力，推进示范引导治理。

要加强基层党组织的组织力，提升党的决策部署能力、宣传动员能力和贯彻执行能力，有效凝聚乡村社会共识。新时代的乡村基层社会发展不平衡、不充分，矛盾日益突显，脱贫攻坚任务艰巨繁重，矛盾纠纷与利益诉求复杂交织，乡村治理面临的困难和挑战前所未有。作为基层社会治理的领导核心，基层党组织必须适应基层社会的发展变化，提高执政和治理的有效性，坚决贯彻中央决策部署，充分调动基层群众积极性，充分发挥党组织在治理中的模范带头作用。基层党组织要带头尊法学法、守法用法，恪守国家

法律底线，严守党章党规要求，在行使权力、发挥作用中，坚持在法律的框架下运行，不能超过权力边界，要自觉接受基层群众监督。

要明晰自身的职责范围与权限，做到有所为有所不为。基层党组织，特别是村党支部在乡村治理过程中处于领导核心地位，在行使职权的过程中，要正确协调和处理与乡镇政府、村委会、民间组织、乡村精英等主体的关系。要支持和配合乡镇政府开展工作，确保各项上级决策部署贯彻落实；要支持村委会正常行使自治权，尊重和激发村民民主意识，鼓励引导村民有序地参与政治；要支持民间组织、乡村精英参与乡村治理，为农村基层政治结构的完善、民众生活的优化、农村政治空间的成长和治理效能的提升打造坚实的基础。同时，对于涉及村里发展大计、涉及村民切身利益的事项，应广泛征求意见，充分协商讨论，最终交由村民大会决定，保证民事民议贯彻落实。对于现实中村委会主任和村党支部书记权力冲突、相互扯皮问题，应当规范选人用人、科学配备岗责，保证各项决策的贯彻落实，凝聚民众共识。

（三）加强基层民主，保障自治权利

村委会是村民自我教育、自我管理、自我服务的群众自治性组织，依法行使自治权利，在化解基层矛盾纠纷、协调农村利益关系、凝聚基层民众共识、推动乡村社会发展中发挥着重要作用。从实践运作看，村民自治权的有效行使和作用的发挥，既需要外部环境的支持保障，又需要内部权利运作的民主公正。当前，针对村民自治权错位缺位、能力弱化等问题，必须从外部权利保障与内部权力运作共同着眼，加强基层民主，保障村民自治权。

要合理划分基层政府和村委会的权力边界，明确指导与被指导的关系范围，充分保障基层群众的自治权。现实当中，由于基层事务繁杂、脱贫攻坚任务艰巨，加之基层政府与村委会关系不明确、公权力与自治权边界不明晰等体制漏洞，行政权力对乡村社会挤压渗透成为常态，致使村民自治权力被压缩、自治地位下降、治理能力弱化、影响力降低。事实上，村民自治不仅是国家治理乡村的一种方式，还是国家赋予农民的一项不可剥夺、不可转让的基本权利。诚如习近平所言："我们要坚持和完善基层群众自治制度，发展基层民主，保障人民依法直接行使民主权利，切实防止出现人民形式上有权、实际上无权的现象。"因此，实施乡村治理振兴、推进乡村治理法治化就必须从法律上明晰权责，明确指导与协助的内容与范围，充分保障村民自治权，

从根本上防止行政权力的任意渗透。同时，应该予以明晰的是，村民自治并非完全高度自治，而是在基层政府指导下、党的领导下的自治，在权利行使中，村委会应明确自身的角色定位，密切配合，协助基层政府开展工作，积极落实科学完善的决策部署，推动权力与权利的有效沟通、和谐互动。

要发扬基层民主，改进村民自治工作方式，严格落实农村"四个民主"，广泛凝聚民识民意、集中民智民力，推动民有民治、民建民享，充分调动基层群众的积极性、主动性。村民自治的发端应是自下而上的，是民众为了共同目的而达成的契约，这个契约性主要体现为民众对具体事项达成的一致，既是基层公共价值的凝练和升华，又是自治范围内各主体共同遵守的准则。因此，在村民自治权运行过程中应广泛实行民主，充分集中民智、民力、民心，推动乡村各项事业健康有序发展。具体而言，要规范民主选举，依法按时进行村委会选举换届，规范村委会候选人的产生方式以及对候选人的资格审查，完善投票程序，推动选举的高效公正性；要促进民主决策，定期召开村民会议、村民代表会议，把一切涉及村民切身利益、事关村庄发展的重大事务交由群众决议；要增强民主管理、民主监督，畅通诉求表达、意见反馈渠道，依法依规公开村务、财务，自觉接受村民监督。

（四）发展民间组织，促进协同治理

民间组织作为基层群众共建共享的重要载体和平台，在发展基层民主、活跃乡村经济、完善公共服务、推动社会建设等方面有精彩表现和重要作用。一般而言，乡村民间组织主要包括商业性组织、公益性组织、互助性组织等，是由农民自发组织，或在政府的推动和支持下成立的组织，参与主体主要由农民构成，目标在于更好地实现农民的政治、经济利益或完成某种社会保障功能，是民间社团。乡村基层社会治理事务繁重复杂，利益关系重叠交织，治理缺位失位现象一直是困扰乡村治理的难题；民间组织由于其组织形式的特殊性、类型的多样性，往往能提供多元化、精准化、个性化服务，可以填补乡村治理的空白。在参与治理进程中，民间组织与基层政府、村委会、村支委等主体相互协作，实现共同行动、耦合结构和资源共享，从而弥补了政府、市场和社会单一主体治理的局限性，优化了治理主体结构。但是，当前农村地区民间组织发展不充分、地位不明确、权利无保障、作用不突出等问题比较突出，阻碍了民间组织的角色扮演和作用发挥。因此，应创

设条件鼓励发展民间组织，推进协同治理。

政府等部门应鼓励、支持民间组织发展，放宽民间组织准入门槛，简化登记审批，并提供政策、资金支持，营造民间组织发展的良好环境，推动民间组织充分发展。西方发达国家非常重视民间组织在治理过程中的作用发挥，如美国的民间组织高度发达、类型多样，广泛分布于文化卫生、环保民权、宗教慈善等领域，提供了丰富多样的服务，满足了乡村社会发展的需要；韩国最大的民间组织农协曾吸收了六万多农民加入，充分调动了民众的积极性。相对而言，我国民间组织发展不充分、发育不完善，缺乏良好的发展环境，限制了作用的发挥。因此，政府等相关部门应发挥政策指挥棒的作用，适当给予民间组织以政策倾斜、资金扶持、技术引导等，促进民间组织由小变大、由弱变强。

应通过立法形式对民间组织在治理过程中的地位与职能、治理的权利与职责、参与治理的渠道与形式予以确认，通过法律的权威性保障民间组织的权利行使与作用发挥。应出台相关配套办法和举措，加强对法律制度的宣传和教育，鼓励、支持乡村民间组织在法治框架下大放异彩。同时，民间组织自身应明晰角色定位，利用自身优势和地位，积极参与乡村治理。比如，商业性组织参与乡村治理，不仅可为民众提供工作机会，消化劳动力的剩余问题，还可带动民众共同发展致富。这一过程中，民间组织应正确协调政府与公众之间、政府与法人之间、人与人之间、利益群体之间的各种关系，以避免摩擦、减少矛盾、消除对抗。通过沟通协调密切关系赢得生存空间，从而更好地发挥作用，助推乡村社会更好更快地发展。

（五）吸引新乡贤，引导参与治理

新乡贤是指现在或曾经生活在乡村各个领域的具有杰出成就或重要影响的优秀人才，他们有爱乡情怀、良好品行，有丰富的知识技能，在乡村社会有较高的威望。追溯历史渊源，新乡贤治理乡村实际上是对传统社会"乡绅自治"的传承、拓展和创新。当然，新时代之新乡贤是在社会主义文化的熏陶下，在现代社会变革的历练中逐渐成长起来的，与"封建礼俗熏陶下的乡绅阶层"有着本质性区别。新乡贤作为乡村治理的一股清流，在村民中有较高的威望，广受村民爱戴和敬重，是带动村民前行的引领示范者和效仿偶像，对完善乡村自治、发展乡村经济、推进道德教化、传承乡村文化具有重要作用。当前，鉴于乡村精英流失严重、作用发挥不突出等困境，应创设条件、开拓渠道，吸引新乡贤参与乡村治理。要培育新乡贤，挖掘乡村内部有能力有威望的乡贤群体，吸收引进各类乡贤群体返乡，如吸引有为青年回乡创业、企业家反哺家乡等，为乡贤群体提供资源、人力、政策等支持和保障。新时代实施乡村振兴战略，推进精准扶贫、精准脱贫，实现乡村治理法治化离不开人才支撑，需要各行各业有能力有想法的先进群体参与治理，而乡村社会土生土长、浸润乡土洗礼的乡贤群体是最佳的人才储备库，应当及时挖掘、吸引他们回乡贡献智慧力量。

要明晰新乡贤的地位和作用，为新乡贤参与治理提供渠道途径。新乡贤组织与村"两委"的关系已经成为乡村治理新秩序的一个重要变量，如何既坚持村"两委会"的主体地位，又吸收新乡贤组织作为重要补充，并在两者之间达到一种平衡是新时代乡村治理法治化亟需解决的问题。因此，当地政府及村两委应该整合和挖掘新乡贤力量，创设精英参与治理的渠道，如可以吸收有能力、有意愿的新乡贤进入村委会，直接参与乡村治理，可以建立乡贤理事会等平台，打造乡村精英智库，为乡村治理建言献策。"枫桥经验"中乡贤治理是重要内容，形成了"爱家爱乡、守望相助、诚信敬业、平等包容"的乡贤文化，建立了乡贤参事会、乡贤调解团、乡贤协会、乡贤帮忙团等平台，在乡村法治化治理中发挥了重要作用，这种接地气、有创新的渠道和平台应当予以推广。

二、完善治理规范体系

乡村治理法治化的前提是具有完善的治理规范体系。总体而言，这套规范体系既包括国家制定的统一性的法律法规体系，又包括乡村社会内生性的民间规范，它们是乡村治理的总依据。因此，必须建构科学完备的治理规范体系，推进治理规范化、法治化。

（一）完善乡村治理法律体系

法律体系是由国家法律法规构成的统一体，是一个整体性、系统性的概念，自身包含着科学完备的价值追求，不仅是形式意义上的数量充足、结构完整，更是实质指向上的现实回应。任何层次、任何社会的治理规范都不是单一的，而是由多重法律法规构成的有机整体。鉴于当前乡村治理规范内容不明确、治理主体地位作用不明晰等困境，笔者认为应当制定和完善一整套乡村治理法律法规体系，力争做到全方位、多层次的覆盖，规范和保障新时代乡村治理的有序开展。

应当出台专门针对乡村治理的法律法规。多元主体治理乡村已成趋势并在不断向前推移，鉴于当前乡村治理主体缺少明确的法律地位和职责界定，致使治理主体权益缺少保障，各治理主体的权责、治理过程的操作等必须有明确规定。要通过制定专门的法律法规，明确多元治理主体的地位和作用，赋予各治理主体职权和责任，尤其是对民间组织、新乡贤等新兴主体的权利和职责应予以充分规范和保障，确保多元主体的治理行为于法有据、违法必究。同时，应规范治理过程中各要素的运作关系，对乡村治理目标的设定、治理决策的拟定、治理过程的运行监督、治理效果的评价反馈、治理环境的有效保障等环节运行的方式方法、操作步骤有明确规定，确保治理全过程的顺利开展。这一过程中既要坚持在国家治理现代化的宏大叙事背景下遵从法治中国建设的整体架构，又要充分尊重和考虑乡村基层的实际情况，使法律内容和价值符合国家治理、社会自治、个人自主的协同关系。

应及时修订完善现有的法律内容。稳定性是法律发挥作用、产生效力的重要原则，也正是稳定性注定了它存在"时滞"的缺陷——法律从制定颁布的那一天起，就已经在某种意义上落后于不断变化的时代。因此，在立法实践中，应根据乡村治理实践的变化发展及时更改法律内容，保证法律的科学性、时效性；对规定不明确、表述有歧义的条款应及时修订完善，防止法律天平倾斜。比如，我国村民委员会组织法明确村民委员会为基层群众性自治组织，不是一级政府机构。但事实上，村委会的行政化倾向越来越明显，这亟须从法律上予以明确澄清。对基层政府和村委会的指导与被指导关系、村党支部和村委会等的领导与被领导关系，法律应当予以明确规定；对指导与领导的范围、内容和方式等亦应予以明确界定，防止实践操作中的张弛伸缩。

当然，修订法律并不能奉行"立法万能主义"的思想观念，即无论遇到何种问题、制定何种规划、破解何种困境，总是寻求于制定法律、创制规则，预想着通过立法活动就能造就一种没有明显缝隙瑕疵的法律体系。事实上，这种观念恰是法治化的最大败笔。法律的生命在于实施，脱离社会实践的法律体系必然是空洞乏力的。乡村社会治理法律体系的建构必须"引入数量和质量的考量维度"，实现"从强调数量到关注质量、从填补立法空白到强调立法质量、从不断增补到关注整合"的系统过程。

（二）及时修订乡村民间规范

乡村民间规范是由共居于同一村落范围内的村民在长期的生产实践和生活交往中逐渐形成的共商共约、共信共行的行为规范。这种"民间"属性体现了非官方的特性，即不是由国家强制力作为后盾的，而是依靠基层社会公众舆论发挥作用，是介于国家法律与道德之间的"准法"，具有自治性、自律性、地域性和契约性特征。从形成渊源而言，乡村民间规范与传统社会的礼治规范具有同宗同源性，是礼治规范在现代社会的延续和传承，正因如此，民间规范在乡土社会具有巨大的生命力和契合性。针对当前乡村民间规范存在的内容滞后脱节、制定程序缺乏民意等困境，我们应及时修订并完善乡村民间规范，推进民间规范的法治化。民间规范的制定和修改方式要体现民主原则，充分尊重民意、反映民众诉求。民间规范"最可贵之处是民众的认同感较强"，所涉及的主题主要是村风民俗、婚丧嫁娶、邻里关系、社会治安、纠纷解决等基本事务，与基层群众的密切度高、关联性大。因此，只有充分体现民意，坚持从村民中来，到村民中去，凝聚全体村民的智慧和力量，对民间规范内容进行广泛酝酿和讨论，才能激发民众认同感，在实践中得到民众的广泛支持和遵从。从调研反馈看，山东省菏泽市马岭岗镇的乡规民约由于政府统筹独揽、缺少民意基础，以至于群众认同度低，违反行为时常发生。因此，乡规民约的制定权和修改权应当交给基层民众，由村民大会制定、修改；基层政府应当负责最终把关和合法性审查，而不能直接干涉乡规民约，更不能取代村民自治组织而自行制定。

民间规范的内容编排与拟定要充分尊重基层社会民情，反映社会实际情况。民间规范是特定地域范围的民众在长期的生产生活实践中所形成的，具有鲜明的地域色彩，一般只作用于该区域内的人们行为，对域外群体并不会产生效力。我国幅员辽阔，农村地域广阔，民间规范不可能形成全国统一的模型，"十里不同风，百里不同俗"才是现实观照，这也正是民间规范与国家法律法规的重要区别之一。因此，民间规范的内容拟定不应该"一刀切"，由上级部门统一制定而忽视乡村实际和民俗民意，而要立足乡村社会大舞台，既要继承传统社会积极向上的礼俗规范，又要尊重和反映新时代乡村社会的新面貌。

要发挥国家法律对民间规范的引导作用。民间规范源于乡村生产生活，也作用于生产生活，对乡村治理既会发挥正面规范作用，又可能产生负面滞后影响。当前，基层社会发展变化迅速，流动性和开放性不断增强，作用于封闭空间的民间规范很容易出现一定的滞后性。调研中我们发现，有些地方的乡规民约内容滞后于时代变化，与国家法律存在冲突。因此，要发挥国家法律的引导作用，及时更改和完善内容，使其紧扣时代脉搏，引导基层治理健康发展。对某些与国家法律法规内容相冲突、与现代法治理念不协调的民间规范应及时修订和完善，确保民间规范与国家法律同心、同向、同行。

三、建立科学的体制机制

乡村治理法治化的复杂性和关键点在于权力运行过程，从本质上说，治理过程就是决策与执行贯通、权力与权利互动的统合过程。"制度问题更带有根本性、全局性、稳定性和长期性。"乡村治理的有序推进有赖于制度的支撑和保障，要通过建构科学的体制机制，规范治理过程中的权力运行，推进治理过程法治化。

（一）建立民主规范的互动协商机制

所谓互动协商，就是各治理主体在治理过程中所形成的"以协商和对话的程序和形式达成共识或者协调分歧"。多元主体参与乡村治理，多元是形式，共治才是核心，共治就是强调各主体共同协商治理。然而在当前乡村治理实践中，多元治理主体因为利益诉求多元多变、权责关系混淆不清而难以达成共识，致使治理效率低、矛盾冲突不断，不仅浪费了治理资源，更影响了乡村社会的稳定健康发展。总体来看，治理共识的达成是一个不断统合与协调的过程，这就需要尊重和反映各主体的利益诉求和意见表达，通过对话交流、沟通讨论、平等协调等协商过程和机制寻求最大公约数、画出最大同心圆，进而形成多方沟通、协商合作的制度支撑。

1. 互动协商要坚持民主原则

拓展民主表达渠道，搭建平等协商平台。协商内含着民主的价值诉求，换言之，民主是协商机制的基础和前提，因此要将民主原则贯穿乡村治理全过程，让民主理念成为治理主体的价值遵循。在乡村治理中，事关村内发展的大事、涉及村民利益的事务管理和决策要以基层政府为主导，村两委为主体，充分尊重其他参与主体的治理地位和作用，通过拓展民意表达渠道，建立民主恳谈会、协商会等，充分征求和反映各治理主体诉求、处理诉求、回馈诉求。在这一过程中，要坚决摒弃基层政府权力包打天下的惯性思维，要抛弃村委会独断专行的人治思维，通过建构民主规范的互动协商机制，有效凝聚社会共识，画出最大同心圆。

2.互动协商要坚持规范合法原则

权力与权利的互动协商不是无序的，要在法治框架下规制互动协商行为，确保程序正义合法。在多元主体协商的过程中，要严格遵守国家法律法规，遵照乡规民约、自治章程等契约性规范，遵循民事民办的原则，充分"依托村民会议、村民代表会议、村民议事会、村民理事会、村民监事会等"开展协商沟通，进而"形成民事民议、民事民办、民事民管的多层次基层协商格局"，绝不能使协商流于形式，通过举举手、鼓鼓掌、签签字、拍拍照等，使互动协商成为橡皮图章，更不能将行政权力凌驾于民主之上。

（二）健全科学有效的监督评价机制

孟德斯鸠曾说："一切有权力的人都容易滥用权力，这是万古不易的一条经验。"权力是具有自我扩张属性的支配性力量，规范权力运行、加强权力监督是权力科学运转的根本选择。乡村基层社会是国家治理体系的"基座"，基层干部与群众关系最为密切，权力行使更为重要，但权力监督最为薄弱。近年来查处的一大批基层干部违法犯罪行为从侧面折射出基层权力监督的缺位。鉴于当前乡村治理中存在的监督评价体系单向性、内容选择性、形式单一化等问题，必须建立健全监督评价机制，使治理主体的权力运行在阳光下、驶向公正处。

在监督体系上，要建构党内监督与党外监督相结合，上级监督、同级监督与民主监督相接轨的监督体系。乡村多元主体共治，多元权力交织，权力运行的监督存在复杂性，任何单一的监督力量都是难以奏效的。要坚持在党的领导下，统筹各种监督力量，形成内部监督与外部监督相结合，上级监督、同级监督与下级监督相衔接的监督体系。在村委会内部，要建立和完善村务监督委员会对村委会权力行使全方位、全过程监督；就外部而言，基层政府的监督、乡贤群体的监督、普通村民的监督等要相互衔接。

在监督内容上，要严格按照"四民主""两公开"，对属于自治范围内的、涉及群众利益的、依法需要公开的要全部公开，自觉接受村民及其他治理主体的监督，充分保证知情权、监督权。例如，对村资产资金的管理与使用情况，村相关公共工程和基础设施的招标、质量与使用情况，中央惠农政策措施的落实情况，乡村文明建设与乡规民约的实施，以及村干部、村民代表的履职尽责等均应该进入监督的范围，确保监督领域、环节、过程的全覆盖。

在监督形式上，要丰富和拓展监督渠道。当前乡村社会监督渠道少，"两公开"主要贴在宣传栏上，监督流于形式。现代社会，互联网已成为人们生产生活、意见表达的重要载体和渠道，乡村社会可以探索网上公开和网下公开相结合，通过建立村、镇专属的微信公众号、官方微博等进行公示公开，保证人们随时随地能表达利益诉求和行使监督权。当然，建立权力监督体制机制的目的不是抵制或掣肘治理主体的权力，从根本而言，是为了规范权力运行，提升权力行使的合理合法性、公平公正性。

（三）完善多元高效的纠纷解决机制

多元纠纷解决机制的建构与完善源于乡村社会多元利益诉求和多变社会发展的现实趋向。伴随市场经济向农村的渗透和城镇化的发展，乡村封闭自守的传统形态被打破，利益多元化、矛盾复杂化、社会多变性成为基层社会常态，单纯地依靠司法判决难以有效化解多元多变的矛盾纠纷，驱使建构多元化解纷渠道和机制。正当其时，最高人民法院出台意见，要求各级人民法院树立"国家主导、司法推动、社会参与、多元并举、法治保障"的现代纠纷解决理念。理念是行动的先导，乡村纠纷解决应依据基层社会发展和民众纠纷现实来探索多元纠纷解决机制。多元纠纷解决机制的建立应该延承和顺应多元治理规范、多元治理主体的现实境遇。民间规范作为契约性规范与国家法律相伴相生，在基层社会有很大的生长力，矛盾纠纷的解决既可以通过国家法寻求路径，又可以转向民间规范，寻找乡土社会内在调解力量和路径。运用国家法律解决矛盾纠纷是公民的基本权利，也是治理法治化的重要内容。当前，我国已经建立了一套可以广泛适用的解纷机制，主要包含诉讼判决和行政调解、司法调解等。行政调解和司法调解主要运用公权力化解调解基层矛盾纠纷，是以尊重当事人的意愿为主的定纷止争方式。相对而言，诉讼判决具有刚性特征，法律的权威很大程度上有赖于司法，乡村社会矛盾纠纷通过司法判决解决可以有力彰显法治权威，唤醒基层民众对法治的渴望和认可，促进基层社会稳定和谐。

当前，乡村社会的矛盾纠纷应当主动诉诸法律途径维护自己的合法权益，有效化解矛盾纠纷。同时，应当从乡村社会内部寻求建立矛盾解纷机制。一般而言，乡村社会矛盾纠纷细小而多变，且多为民事纠纷，因此从乡村内部寻求解纷渠道既能节约国家资源，又有更多的生长点。费孝通先生认为，乡土社会是"无讼社会"，矛盾纠纷化解主要依靠乡土社会的内在作用，这种方式便民利民，更注重基层群众关系的弥合，符合基层民众意愿。此外，应当关注基层群众诉求，挖掘乡村社会内部力量，丰富纠纷化解渠道。村委会可以成立专门的民事纠纷调解会，吸纳村里有威望、懂法律、善调解的新乡贤和村民加入其中，对村民的邻里纠纷、家庭矛盾、土地争议进行调解。当前，我国乡村治理典范"枫桥经验"在乡村矛盾纠纷调解中已经走出了一条个性化、专业化之路，被很多地方学习和借鉴。他们主要"依靠群众就地化解矛盾纠纷"，注重从乡村社会内部挖掘矛盾纠纷化解的力量，如聘请退休干部、老教师、老党员等形成的"乡贤调解会""调解志愿者联合会""大妈调解团"等，这种内在调解在基层矛盾纠纷化解中发挥了重要作用。

第三节　规范农村群众自治制度

一、针对农村基层自治各项制度进行规范

基层群众自治制度的确立为人民群众依法行使民主权利、管理村庄事务提供了制度保障，有利于农村群众自治工作的规范化开展，依照法律规定参与对村庄事务的治理，让广大群众在行使民主权利时更有保障。

（一）对农村民主选举制度进行规范

进一步对农村民主选举制度进行规范，使村委会选举工作更加规范地开展，选举质量也会逐渐得到提高，从而提高群众对民主选举的参与热情和参与程度，增强群众的民主意识，使其更加珍惜手中的民主权利。但是，一些影响和破坏民主选举正常进行行为的存在，折射出民主选举的一些具体制度还不完善，导致一些不规范现象出现。

为提高村民参与村委会选举的积极性与自主性，应不断总结农村换届选举工作中的经验和教训，进一步完善农村的民主选举制度：①需要完善关于

民主选举的候选人提名和确定程序，避免候选人确定过程中的暗箱操作，增强群众对候选人的了解程度，完善公示监督制度，确保真正为村集体和村民利益考虑的人成为候选人，保障候选人的权利；②需要完善关于投票、计票等选举程序的详细规定，对流动票箱、委托投票等举措进行严格规范，使选举程序更加科学、合理；③需要完善关于村民对选举进行监督的相关制度，鼓励村民对村委会选举工作进行监督，如可以采取全程录像、第三方监督等措施，保证村委会选举过程的干净透明，保证民主选举工作的质量；④需要完善对影响和破坏民主选举行为的处置制度，对不适当手段和行为进行追究。通过惩处制度的完善，避免违法违规现象的发生，保障民主选举的规范化进行，保障村民民主选举权利的实现。

（二）对农村民主决策制度进行规范

实现农村事务决策的民主化、规范化是基层群众自治过程中的重要环节，是顺利实现民主管理的关键一步。村内事务决策关系到全体村民的利益，因此需要建立规范的、科学的决策制度。①发挥村民会议或村民代表会议的作用，充分听取多数人意见进行决策，防止因为少数人的独断专行或管理决策上的漏洞而损害全体村民的利益。只要是关系到全体村民的利益的事项，如村集体经济的收益、村集体项目的承租和村集体土地承包，都必须提交村民会议或村民代表会议进行决策，根据多数人的意见做出最终决定，充分体现决策过程中的民主性，实现村民民主自治的规范化。②在发挥村民会议和村民代表会议作用的同时，制定和完善民主决策的制度和章程，确保民主决策过程有章可循，防止有人利用工作程序中的漏洞。③遵循全局性、实际性原则，对于决策事项，要认真调研，反复研究，要考虑到村子的当前情况、发展前景和村民的长远利益，因此村干部要不断提高自己的工作能力和工作水平，广泛听取多数村民的意见，最大化地保证决策的科学性和可持续性。

（三）对农村民主管理制度进行规范

实现基层群众民主自治就是群众自己的事情自己管理，将群众的想法用于村子的管理，使以往的为民做主变为让民做主，依法还权于民。传统管理方式中基层政府作为管理方，村民作为被管理方，基层政府直接领导村委，向村委下达工作任务，通过村委干涉群众自我管理的权利，引发干群之间的矛盾。现代民主管理方式的应用可以顺利解决这些问题，使乡镇政府和村委会之间处于平等互助的关系，这样更有利于工作的开展，也更有利于培养村民的民主管理意识。

实现农村事务民主管理的规范化、法治化，需要继续从以下几个方面进行改进。①明确乡镇政府与村委会之间的关系。两者是平等互助的，乡镇政府是对村委会进行指导，而不是领导。村委会经常被当作乡镇政府的派出机构看待，不停地接受乡镇政府向下传送的工作任务，而影响到村子民主管理工作的实现。乡镇政府与村委会之间的关系被错误地定位成领导与被领导的关系，影响了农村民主自治的实现，与基层群众自治制度的要求不相符。基层政府应尊重村委会作为群众自治组织的权利，在工作中展现的是互助合作的关系。②理顺村委会和村党支部之间的关系，明确各自的职能范围，该划分清楚的绝对进行明确，党的事务和村民自治管理不能弄混，该共同承担责任也绝不相互推诿，对村内的重大事务或涉及村民利益的事务，由村两委成员共同商讨处理办法，然后由村民会议或村民代表会议讨论决策，保证管理的公开透明。③村干部要端正工作态度，转变工作作风，创新工作方法。村干部通过民主选举产生，政治素质过硬，威信也高。村干部在开展工作时应充分考虑并尊重群众的意愿，形成干群间的良好互动，如此村干部的民主管理意识、群众的参政议政意识都会得到提升，有利于农村民主管理工作建立起良好的秩序。④建立和完善村民主管理的制度机制。细化村内事务管理的工作流程，对发生的违规行为或损害村民集体利益的行为进行处置。对村干部也可设置相应的评议体系，对不合格的干部进行调整。发挥村民会议和村民代表会议在村内事务管理中的作用，群策群力，重大事务的管理需要听取多方意见，同时可将村民好的意见和建议运用于村务管理中。

（四）对农村民主监督制度进行规范

民主监督是在基层自我治理的过程中群众对村内重大事务进行监督的制度。在基层群众自治的过程中，监督的缺失可能导致权力的滥用，权力的滥用必然会导致对群众利益的损害。因此，要健全农村的民主监督制度，确保群众的利益不受损害，推进农村群众自治的顺利进行，保障农村的和谐稳定发展。

农村的民主监督工作运行遭遇瓶颈，致使民主监督操作困难，流于形式。主要表现在相关的民主监督制度机制不健全，村内组织的监督职权不明确，也没有相应的程序规定。村民对村内事务的监督作用不够，有的村民根本就没有进行监督的想法，对村务管理睁只眼、闭只眼，或者想进行监督却没有途径。有的村干部政治素质不高，认识不到民主监督的重要性，没有自觉接受监督；有的则觉得自己工作没有问题，不需要被监督。这些问题导致基层民主监督工作不能有效开展，出现监督漏洞，个别的村干部利用职权谋取私利，伤害了群众的信任，影响了农村社会发展秩序和农村自治的顺利开展。

从监督主体、监督对象、监督方法三方面采取措施，最终实现民主监督工作的规范化。

1. 明确监督主体

民主监督的有效开展必须依靠广大群众的力量，但是由于封建思想的影响，很多农民对村内事务都持事不关己、高高挂起的态度，导致民主监督的参与率低，监督力量不够，对村委会权力的监督存在空白地带。要实现真正有效的监督，必须培养村民的权利意识，让农民群众主动行使自己的监督权力，把村委会的工作放在阳光下，把村干部的权力放在监督中。

2. 明确监督对象

在对村干部和村委会工作的监督上，凡是涉及村民利益的事项都应受到监督，如村内事务、村级财务、干部作为、政策落实等，而且村内事务是监督的关键，村级财务是监督的重点。村两委班子成员，尤其是村两委主要负责人要自觉接受群众监督，以保证勤政、廉洁，群众满意。村委会需要主动公开相关工作，只有对所有可能出现问题的地方都监督到位，才能防止权力被滥用，才能保证村民的利益不受损害。

3. 明确监督的方法

可以设置专门的监督组织，如监督委员会，赋予农民合法的地位，并能够以适当的力量进行民主监督，村内重大事项的实施必须有监督委员会的参与，通过制度的完善，保障监督委员会对村内事务的参与权与知情权。同时，畅通民主监督和民意表达渠道，让违法违纪行为无处存在。

二、积极利用村规民约与道德引领

实现农村社会治理的法治化不能只是盯着法律、法治，而忽视村规民约与道德的作用。农村社会治理有相应的自律性、生活性、伦理性，在传统色彩浓厚的农村社会，民间纠纷的解决、社会家庭秩序的维护和权利义务关系的调整等，必须对传统伦理表示一定的尊重。在这种情况下，为更好地实现农村社会治理的法治化，必须积极发挥农村传统习惯与道德的作用。

（一）发挥以村规民约为代表的民间法的作用

在中国传统的法律体系中，除了由国家立法机关制定的正式的法律法规，民间也有自己的规则和逻辑，也就是我们所说的民间法。民间法在民众日常的生产和生活中形成，由传统习惯演变而来，在特定区域和特定关系网内发挥着作用，对特定的状况进行着调整。但民间法并不是真正意义上的法律规范，虽然具有一些法律规范的特征，但不是法律。民间法作为制定性的规范，因制定机关的限制无法纳入我国的法律体系，但是民间法因与法律有着高度的相似性，而且与村民生活密切相关，可调整村民的日常行为，并在村民中间普及程度高，基本家家户户都知晓。我们所要做的是重视民间法存在的合理性，挖掘民间法在社会治理法治化工作中对法律功能实现的辅助作用，实现民间法与国家法在功能作用上的相互补充。在农村社会治理法治化的工作过程中，必须充分考虑到农村对民间法和传统道德的信仰，对民间法和传统道德采取宽容的态度，将其合理的部分吸纳为国家法的一部分，从而增强民众对国家法的信仰。

村规民约作为民间法的重要组成部分，因地域的不同而不同。各地村民在长期的生产生活中形成的社会规范，可以调整特定地域范围内人们的利益关系和社会秩序，体现的是传统法治中农村的自治性。传统农村社会治理依靠的规范是村规民约，村规民约和由特定机关制定的国家法律比较起来，因为其来自农村实际，所以具有针对性强的优势。但村规民约在应用过程中受到的限制不足，且村民自治的权利过大，可能因村规民约的针对性造成对村民普适性人权的伤害，在保证村规民约施行起来不违反国家法律的范围内，可以在一定程度上保障其作用和优势的发挥。例如，将国家法律规定进行细化，详细规定在农村自治过程中村民、村委会、村干部的权利和义务规范等。因此，在推进现代法治的过程中，要充分尊重村规民约的存在并保障其作用的发挥。可以说，村规民约的合理合法存在是农村民间法在农村法治建设中发挥作用的一种重要体现，是对农村法治实际情况的一种尊重，也是对农民法治主体地位的一种尊重和保障，更是增强农民法治素养和能力的一种大胆尝试。

（二）发挥道德对法治的支撑作用

道德因素在农村社会治理法治化进程中的作用不可忽视，必须重视道德对法治精神的滋养作用，发挥道德基础对法治文化的支撑作用。提升农村道德水平与提升农村法治工作水平同等重要，都是推进农村社会治理法治化的基础性工作，道德建设与法治建设就好比鸟之双翼，缺了哪一样，农村社会治理的法治化都不能顺利进行。推进农村社会治理法治化工作，在提升农村法治工作水平的同时，更要坚持不懈地加强农村的道德建设，提升农村道德水平，实现农村社会治理过程中依法治理和以德治理的综合作用，营造农村良好的法治和德治环境。在坚定不移地推进法治教育的同时，强化道德教育，发挥道德的教化功能，努力保护和挖掘乡村原生态的自然资源和优秀的文化资源，广泛利用丰富多彩的农村道德传统和多样化的地方文化特色，破除封建迷信，扫除陈规陋习，推动农村环境和观念的革新。通过广泛宣传，使"富强、民主、文明、和谐，自由、平等、公正、法治，爱国、敬业、诚信、友善"道德要求深入民心。通过开展"最美家庭"评选、"好媳妇好婆婆"评选、"星级文明户"创建等多种形式的活动，把道德建设融入丰富的社会实践活动之中，提升广大群众的道德水平。要大力弘扬互帮互助的精神，建立见义勇为奖励机制，解除见义勇为者的后顾之忧，从精神上、物质上对好人好事、先进道德模范进行鼓励。村两委班子成员尤其要注重发挥自己的表率作用，带头提升自己的职业道德、社会公德、家庭美德，推动农村道德建设。

三、规范政法部门的工作

法律的价值体现在法律的实施上，只有使法律的作用得以发挥，司法公正、执法严格，才能使法律的价值得到实现，树立法律的权威。行政执法机关和司法机关分别承担着行政执法和司法的工作重任，是法律得以公正实施、严格实施的重要保证。只有做到公正司法、严格执法，群众的合法权益才能得到维护，法律的实施才能得到人民群众的认可，法律的价值才能得到人民群众的承认。如果司法机关和行政执法机关没能做到公正司法、严格执法，不仅不能有效制止违法行为的发生，还会对违法犯罪行为进行包庇，甚至自身都违法违规，这些都会严重损害司法机关和行政执法机关的形象，损害国家法律的严肃性和权威性，损害公众对实现社会法治的信心。

（一）加强司法工作的公平公正

司法工作的公平公正是发挥法律作用的重要保障，是实现法律价值的重要保障，也是维护法律权威的重要保障。如果农民寻求法律途径来解决矛盾纠纷，就是对法律寄予了很大的希望，也可以说是最后的希望。因此，我们需要努力让村民在每一个司法案件中都感受到公平正义。要实现司法的公平公正，必须在司法执行过程中坚持公平正义，这也是法律的根本要求，不公正的司法是对法律精神的背叛，是对法律价值的否定，会造成人们对法律公正性、公平性的质疑。英国哲学家培根曾经在《论司法》一文中指出："一次不公正的司法判决比多次不法的行为为祸尤烈。不法行为弄脏的不过是水流，而不公正的判决则是将水的源头给污染了。"司法的不公正比违法犯罪行为的存在严重得多，因为它损害的是司法机关的权威性，破坏的是群众对法律的信仰。因此，司法机关一定要做到公平公正，通过自己的实际工作，实现法律所追求的公平公正的价值，并将法律的公平正义充分地展现给群众。

（二）加强执法工作的严格严肃

严格执法是推进法治工作的重要保障，也是法律能够推行的保障。在农村社会中，农民能够与法律产生直接密切联系的就是与行政执法人员的接触。在接触的过程中，农民会依据自己所接触的执法行为对法律的价值是不是得到实现进行判断，从而判断法律是否值得信赖。因此，对基层执法工作进行严格规范是树立公民对法律信仰的关键所在，也是推进农村治理法治化进程的重要举措。因此，严格规范执法工作要应从以下几个方面开展。

1.明确农村基层行政机关在执法工作中的地位

明确基层行政机关在农村执法工作中的性质与主体地位是十分必要的，也是能够切实维护农村村民合法权益的客观要求。对农村基层行政机关的执法权进行整合与合理配置，在明确的基础上对整个农村事务的管理做到全面覆盖。覆盖的范围包括农业生产投入监管执法领域和农业生态环境资源保护监管执法领域。这两大领域直接关系到农产品的质量安全，也与农村的基本经济生活有着密不可分的关系，因此明确基层行政机关执法的地位，要做到执法无死角，并且加强执法工作人员在这方面的专业知识学习，做到执法的过程中确保行为的科学性与合理性。

2. 积极推进农村综合行政执法改革

做到农村严格执法的一条重要途径在于对农村的行政执法模式进行改革，而我国近些年在部分省市的农村进行行政综合执法的试点改革，从试点的情况与我国目前的农村发展状况看，执法机构的模式大致有以下几种：

（1）大综合执法机构模式

该模式是对行政处罚权进行集中的一种模式。根据我国现存的法律法规，将农村治理中所涉及的由农业行政管理机关、农村工商部门与质量监督部门所掌握的执法权都统一集中，将执法权交由一个农村行政综合执法机构统一行使，并且该机构有独立的执法主体地位。

（2）中综合执法机构模式

这种模式介于大综合执法模式与小综合执法模式之间。这一模式是将现存掌握执法权的且与村民生活紧密相关的领域的执法机构如植物检疫站等，与农村行政执法机构联合办公，统一行使有关的行政执法权。

（3）小综合执法机构模式

这一模式指的是农村行政综合执法机构统一行使本级行政机关所涉及的与村民生活相关领域的行政执法权，但是如植物检疫或者动物防疫等其他执法权则交由相关的有关机构实施。

3. 提高农村基层行政执法人员的素质

在农村治理中，许多相关领域需要行政执法人员对专业知识有所了解，所涉及的执法依据具有法律性与专业性较强的特征，这也对执法人员的素质提出了更高的要求。在具备相应法律知识的同时，执法人员要具备与农业相关的知识，更要具备对应的思想政治品德素质，如此才能切实维护广大农民的合法权益。具体来看，提高农村基层行政执法人员的素质可以从如下方面开展：首先，严格实行职业准入与资格管理制度。对于行政执法工作人员的选用，要严格落实科学的选拔机制，在公平公开选拔的基础上，重点考核思想道德修养、科学文化水平、业务能力与法律专业素养，同时严格管理经过筛选后选拔的工作人员；其次，严格实行定期培训制度。执法人员要加强法律知识的学习，不断提升业务能力与业务素质。

4. 严格规范农村行政执法行为

针对农村行政执法行为要进行严格的规范，只有程序明确化、透明化，让行政行为在框架下运行，才能发挥执法权的作用，实现执法程序的价值。比如，树立实体与程序并重的执法理念，对于农村基层执法工作中的程序性问题，无论采取强制措施还是调查取证等都要遵守法定程序。针对执法过程中涉及农村村民自治的问题要严格遵循相关法律法规，并且做到表明身份与告知权利。与此同时，要建立健全农村相关的执法制度，健全办案制度与内部管理制度等。

（三）加强政法队伍建设

要做到严格执法、公正司法，必须从加强执法、司法队伍建设入手，提升执法、司法人员政治素质、思想素质和专业素质，提高执法、司法工作的能力和水平。①要把思想政治作为队伍建设中的一项突出任务来抓，培养执法、司法人员坚定的信念、信仰，在工作中时刻牢记党的事业至上、人民利益至上、宪法法律至上。②要把能力建设作为队伍建设中的一项基本任务来抓，坚持从打牢基础抓起，从加强学习抓起，不断提高执法、司法人员的专业知识素养和工作能力水平，以高标准的工作对党、对人民、对法律负责。③要把作风廉政建设作为队伍建设中的一项重要任务来抓，身为执法、司法人员，一定要廉洁自律，不做违法乱纪的事，相关部门对执法司法过程中出现的以权谋私、滥用职权和腐败现象要严格惩处，坚决杜绝司法官僚主义、司法特权主义和司法腐败现象的存在。

（四）划分农村村委会应承担的自治性事务与政府性事务

当前，村民自治实践主要体现在民主选举阶段，即自治组织的依法产生方面。所以，有一种普遍说法，即村民自治就是选举，这也是乡村社会治理实践中基层民众的切实体会。实现村民自治在法治轨道内的规范化运行，需要村民真正参与法律规定的所有自治环节及切实行使所有权利。具体来说，首先需要确定作为村民自治组织的村委会应该履行的法定职责，特别是明确区分村民自治组织自身法定职责与协助乡（镇）政府的活动，因为这两类工作具有完全不同的法律性质；其次在村委会法定职责范围内开展村庄治理活动，按照相关法律制度的规定，使村民真正进行民主决策、管理及监督活动。

村民自治组织在村庄治理的实践中承担着两类事务——行政性和自治性事务的处理职责。依法自治需要对村委会所处理的两种事务性质进行区分。

1. 村委会承担两类事务的困境

作为国家行政机构组成部分的乡（镇）政府对本行政区域具有行政管辖权，区域内的村庄及其村民当然是其行政管辖的对象。乡（镇）政府与村庄虽然不是行政上的上下级关系，但从国家治理权的行使关系上，两者在治理主体和治理对象的关系还是存在的，村庄社会治理显然不可能脱离作为国家政权代表的乡（镇）政府提供的支持与指导。一方面，法律确定乡（镇）政府对村委会开展村庄自治活动具有指导的权利及职责；另一方面，更为重要的是在实践中，尤其是当前乡村振兴战略实施过程中，乡（镇）政府对村庄的发展和建设发挥着比以往更为关键的作用。以项目形式大量反哺乡村社会的投入，无论从项目在具体村庄确定落地还是在项目的实施方面，都离不开乡（镇）政府对村民自治组织的指导和协调。但是，即便乡村振兴战略实施使乡（镇）政府在乡村社会治理中的影响力增加了，其与村庄之间还是不存在领导与被领导的关系。村庄自治事务与乡（镇）政府下派事务还是有本质区别的。下派行政事务是国家意志的具体表现形式，有强制力保障其得以切实施行，而村庄事务是村庄共同体的利益和村民意愿的体现，是群众自治性质的公共事务，一般只能靠教育激励的方式保障实施。

在村庄治理实践中，村委会在面对因行使自治权而开展的村庄事务管理活动与协助乡（镇）政府而进行的行政事务处理活动进行协调过程中，往往左右为难，很多时候自治权为行政权让路。造成这种局面的根本原因在于《村民委员会组织法》一方面规定村庄自治组织有义务协助乡（镇）政府开展行政事务管理活动，另一方面确定乡（镇）政府不得随意干预原属村庄自治范围的事务。但是，具体哪些是村民自治组织应该协助的内容，哪些是乡（镇）政府不得干预的内容，法律没有具体明确。因此，实现村庄的法治化治理必须要对以上两项内容进行明确的界定，既防止村庄自治事务被行政权力非法干预，又避免村庄自治组织懈怠协助行政事务在村庄开展或自治权逾越法律界限。

2. 村委会承担的义务性政府事务

对于乡（镇）政府的职权范围，法律具有明确的规定，它是负责国家法律、政策决策在本行政区域贯彻执行的机构，具体承担本行政区域内经济、社会等各领域发展和管理的职能。乡（镇）政府的职能行使场域主要是村庄，因此行政事务必然延伸至村庄，包括普通村民。

村委会从法律性质上来说是群众自治性组织，然而从其法定职责的承担层面看则不仅仅体现自治功能。根据《村民委员会组织法》相关规定，村委会应该承担的法定职责是执行以国家政权行使为表现方式的党和国家关于乡村社会治理的制度政策在村庄的落实。这些制度政策落实以乡（镇）政府对村庄下达的行政事务工作的形式在村庄出现，村民自治组织有义务承担。虽然《村民委员会组织法》中没有明确村庄自治组织应该依法执行国家行政事务的具体内容和范围，但是全国人大做出的相关解释中对常见的村庄行政事务进行过列举。具体包括以下几个方面：①来自国家或社会的到村款物管理。②村庄土地征收以后出现的相关管理及补偿处理。在农村集体土地被征收后，其性质便出现变化，集体土地变成国有土地，但在国有土地投入开发使用之前仍然需要所在村庄进行相关管理。同时，土地征收过程中产生的各种补偿费用的数额的确定、管理和在农户之间的分配都得需要村庄自治组织具体执行。③为乡（镇）政府代征、代缴各种农业税费。该项职能由于层层叠加大大增加了农民的负担而广受诟病，所以在 2006 年国家全面取消农业税费以后也就废除了。④关于政府在村庄开展的户籍、征兵和计划生育工作。计划生育政策在村庄的落实曾经是村级治理主体主要的也是具有很大难度的行政任务。当前，国家关于生育的政策已经发生巨大变革，加上当前乡村社会居民生育观念的转变，村庄自治组织基本不存在这方面的工作压力。⑤人民政府需要在村庄开展的其他管理工作。可见，当前乡村社会状况与该项法律解释制定时的情况有了很大的变化，除了第一、第二部分内容外，当初给村庄自治组织带来很大压力的税款代征代缴和计划生育的行政任务已经不存在。在乡村振兴战略实施过程中，第一、第二部分所产生的行政事务仍然是村庄自治组织的主要行政任务，特别是近些年的农村扶贫工作给村庄自治组织带来很大的工作压力。贫困户的识别确定、对驻村扶贫工作小组工作的协助配合等实质上都属于行政事务。在这些工作执行过程中，资金一般由政府提供，但是村庄需要投入一定的人力和物力进行协助，包括对村民进行国家政策宣传，为村民提供相关信息，教育、动员村民参与国家机关在村庄的行政管理活动。村民自治组织在履行法定的"协助"义务时，并不具备独立承担相关责任的能力，村民自治组织实际执行的行政事务一般由乡（镇）政府承担相应的责任。

3. 村委会的自治职责性事务

村委会作为自治组织，其最主要也是最重要的职责是通过行使各项民主权利对村庄事务进行管理，真正实现村庄自我管理、教育和服务。《村民委员会组织法》规定村委会的自治职能包括以下几个方面：①负责村庄公共事务的办理、村庄治安维护、村庄纠纷的调解等。②对村庄经济与生产活动的组织及服务，具体包括对村庄集体经济组织自主权的尊重、家庭承包经营体制的维护以及村庄各类生产经营主体合法权益的保护等。③对村庄财产、资源及生态环境的保护，具体包括对集体土地和村庄其他财产进行管理、引导村庄民众对自然资源与生态环境进行科学利用及保护等。④开展村庄精神文明建设，包括教育并推动村民遵守国家法律和政策、推动村庄文化科技教育、促进村庄之间团结互助等。⑤维护村庄和村民的合法权益。以上村庄自治法定职责主要是村庄民众通过村民代表会议以及村委会下设的各委员会进行决策并具体执行，而全体村民可以通过政务公开等各种形式对村委会及其所设机构进行监督。这些村庄自治组织的法定职责职能只能由村民自治组织行使，乡（镇）政府不能进行非法干预，包括不得强迫和包办。

虽然相关法律对政务和村务进行了一定程度上的界定，但是实践中这种划分并不是绝对的。例如，虽然《村民委员会组织法》明确规定村庄内部公共事务属于自治范围，但事实上，由于村庄集体经济组织基本处于虚置状态，村庄自治组织基本无力承担公共事务的办理。随着国家对乡村社会反哺力度的增大，很多村庄的公共事务以及公益事业都由国家承担。在乡村振兴战略中，村庄公共设施及公共服务是乡村振兴的重要领域，国家对此投入越来越多，国家资金下达村庄以后，村庄负责具体实施相关项目，这些事务在具体执行过程中很难再明确区分其行政性或自治性。

（五）充分发挥村民自治权力机构的法定功能

从 1987 年《村民委员会组织法》开始施行以来，村民自治制度在我国农村已经实践了 30 多年，《村民委员会组织法》经过历次修正，其中民主权利实施的四个环节的相关规定构成了我国村民自治法律制度最主要的内容。在村民自治实践过程中，全国大部分地区农村虽然基本上都能实现民主选举，但是依法切实开展民主决策、管理及监督活动的村庄相对较少。造成以上问题的原因非常复杂，但作为村民自治权力机关的村民会议或代表会议在实践中处于虚置状态，并未发挥其真正价值是其中非常重要的原因之一。要使民主决策、管理及监督程序在村民自治实践中得到切实依法实施，就必须复活村民自治最高权力机关，使其真正行使职责，发挥价值。

1.村民自治权力机构的内在价值

村民会议与村民代表会议由大部分村庄民众本身或民众通过依法选举产生的代表组成，因此具有作为乡村最高权力机关本身的特有价值。

首先，夯实乡村社会民主政治建设基础。对于乡村社会民主建设发展水平的衡量，其中一个重要的标准是村民对村庄事务的自主决策以及实现当家做主的状况。过去，无论从村民的民主政治意识还是组织化程度，都使农民的群体利益很难在国家政治生活中得到主动反映。而村庄自治的权力机构或者由全体或大多数村民组成，或者由全体村民选举代表组成，以直接或间接地表达农民的利益和意愿。村民会议或村民代表会议既为农民提供了表达意志的平台，培育了村民的民主参与意识，又从某种意义上实现了农民的组织化。为农民群体参与更高级别的民主政治生活奠定了思想和组织基础。同时，村民通过自治权力机构表达意愿，按照法定程序形成决议。这种决议由于其较强的民意基础而具有权威性，村民自治组织必须依法执行，乡（镇）政府不能任意干预。因此，广大村民通过村民自治权力机构平台表达意愿，形成决议并且得以实施的整个过程，对村民群体的主体观念和自主意识的培养具有促进作用，有利于推动乡村基础民主政治的进步。

其次，形成村庄内部的权力制衡体制。从法律机制上说，村委会是村庄民众通过依法选举而成立的代表全体村民处理村庄事务的机构。但是，村民委员会对村庄事务所做的决策或直接行使的村庄治理行为并不能保证都符合村民的意愿。一方面，于村民委员会权力在很多情况下由个别主要领导控制，个人决策本身不可避免的缺陷或领导出于自身利益考虑的结果都极有可能造成村庄公共利益的损害；另一方面，即便是能够实现组织集体决策的，出于对政绩的追求目标，也可能做出村庄公共利益被牺牲、群众实际需求被抛弃的决策。当村民委员会的决策或村庄治理活动背离大部分村民意愿或者村庄公共利益时，分散的村民个体很难具备足够力量对其产生制衡作用，同时缺乏其他有效途径表达利益诉求。村民会议一方面有权对村庄重大事项的决策进行决定，包括村庄土地使用权处置、村集体财产及村集体经济收益的处分，另一方面村民会议可以直接或通过授权代表会议对村委会做出的不适当决定进行变更或撤销。村民自治权力机构的权力行使有效地制约了村委会的执行权，在村庄内部形成权力制约体制，对村干部的行为进行有效的规范。

2. 提升村民自治权力机构的价值实现

村民自治权力机构具有其性质所决定的本身价值，但是这种价值的实现需要各地农村根据社会、经济发展情况和民主政治基础的实际状况，以国家法律法规为基础，进行积极探索，确定具有地方特色的运行模式和路径，以促进村民会议或村民代表大会的价值实现。

首先，明确村民自治权力机构的权能。实践中村民对村庄事务治理权利的虚化从根本上说还是法律缺乏对村民自治权力机构职权的明确。从立法上对村自治权力机构的地位和职能进行确定，实践中切实实现法定职能是村民自治制度推进和发展的重要内容和保障。"严密监督政府的每项工作，并对所见到的一切进行议论，乃是代议机构的天职。"村民会议和村民代表会议作为村民自治权力机构也应该具备这样的功能。《村民委员会组织法》对自治权力机构的法律地位、组成和职责做了明确规定。在对权力机构职权进行阐述时，自然不可能脱离其与执行机构之间的关系。因此，一方面，法律规定应该由村民会议做出决策的事项，村委会不能非法自行做出决策，并且村委会应该依法执行村民会议的决策；另一方面，对于村委会履行职权的行为，村庄自治权力机构有权进行监督并做出纠正。具体来说，关于村民会议的地位和职权，《村民委员会组织法》第 22 条、第 23 条、第 24 条明确规定了村民会议召开及决定通过的程序、对村委会工作的监督及撤销或变更村委会决定的权力，以及必须经过村委会讨论才能决定的村庄重大事项。《村民委员会组织法》相关规定对村庄自治权力机构的职权进行明确规定，设立村民代表会议的村庄，其基本上与村民会议在村庄社会治理过程中具有同等的权力。《村民委员会组织法》中对村民自治权力机构的职权规定总体而言还是比较原则和笼统的，实践中仍会造成自治权力机构的权力被搁置问题。全国各地大部分省市区都制定了《村民委员会组织法》的实施办法或细则，其中都对自治权力机构的职权及其行使进行了明确，但是仍存在立法效力较低、区域间立法发展不平衡的现象，因此还需要进一步完善。

其次，完善村民代表会议的代表资格条件及相关议事程序。村民自治权力机构价值实现的一个关键阻滞因素是村民代表职权行使机制存在缺陷。根据现有法律规则，在村委会不主动召集的情况下，村民会议的召开一般很难实现。村庄民众行使自治及监督村委会等权利的实现只能通过村民代表会议进行。无论从提意召开村民代表会还是在代表会上对提案讨论、表决，村民代表是否能够依法行使职权成为关键问题。各村民代表是否具备充分的代表性及其素质的高低程度决定了村民代表会议本身能否履行其作为代议机构的天职。《村民委员会组织法》规定村民代表由各村民小组在组内或以个人或以家庭为单位推选若干人产生，但法律并没有规定村民代表推选的具体程序。实践中村民代表的产生多数情况是村委会按照法律规定的比例自行确定，一般村民也并不关心谁当选，甚至都不知道村民代表有什么作用。如此产生的代表当然不会对村委会本身或其组成人员提出任何异议。因此，要从根本上解决村民代表产生环节存在的问题，先要让村庄民众普遍了解村民代表会议的实质和功能，充分提高其对代表推选的重视程度，使那些议事能力强、在群众中享有较高个人威信、敢为村庄民众公共利益说话的村民成为代表。同时，对村民代表组织学习培训，充分提高代表的法律意识、参政议政意识和水平，真正履行代表职责，为村庄治理提供较高水平的治理服务。无论是对普通村民还是村民代表的民主政治意识和法律意识进行培育，村委会显然不会积极主动，主要还是依靠政府自上而下的民主和法律宣传教育输入。在充分保证代表质量和广泛代表性的基础上，还应该采取有效举措以加强村民代表会议的权威性及独立性。有些地区通过制定地方规章，通过在村民代表会议内部设置专门职位，并由选举产生的人员负责会议的召集和主持，以保证定期召开会议。这就使村民代表会议从召集环节就不再依赖村委会，从而由原来的临时性民意组织转变为常设性的议事、决策和监督组织。有些地区在保证村民代表会议常态召开的前提下，改进会议的审议、评议及表决等具体工作形式，使村庄民众的意见和愿望通过村民自治得以真正实现。

最后，加强乡（镇）立法机关对村民代表会议机制运行的监督。乡（镇）人大是我国国家立法机关在最基层的机构设置，依法监督和保障国家法律、各上级人大决议在本行政区得以遵守和执行。村民自治制度在各村庄的贯彻与执行情况是各乡（镇）人大保障监督权的重要内容。《村民委员会组织法》中明确规定地方立法机关对《村民委员会组织法》的实施和村民自治权的依法行使所承担的保障职责。在地方立法机关中，有些地区为落实《村民委员会组织法》规定的职责，专门对乡（镇）人大的监督权做出了具体规定。实践中，有些地区乡（镇）人大通过组织人大代表定期对村民自治制度的运行进行视察和执法检查，对村民代表会议的运行进行调研监督。乡（镇）人大的调查研究与执法检查在很大程度上触及村民自治制度运行过程中的根本问题，有利于了解村民在自治制度推行过程中普遍关心的问题，对村民代表会议的常态运行具有重大的支持作用。另外，相对于其他主体而言，乡（镇）人大在对村民及村民代表的普遍民主政治和法治意识的培育方面具有更加鲜明的优势和便利。

（六）健全运行机制，保障村民依法进行村务治理

中国特色社会主义法治保障公民依法行使法定权利。从群体而言，农民是我国总人口所占比例最高的群体，该群体不仅为十几亿人口提供粮食和农副产品，还是其他各行各业主要劳动力的组成部分，农民群体合法权益的保护是我国公民权利保护的重要内容。村民自治制度赋予农民对村庄事务的依法治理权是法律赋予我国农民享受基本权利的重要组成部分。彭真曾经指出："涉及全村村民利益的事情，都依法由村民直接行使民主权利，按照民主集中制的原则，自己决定，自己办理。"我国村民自治制度经过多年实践，其建设的重点已经从最初的组织重建转为保障自治权利。影响村民自治权利实现的主要因素在于村庄治理体制本身不够完善，因此应该从治理机制的内部和外部同时健全保障机制。

1. 完善村民对村庄事务治理权利的内部保障机制

首先，扩大村民对村庄事务治理的参与度。民主的广度是由社会成员是否普遍参与来确定的，民主的深度则是由参与者参与时是否充分，是由参与的性质来确定的。从国家法律法规、地方性法规以及党与政府的各类规范性文件层面为村民参与村庄民主政治管理建构制度机制；使尽可能多的村庄民众直接参与村庄社会治理的全部环节，从形式到内容实现全方位的权利实施保障；健全和完善村民代表会议机制，使其成为村庄民众表达意愿、参与决定村庄重大事务和实现监督村委会职权的平台。其次，健全村务公开制度。完善和健全村务公开制度，要求对村庄治理中与村民利益关系最为密切的信息内容进行及时且真实的公开，具体包括贫困户的确定与脱贫、低保户的确定、村集体经济收益的处分、进村国家项目款项的管理及使用、土地征收补偿、宅基地利用等村民关心的问题。同时，利用现代先进科技，特别是网络技术对需要公开的村务信息及时、真实地发布。对村民就具体村务反映的意见和建议进行及时反馈，并以适当的方式公开反馈意见和后续处理结果。县乡两级主管部门对村庄信息公开实施情况进行严格检查，使村务公开真正实现标准化和规范化。再次，完善村务议事协商机制。村庄地域不大、人口不

多的社会和自然条件适合协商民主的有效运行，协商民主的平等、包容和公开性也能得到较好的体现。村庄协商民主方式的采用能够促进农民群体的组织化，鼓励农民积极主动地参与村庄社会治理，保障农民有效行使村务治理权利。从协商民主的主体层面，应该更多地鼓励村庄各类组织以及现代新乡贤通过协商民主的方式参与村庄治理。落户在村庄的各类社会经济组织及其负责人和回乡的新乡贤在信息、见识、资源等方面具有独有的优势，在村庄生活的现实也增加了其参与村庄治理的积极性，因此应该借助各种协商民主形式充分发挥这些"非村民"主体在村庄治理中的应有功能。同时，要保证村庄内不同阶层、不同利益群体都能通过协商民主方式表达自己及其所代表的团体利益，在充分沟通的基础上通过博弈最终实现各方利益群体之间的协调。最后，大力强化村务权力监督。村民自治框架内的村务权力监督原本应该只对村委会进行监督，基于当前村庄治理中主任书记"一肩挑"、两委交叉任职的情况，对村务权力的监督也包括对村党组织的监督。其中包括每年对村两委工作的审议及其成员的评议、对村庄内部重要事务运行过程、包括各种款项使用的村庄财务状况等重要内容进行公开。在乡村振兴战略实施过程中，由于落地村庄的项目越来越多，项目的发包、项目款项的使用等问题都是村庄群众最关心的事项。村两委应该主动对相关事项进行公开，上级部门也可以通过对专门事项的实施制定专门的运行规则，以便村民进行有效监督。例如，某市政府通过文件规定乡村建设中国家各级入村项目，村两委干部一律不允许参与投标承揽建设工程，并且鼓励村民积极举报违规干部，一经查证立即处分。这类制约规则一方面防止了村干部利用职务之便谋私利，另一方面也提高了国家投入产生的绩效。

2. 健全村民村务治理权利的外部保障机制

除了完善村民自治制度本身对自治权保障的机制外，外部保障机制的健全也是有效实现村民村庄治理权利的重要途径。外部机制主要来自国家立法、执行及司法机构对村民自治权利的保障。

首先，国家立法机关对村民自治权利的保障。《村民委员会组织法》第39条明确规定，地方各级立法机关都具有依法保障村民自治权利得以依法行使的职责；第17条规定，针对各种不正当手段妨碍或破坏村庄民众自治权利行使的行为，县乡两级立法机构可以根据村民举报进行依法处理。法律对于立法机关赋予主动或依举报保障村民自治依法进行的权力和职责。其次，县与乡（镇）两级政府对于村民村庄治理权利的行使具有保障责任。

《村民委员会组织法》第17条针对村民对以不正当手段破坏或妨碍村民选举的行为向县乡两级人民政府举报的情况，规定两级人民政府必须进行依法处理。《村民委员会组织法》第32条规定村庄民众举报村委会对相关信息公开不及时或不真实的，县乡两级人民政府或相关主管部门应该进行依法处理。再次，司法机构对村民村庄自治权利的救济。诉讼是公民权利受到侵害时人们惯常使用的手段，随着乡村社会居民法律意识的提高，当村民对村庄治理的权利受到非法侵害时，通过诉讼方式对权利实现救济也开始成为村民的选择之一。国家法律也为村庄民众通过司法途径进行自治权利救济确立了相关依据。《中华人民共和国物权法》以及《村民委员会组织法》都分别规定，对于村民的合法权益因村委会及其工作人员所做决定受到损害的侵权事件属于人民法院的立案管辖范畴。

第四节　加强保障农村公共资源利益

农村公共资源不但在农民日常生产生活中具有不可替代的作用，亦为引发农村纠纷的重要因素。目前来看，除环境问题外，产权问题是引发农村公共资源纠纷的核心原因，它容易加剧农民事实上的贫困，进而影响农村的和谐、稳定。对于农民而言，农村产权制度的主要对象涵盖了承包地、宅基地、林地及其他集体建设用地等。因此，积极构筑符合时代发展的"归属清晰、权责明确、保护严格、流转顺畅"的产权机制，让农民在拥有较为完整产权的基础上得到切实利益，这是农村公共资源治理的应有之义。一言以蔽之，农村产权与集体所有制联系密切，改革农村产权制度既是化解农村公共资源纠纷的重要途径，又是保持农村利益均衡、增进农民权益的有力举措。

一、落实农村土地依法登记

既然基层治理法治化的目的是实现人民群众权益之保障，那么农村基层治理法治化亦应当如此，这与农村不动产统一登记之目的具有一致性。作为国家整体登记制度的重要构成部分，农村不动产统一登记与农村基层依法治理之间关联度高将使更多的经济要素更易在市场上自由流通，客观上有利于农村法治经济的壮大，从而加快农村基层治理法治化。农村不动产主要是包含但不限于农村各类承包的土地。近期中央提出的完善农村土地承包经营权分置制度，同样需要对土地进行登记。因此，我们有必要从完善相关制度与规范主体行为两方面着手推动不动产登记，进而推进农村基层依法治理。

（一）施行现有不动产登记法律制度，适时推出专门的不动产登记法

目前，《中华人民共和国物权法》《不动产登记暂行条例》及其实施细则、《中华人民共和国土地管理法》及其实施条例等构成了我国调整农村不动产登记的主体法律规范。鉴于《不动产登记暂行条例》施行不久的现实情况，现阶段的主要任务就是切实做好《不动产登记暂行条例》及其实施细则的施行工作，尤其要注重农村地区相关工作的落实。当然，由于农村地区具有的特殊性，所以在推行不动产统一登记工作过程中必须适当地考虑农村的特点。换言之，应结合农村的现实情况完善农村不动产登记制度，不能搞"一刀切"式的登记模式，否则只会导致农村相关权利主体的抵制、反感，进而对统一登记工作造成不利影响。在吸收农村不动产登记工作的经验教训、深入开展调查研究、切实做好理论升华的基础上，适时地制定并颁布专门的不动产登记法，通过提升法律位阶的方式，为推进我国不动产统一登记提供更为有力的法律保障。之所以要制定、出台专门的《不动产登记法》，原因主要有二：①不动产登记涉及国家、公民切身利益的重大问题，属于民事基本制度的范畴，因此应当按照《中华人民共和国立法法》第8条的规定，对属于民事基本制度的事项制定相应的法律；②《不动产登记暂行条例》仅是行政法规，从效力层次上看，其低于法律，这不利于促进我国不动产登记法律制度的发展。因此，在吸收农村不动产登记工作的经验教训、深入开展调查研究、切实做好理论升华的基础上，有必要适时地制定并颁布专门的法律，以夯实国家登记法律制度的基础。

（二）整合登记机构职能，引导农村不动产权利主体依法登记

近几年，我国不动产登记制度经历了由分散登记向统一登记转变的过程，这既是我国不动产登记制度发展变迁的历史，又是党和政府全面深化改革的一个缩影。在深化农村经济改革过程中，建立不动产统一登记制度具有重要的作用，它是兼顾城乡共同发展的措施，有利于保障公民的切身利益，对实现农村基层依法治理的作用不可小觑。事实上，在农村推进不动产统一登记亦要求农村产权交易市场（一种自由开放的市场）之建立，后者是前者的前提（城乡不动产在此无本质区别）。目前，我国各地都在按照《不动产登记暂行条例》的要求，着力推进不动产登记机构的建设，虽取得了重大突破，但有关机构设置、人员配置、制度运行等操作性问题仍然存在亦是不争的事实。因而，整合以往各登记部门的职能于新设之登记机构、着重解决制约登记机构发挥职能的问题，仍是横亘在眼前的重任。

建立定期、不定期交流学习制度，对提高登记机构履职能力、引导农村不动产权利主体依法登记具有重要意义。现在各地在落实统一登记工作进程中的表现、成绩并不一样，有的地方成效明显并形成了广受认同的特有模式，如"赣州模式"。这些特有模式对其他地方具有很强的借鉴价值。着力加强登记机构间的交流学习，无疑是未来落实农村土地依法登记的必选项。此外，应当注重规范登记机构的工作人员及农村不动产权利主体的"行"。登记机构的工作人员应当深刻认识到推进统一登记工作的重要作用，也应当在农村采取各种方式，如派发宣传小册、设立流动巡讲点等，加大统一登记的宣传力度，根据农村实情，适时运用不同的工作方式使农村权利主体做到认同并自觉进行登记。相关农村不动产权利主体则应当端正心态，积极正视这一关涉自身切身利益的登记工作；多渠道学习不动产统一登记的相关法律知识；在产生不动产交易纠纷时，能够自发地拿起法律武器捍卫自己的权益，做到依法依规地处理农村纠纷。

总而言之，通过运用法律的方式就相关权属开展确认与登记工作，有利于统一的城乡产权交易市场的发展。农村地区是国家统一登记工作的难点地区，强化农村登记工作的落实效果是促进登记法律制度发展的需要，客观上有利于推动市场经济在农村地区的进一步壮大，既能够保障土地资源收入又能防止土地流转中产生新的纠纷，进而为实现农村基层依法治理营造有利氛围。

二、改革农村集体产权制度

改革农村集体产权制度是深化农村改革的重要环节，它对发展农村集体经济、提高农民财产性收入、保持农村利益均衡具有重大意义，能从源头上降低相关纠纷发生的可能性。十八届三中全会《中共中央关于全面深化改革若干重大问题的决定》在坚持和完善基本经济制度的改革任务中就提出完善产权保护制度。自提出"完善产权保护制度"以来，这一改革已经取得了相应的成果，然而受当前法律与政策等因素的约束，多地在深化改革过程中皆发现了若干亟待化解的重点难题。针对上述问题，为满足农民权益增长，从制度层面做好防范化解纠纷的顶层设计，需要积极做好以下工作。

（一）合理明确农村集体经济组织的成员资格

集体产权改革与其成员利益密切相关，因此在推进这一改革过程中必须对主体是否属于该组织成员做出明确的回答。除了综合历史与权利义务、标准与程序等因素，全面把握户籍关系与土地承包情况、贡献程度和法律规定等因素外，还要关注以外嫁女为代表的特殊群体的成员身份界定问题，对她们的权益切实予以保障，以防利益分配不公现象发生。

（二）强化农村集体资产股权的管理

农村集体产权改革的一大效果就是资产变股权，农民将拥有相应的持股比例。这就意味着在改革过程中必须强化股权管理。现实生活中已有多地（如东莞）出台了本地的指导意见。从有利于减少纠纷发生的角度看，制定、出台统一与规范化的管理办法无疑是当务之急。如此一来，通过股权管理推进集体经济发展，必然会提升农村公共资源的利用效率，增加农民收入，增加农村公共利益，为减少农村纠纷提供保障。

（三）构建集体建设用地的流转制度

集体经营性建设用地入市是党和国家的既定方针、政策，是此次改革试点的主要内容之一，它同样与农民权益联系密切。从激活农村经济活力、维持农村和谐与稳定看，这是必要的举措。农村进行改革的目标之一是推进建设用地的流转，扩大农民权益。然而，该目标的实现面临着法律制度层面的障碍。例如，《宪法》第 10 条对国有与集体土地的分类规定："城市的土地属于国家所有。农村和城市郊区的土地，除由法律规定属于国家所有的以外，属于集体所有；宅基地和自留地、自留山，也属于集体所有。"因此，为顺利实现"同等入市"，理应在消化吸收改革试点经验的基础上提供相应的法制保障。笔者认为，重中之重是修缮法律中不利于集体建设用地使用权流转的规定。例如，对《中华人民共和国土地管理法》第43条有关"任何单位和个人进行建设，需要使用土地的，必须依法申请使用国有土地；但是，兴办乡镇企业和村民建设住宅经依法批准使用本集体经济组织农民集体所有的土地的，或者乡（镇）村公共设施和公益事业建设经依法批准使用农民集体所有的土地的除外"的规定应当予以废除，或将其修改为"需要使用土地的，必须依法申请使用国有土地或集体建设用地"，以实现集体建设用地使用权流转有法可依。由于较多的法律法规对此进行了规定，因而在法律法规修订、制定之前，也可以加紧制定相应的土地流转管理办法，达到规范流转交易和管理行为，进而实现流转有序进行的目的。

（四）利用集体建设用地建设租赁住房

村镇集体经济组织可以自行开发运营，也可以通过联营、入股等方式建设运营集体租赁住房。这种方式可兼顾政府、农民集体、企业和个人利益，厘清权利义务关系，平衡项目收益与征地成本关系。国土资源、住房城乡建设部应完善合同履约监管机制，土地所有权人和建设用地使用权人、出租人和承租人依法履行合同和登记文件中所载明的权利和义务。利用集体建设用地建设租赁住房是中国土地制度的重大变革，这意味着以后"土地改革有巨大的空间"，意味着政府向社会大规模转移土地红利，也意味着一大批低成本土地入市，由此将产生一大批低成本房屋，有利于抑制高房价、高租金。

三、完善农村土地征收制度

如果说落实农村土地登记具有明确权属的法律效果，那么完善土地征收制度则解决的是直接涉及农民利益且容易产生农村纠纷的现实问题。应该说，土地征收制度改革是近期中央大力推进农村土地改革试点的主要内容，它经过实践证明是可行的，有望成为帮助农民分享更多财产红利、提高农村财产收益的制度支撑。然而，在现实的征收过程中，农民很多时候并没有分享到应有的利益，加上相关征收补偿标准不高、失地农民保障不足，使农村土地征收纠纷频发。针对土地征收带来的种种问题，应通过完善农村土地征收法律制度的方式达到从制度上防范化解此类纠纷的目的。其中，严格界定征收范围与补偿标准是核心举措。

（一）严格界定征收范围

关于征收范围，应当在现有的法律体系（主要是《宪法》《中华人民共和国土地管理法》《中华人民共和国农村土地承包法》等）中明确"公益性"征地和"营利性"征地两类性质不一的具体范围和征收途径，即把征地目的严格限定为增进公共利益，并且以列举的方式加以说明，以防因法条的模糊性带来新的问题。

（二）严格界定征收补偿标准

关于补偿标准，应当采取市场经济规律和价值标准相结合的方式定价，并将其写入具体的土地征收操作规范正式文件中。这是因为征收土地的补偿以市场价格为标准，是市场条件下等价交换规则的基本要求。当然，该补偿改革并非单纯提高补偿标准，尤为关键的是应该健全相关的补偿机制，使补偿机制有可持续性的运行和保障体系支撑，这对失地农民来说更为重要。

（三）慎重对待宅基地的征收

宅基地使用权是法律明文规定的一项用益物权，具有私人财产权的性质，它也属于农村土地征收的潜在对象，且它的征收较之其他征收的特殊性更强。例如，除了同样需要限定征收范围以及合理确定补偿标准外，该征收还需对地上附着物（主要是房屋拆迁）进行补偿。目前，有的地方推行以宅基地换房的措施，农民虽住上了新楼房，但未获得应有的补偿。对此，首先，在房屋拆迁过程中，被拆迁房屋农民的安置补偿范围应涵盖房屋的自身价值、安置补助其他经济损失等。其次，由于程序公正方能保证实体公正，因而补偿程序的正当性也是需要关注的内容。这就应该赋予当事人尤其是农民相关参与权、救济权等，因此从保障被征收人的参与权利出发，整个过程的核心环节（如立项、规划等）应积极建立健全听证制度。最后，应逐渐改变农民宅基地流转严格受限的传统做法。例如，2015 年，我国多个县市经授权开展了宅基地制度改革试点任务，允许突破当前法律规定，农民可利用宅基地进行贷款抵押以及有偿退出等。成功试点之后，未来应当开展相关法律的修改工作，为增加农民的土地资源收益提供便利，以实现农村土地资源的依法治理。

四、积极推进农村环境治理

农村环境资源保护不到位的现状决定了加强农村环境保护法治建设的必要性。在农村环境保护的法治建设上，既要抓国家层面的法律制度建设，做好全国农村环境保护的顶层设计，建立健全农村环境保护的相关法律制度，又要多措并举，提升农村环境保护的主体（村民）的环保意识，从而促进农村基层治理法治化，更好地建设美丽乡村。

（一）完善农村环境保护法律制度

在建设法治农村、美丽乡村过程中，完善的农村环境保护法律制度是推进农村环境保护法治建设的基本要求之一。就目前而言，主要从施行并健全我国现有环境保护法律制度和建立健全农村环保法律体系两方面着手。

我国现有的环境保护法律制度是以环境保护基本法为核心构筑起的法律制度，它针对的是涵盖了农村在内的全国环境保护问题。2014 年修订通过的环境保护基本法以三个法条对农村环境的保护做出了专门规定。应积极发挥环保基本法对治理农村环境污染问题的重要作用，同时完善环保基本法关于农村基层治理农村环境污染问题的规定，逐渐扭转轻视农村环保立法的状况。总而言之，施行并健全我国现有环境保护法律制度，有利于从顶层设计着手依法治理农村环境污染问题，构筑一个较为完善的、独立的农村环保法律体系。

农村环保专项立法空白是当前我国环保法律制度的一大现状，为此，将农村环保从整个环保法中独立出来，建立健全农村环保法律体系是解决农村日益复杂的环境污染问题的应然之举。具体来说，在国家层面出台一部专门调整农村环境保护事务的农村环保法，以解决前述农村环保法律缺失的问题。作为调整农村环保的基本法，农村环保法必须明确政府在环境保护中应发挥的职能以及农民在环境保护中的义务；同时，修订国家环保基本法中不能解决实际问题的条款，制定合理的环境标准，完善农村环境标准体系，如增加制定关于农业植物品种保护的法律，关于对土壤污染、化肥农药的污染以及禽畜污染的防治保护标准。此外，各地方立法主体应依据自身职权制定更具针对性、操作性的地方法规、政府规章等，为本地区农村环保问题"开药方"。以各省市、设区的市的人大及其常委会、人民政府为代表的地方立法主体应在深入调研本地区农村环保实情的基础上，依据法律授权就环境保护问题制定符合本地区实际的地方法规、政府规章，为推进农村环保提供强有力的法律支撑。这样既保证了农村在环境保护法律制度设计上与位阶最高的法律在原则上形成高度的统一，又合理区分了各农村区域发展不平衡、环境污染程度和方式不一所导致的治理模式与治理结构上理应有的不一致。需要注意的是，在制定地方法规、政府规章的过程中，要贯彻"宜细不宜粗"的立法理念，做到能够直接依据法规解决农村环保中的各类问题，以更好地服务农村环境保护法治实践。

（二）提高村民环境保护的法律意识

法律意识是人们对于法（特别是现行法）和有关法律现象的观点和态度的总称，它表现为探索法律现象的各种学说，对现行法律的评价和解释，人们的法律动机（法律要求），对自己权利和义务的认识（法律感），对法、法律制度的了解、掌握、运用的程度（法律知识）以及对行为是否合法的评价等。农村环保法治实践需要较为完善的环保法律制度作为支撑，也离不开村民的积极参与。如前所述，村民的不良行为诱发了农村环境问题的产生，村民反过来又成为最终的受害者。由于村民的行为深受习惯和传统的影响，因而与城市环境治理相比，农村环境的难以监管特性更为明显，这就意味着农村环境保护离不开村民相当程度的认同与自愿。就此而言，提高村民的环境保护法律意识是今后依法治理农村环境问题的重要措施。一方面，应加强村民普法教育及环保宣传。在保护农村环境的过程中，村民是最广泛的主体，假若村民接受过到位的普法教育及环保宣传，广大群众认识到保护生态环境的重要性及其相关的权利义务，那么就能够更加轻松地激发村民自觉保护农村生态环境的积极性。基层政府及其职能部门要树立农村生态环境保护与经济发展同等重要的可持续发展理念。在解决环境污染问题时，应重视村民的意见，与村民进行多种形式的沟通与交流，寻求农村经济发展与环境保护的最佳结合点。在对村民进行普法教育及环保宣传的过程中，应采取有效、恰当的方式方法。例如，通过电视、广播、报纸等传统媒介推进环保与环境法律知识的宣传。以农村发生的环境污染具体事件为例，可通过运用图片、实地指导等宣传方式达到更好地指导农民做好污染防范的效果。另一方面，应引入村民参与农村环境保护的利益机制。毫无疑问，利益机制的引入有助于调动村民投入环保的积极性，对利益的追求构成了村民参与环保的根本动力。鉴于各地农村环保存在的差异及地方立法主体拥有的环境保护立法权限，建议由各地的立法主体（如各省市、设区的市的人大及其常委会、人民政府）制定出适合本地区实际的环境保护利益分配与再分配规定，以地方法规、规章的形式实现该利益的统一调整。

综合而言，加强村民普法教育及环保宣传，引入村民参与农村环境保护的利益机制，分别从村民内在的心理认识与外部的利益刺激两方面，致力提高村民的环境保护法律意识，进而实现依法治理农村环境问题，推进农村基层治理法治化，建设美丽乡村。

第五节　推进构建农村基层常见事务处理体系

一、构建一村一法律顾问制度

一村一法律顾问制度是实施乡村振兴战略的法治保障。美丽乡村建设必须坚持依法治村、依法兴农。当前，一村一法律顾问制度是城乡公共服务均等化建设的重要内容，业已被纳入地方政府行政管理网络之中。中央政府与地方政府共同推进一村一法律顾问制度，必须秉持实质公平正义的价值理念，切合"三农"生产生活对法律的需求。为了破解过度行政化导致的非可持续性困境，应当坚持公共性原则和市场化原则，厘清权责利相统一的互动关系，激发社会主体的积极性和能动性。精准扶贫、扫黑除恶等乡村社会建设依赖法治程序的保障，需要法治思维的引导。通过一村一法律顾问制度，国家将权利意识、契约精神、法治信仰传播到农村，构成我国法治建设和社会转型的一部分。社会基层治理的重点在于界定国家管理与社会自治的领域：政府应当简政放权、优化服务；社会主体应当加强自我管理、主动承担起社会责任。一村一法律顾问制度既是农民富裕、乡村振兴的配套措施，又是推进国家治理体系和治理能力现代化的重要手段。当然，实现公共法律服务的标准化、精准化、便捷化，提供普惠性、公益性、可选择的公共法律服务不是一蹴而就的。一村一法律顾问制度是国家配置资源的切入点，提高资源利用率需要制度的不断调适完善。各级政府应当坚持基本价值理念，推行基本制度和基本做法，结合地方现实情况制定具体机制、工作方法，寻求制度合法性与制度可行性的平衡点。

在一村一法律顾问制度体系实施的过程当中，对政府组织、法律服务部门、乡村民众以及村集体三个层次的重视程度不一样。从政府角度看，它主要是加强政府的保障作用；从法律服务组织角度，它重点规范了一村一法律顾问服务的工作体制；从农村群众和农村集体角度看，它的重点是相互沟通。构建这一系统，既能够保障我们倾听到百姓的需求与反馈，又能促进系统的优化。

（一）政府：强化制度保障

政府组织是一村一法律顾问服务的重点提供者，也是一村一法律顾问进行服务的主体。广义上的政府组织意味着国家的立法、行政和司法机关的结合，代表着社会的公共权力。当今，政府行政机构即各级司法行政组织与服务部门专门负责司法行政和法律服务，我国一村一法律顾问制度的重点在于推动和参与。从政府角度来讲，主要起着加强政府的保障作用，有利于推进法律法规体系的建设，加强组织领导，提供资金和培训保障，完备监督评估体系。

1. 规章制度的建设

目前，我国关于保障国家一级公共法律服务实施的主要法律规范有《法律援助条例》《中华人民共和国公证法》《中华人民共和国人民调解法》等。其中《中华人民共和国人民调解法》就明确规定了关于在人民调解工作中的物质保证问题，解决了调解员所面临的财务难题，同时扩大了人民调解组织形式，创新地引入了社会参与机制。为了更好地增加人民调解的权威性，《中华人民共和国人民调解法》还对调解协议效力进行了详细的规定，使其可以成为执行的依据，大大增进了人民调解的权威性。

2. 组织领导保障制度

各级政府和司法行政部相互配合是保证一村一法律顾问制度顺利实施的有效途径。与此同时，还应在政府层面建立省、市、县三级执行机制；一村一法律顾问工作大纲由省司法厅制定完成并下发给各级司法局，同时省司法厅要和省财政厅进行经费的沟通和筹集，并且监督司法经费可以有效地使用到一村一法律顾问制度的建设中。根据地区的实际情况，市司法局的主要任务是制定针对本市一村一法律顾问制度的工作方案，并且将工作进行有效落实，同时在省和县之间进行信息的传递和沟通。县司法局的主要工作是进行全县的工作人员调配，对于缺少基层法律工作者或者落后的乡镇进行扶持。在一村一法律顾问制度落实过程中，乡村政府，要积极协调每个村的一村一法律顾问制度的办公场地。在县司法局的指导下，各个司法所进行一村一法律顾问制度的建设和工作开展。

3. 经费保障制度

建立一村一法律顾问制度，可以由派驻律师及时向村民传递法律信息，也可以借助其自身的专业知识，保障提供信息的准确性和完整性。从实践调研的情况看，目前村民获取法律服务的信息主要来自电视、互联网以及国家进行的宣传活动。从调查数据情况看，法律宣传活动获取的信息占比最高。但从各地区反映的情况看，这些法律宣传活动并非定期展开，内容和形式也不能完全满足村民的需要。整体上看，村民从各种渠道所获得的信息是片面化的，这不利于村民提高法律意识、采取有效的法律手段化解纠纷。一村一法律顾问制度的建立则可以通过派驻律师的长期服务将村民碎片化的法律信息进行有效的整合。这对提高村民的法律意识、实现农村纠纷的化解具有重要意义。

从现实情况看，村民以个体或家庭的方式向律师进行法律咨询，往往要支付较高的法律服务费用，而这样的费用支出使多村民望而却步。一村一法律顾问制度的建立将有效地化解相应的矛盾。至于法律顾问服务费用的问题，可以由政府、村集体和村民个人三方主体共同支付，具体支付的比例可以根据地区的实际情况进行确立。

在执行一村一法律顾问制度中，主要的法律人员都是聘请的基层法律服务者或者专业律师，因此需要对司法人员进行一定的业务补贴。从当前的发展情况看，不同地区主要针对村法律顾问进行相关的经费支出规定。在法律经费的筹集中，主要的方式有两种：一种是由各级政府按比共同承担，省、市、县分别承担不同的比例。以山东省的规定为例，一村一法律顾问的经费由省政府出 20%，市政府出 30%，各级县政府承担 50%，并由三级政府财政安排各村的司法组织经费运行。第二种由省级进行整体的财政预算规划，对全省较为贫困的农村进行全额经费补助。广东地区执行的省财政厅落实司法补助资金，分别向 14 个欠发达地区进行司法资金补助扶持，规定每个村子的补助金额为 5 000 元。

在一村一法律顾问制度的资金补贴标准中，要根据地区的实际情况进行制定，不仅要考量当地的经济发展水平，还要考虑当期职业律师的收入平均水平。这样，不仅可以保证一村一法律顾问制度的有效实施，还可以保证各地的财政压力在可接受的范围之内。在考量一村一法律顾问制度的经费支出时，除了涉及工作人员的补贴经费以外，该制度的经费还要涉及人员培训经费和办公经费。造成其他经费支出的主要原因就是为了实现该制度的有效落实，而需要管理制度落实的整个过程单凭工作补贴支出难以实现。在支出的经费中，办公经费主要花费在法律顾问的办公用品上，培训经费主要应用在对各村法律顾问的业务培训上，以便帮助他们更好地适应乡村的法律工作，同时对他们的业务水平提高有一定的帮助。在制定经费保障制度中，财政预算要包含人员工作补贴、办公经费和人员培训费用三部分。与此同时，政府要保证经费的落实到位，保证经费的花费主要应用在一村一法律顾问制度上。

4. 培训保障制度

同传统司法制度不同，一村一法律顾问制度还存在一定的特殊性，这主要体现在该制度的服务对象是农村的人和事。在处理农村相互矛盾和经济纠纷中，更能体现出该制度具有的乡村气息，这和执业律师或法律工作者接触的案件有着很多的不同之处。另外，一村一法律顾问制度不仅要体现出政府在农村地区的法治建设，还要彰显出为人民服务的标准。在职能的发挥上，一村一法律顾问除了满足人民群众的法律需求以外，还是政府进行乡村治理的有效措施。因此，一村一法律顾问除了具备应有的法律服务能力外，还要有服务乡村、建设乡村等相关能力。

为了使一村一法律顾问更好地适应农村特殊的工作形式，培训制度必不可少。培训制度的主要内容就是明确法律顾问的职责并按时进行培训，切实提高法律顾问的业务水平，以更好地适应乡村的工作。为了保障培训的质量，培训工作应由地级市的司法局组织实施，其他各级司法组织进行相应的监督。

5. 监督评估制度

在一村一法律顾问制度的实施过程中，必须实行一定的监督，保证制度的贯彻和落实。监督机制要包含行政监督、行业监督和社会监督三部分。行政监督主要是行政机构通过上下级关系进行监督，一村一法律顾问的监督主体是各级司法行政部门，在整个制度中上级司法行政部门对下级的制度实行有监督的职责。在司法行政部门的监督中，要紧紧抓住重要环节和关键要素，对下级的工作进行一定的考核，保证该制度中各项工作的顺利完成。行业监督对于推行一村一法律顾问制度有着重要的作用，是按照公平、公正、公开的标准，采取抽查审核的方式，对相关对象进行监督评估的措施。社会监督主要依赖人民群众的作用，可以充分地体现民主的价值。因此，社会监督可以更直接地对一村一法律顾问制度进行有效的监督。另外，政府应建立完善的社会监督反馈平台，这样可以实现监督信息的实时交流，让人民群众反映的问题得到有效的答复，同时鼓励社会其他人员对一村一法律顾问制度进行监督。

（二）法律服务机构：规范工作运行机制

1. 一村一法律顾问制度的人员配置

在一村一法律顾问工作的人员配置方面，可以由律师和基层法律服务工作者共同承担。之所以这样选择，是基于专业性考虑：律师和基层法律服务工作者在法律专业知识的储备上相当丰厚，加上他们通过了国家执业资格考试，取得了相关的从业资格，具备法律工作的初步素养，是再合适不过的人选。但由于我国人口众多，专职律师和基层法律服务工作者难以满足各省市人群的需求，所以并不能完全由专业的律师和基层法律服务工作者担任。除了我国人口众多与律师人数较少的这一矛盾外，还有我国律师所在地区分布不均匀的现实阻力，主要表现为城区多、乡镇少，东部多、中西部少，沿海多、内陆少的特点。此外，在村法律顾问人员的任职资格方面，要注重对法律专业知识的考核，录用一批具备专业素养、专业知识的专业性人才，一个最简单的标准就是是否通过了执法资格考试。但这一标准要建立在全民学法的法制意识比较完善的社会中，而我国法律专业的人才并不是很多，因此这一标准较难在短时间内实现。鉴于此，在法律性人才的任职资格条件设定方面我们可采取循序渐进的方式从公检法离退休人员、法律院校的师生、热衷于法律宣传工作的人员中择优选拔。

2. 一村一法律顾问制度的服务方式

一般来说，一村一法律顾问制度的内涵主要是法律的资讯与宣传。规范法律资讯与宣传方式，先要弄清楚法律咨询服务与法律宣传相比有什么异常之处。法律咨询是种资讯活动，是一个有问有答、双向互动的活动，以面对面的沟通和交流方式让咨询者获得全面、清晰、深刻的法律见解，其目的是为村民有针对性地解答疑惑、提出建议。这样做的好处在于可以在现场很好地解决问题，不足之处则是现场法律咨询容易受到时间、地点、天气等外部因素的影响，并不能保证按时性。此处所论述的一村一法律顾问进乡村正是针对现场法律咨询的不足之处进行改进而得出的。它使乡村法律宣传更生动、更灵活，可以深入各个农村进行宣传讲解，面对面咨询服务，从而提高了宣传的时效性和有效性。

在农村地区建设法律宣传墙，开办培训班，并要求村干部创办村委黑板报，将最新的法制信息中与村民息息相关的政策进行登记并公示于民。为了提高青少年的法律观念，法律部门要和教育局进行对接，并组织开展校园法律讲堂，引导青少年建立良好的法律意识。定期在学校讲授法律知识，减少青少年违法的概率，保证学生通晓法律、遵守法律，看到违法行为能够及时制止。采取多种形式向居民宣传法律，如在村里广播、张贴公告、建立法律咨询部门、开办法律讲座等。

3. 服务程序标准规制

制定统一的法律解决渠道，杜绝多部门管理、相互推诿的现象发生。现阶段的农村法律处理中，存在几个部门均有管理权却相互委托、服务质量较差的现象。负责的部门有国家司法局、地方法院、乡镇派出所、地方检察院、乡镇的法律服务机构等。这些机构都开辟了村法律服务专线，但是在处理乡村法律问题时没有统一的规范，导致乡村的纠纷在处理时常因标准不同而异常杂乱。每个机构提供的法律专员水平参差不齐，对同一个法律纠纷的解决方式有多种，导致村民不知谁的解决途径更有效，降低了法律的威慑力。针对这种现象，各相关部门在面对村民问题时要密切接触、统一口径，通过村成立的法律部门解决，给村民一个明确的方案。只有各个部门相互配合，才能高效地、有法可依地将村民的事情解决好。

构建有专人联系制度。负责乡村纠纷的法律顾问通常工作较忙，有时对某一问题不能及时处理。为了高效地解决农村村民的各项纠纷，村里应当指定专人负责法律问题，将每个村民的实际法律需求进行登记，待法律顾问到达村里时由专人接洽，将村里的问题告知村法律顾问，然后按照纠纷的实际情况进行解决，而村法律顾问的工作时间则由村委与之协商。

4. 建立法律服务类信息公示制度

在村里醒目位置树立村法律顾问公示牌，确保每个村的服务牌样式相同，内容包括该村法律顾问的各类信息以及负责的事宜、监督该顾问的方式等，具体信息包含法律顾问的名字、个人正面照片、所属工作单位、联系方式等。法律顾问的负责事宜有乡村的各项纠纷的处理办法、各项法律制度的宣传、违法类咨询、对村民的矛盾进行解决和帮助、对需要申请法律援助的村民实施帮助、村里的法律治理工作等。村民监督的事项包含法律顾问是否定期去村里服务，以及该法律顾问的工作单位所在、单位的联系方式等。该公示牌在制定后，放在村民每日经过的路口或者村委会门口等地方。

定期向村民告知法律服务事项，确保村民有问题时能够及时依靠法律服务来解决。为了方便农村居民解决问题，村里要对法律顾问广为宣传，并将其联系方式公布在大众面前，方便居民有需要时及时查找。

5. 工作考核制度

建立完善的评估考核体系。对一村一法律顾问的工作效率以及工作水平进行考核，确保法律顾问的服务质量具有较高的水平，防止不公正的处理存在。现阶段的乡村服务中，法律顾问这一模块的服务被人们所忽略，所成立的法律帮扶部门也多是一个空壳。存在这种现状的原因是农村的法律服务属于公共服务，上级部门没有引起必要的关注。考核信息严重不对称。一方面，村民的法律意识淡薄，不具备专业化的知识，评判的意识不强也不专业，而专业的人往往都是受考核的法律顾问；另一方面，法律顾问的工作执行情况不够量化，没有硬性的评判标准，工作的开展没有针对性，难以进行规划和事先预定。

基于以上原因，想要将村的法律服务质量提升，使制定的各种机制高效地实施，必须大力构建法律顾问的工作考核机制，制定明确的评判标准，以供上级部门使用。

根据目前不同地区的村法律服务考核制度实施情况的效果对比，不难发现考核时只有将地级市、县和乡镇三级国家部门结合起来，进行乡村法律顾问的工作评估，才能够确保工作效率。地级市的评估部门采用不定期的方式，针对下辖的所有县工作情况和乡镇法律顾问的工作情况进行考核。县级考核部门针对乡镇的工作开展和具体的法律顾问工作情况进行定期的抽查。乡镇地区则负责具体的法律服务工作部署工作和监督执行人的落实情况，并下到农村地区进行实地调研，走访民情、查看法律顾问的工作报告等。要求每个村的法律顾问定期将该村的工作情况记录下来，以供领导查看。考核时，可以指定统一的考核规范，根据实际工作进展依次进行。

二、健全农村多元便民调节机制

调解是借助说服教育的方式，在纠纷当事人中达成协议，进而化解纠纷的一类活动。为了高效地化解农村纠纷，需要大力进行多元调解体系建设。

第一，积极推动农村各类调解组织的发展。只有在存在较多调解组织的基础上，才能为发挥调解的重要作用奠定基础。目前来看，达成的调解协议的法律效力不强是一大制约因素。因此，针对达成的协议，可通过法院开展司法确认，赋予相应的强制执行力。

第二，完善农村多元化调解的规则制度。该纠纷化解机制应该涵盖程序与规范，但现实中基层司法机关与村委会等组织都确立了独特的调解制度规定。因此，面对类型持续变化的农村纠纷，需要加强实践经验的总结工作，补充并确定新的调解形式与规章制度，以满足纠纷化解的需要。

第三，根据每个农村实际状况的不同，应该积极关注民间化解方式的可取之处，从而保持其和当今法治的整体谐和性。推动国家法制与民间纠纷化解方式的协调统一，发挥两者保持社会秩序的共同作用，有利于更加高效地化解农村纠纷。

第四，积极运用和解方式消除纠纷。针对和解方式约束力不足的现状，可以考虑以书面形式将和解结果确定下来。假如该纠纷又一次爆发，那么基层政府或村委会先行对纠纷双方此前达成的和解协议进行相应审查，对该协议的合法性与有效性做出判定，再根据情况决定是否予以强制执行。由此可见，形成书面的和解协议是必不可少的。但是，由于大多数农民都不具备法律专业知识，所以需要着力推进农村公共法律服务建设，这与前文所提对策一致。前文所述的法律援助因援助人员仅扮演辅助者的角色，为当事人化解纠纷提供法律便利，而不对具体纠纷的化解造成实质的影响，所以和解协议仍然是基于纠纷当事方自由意志的体现。

三、完善农村土地纠纷仲裁制度

此前，有关在农村建立专门的仲裁机构的主张不绝于耳。有学者认为，成立专门的仲裁机构有益于土地承包纠纷的快捷化解，还可以将共性问题快速地反馈到决策层。2010年1月1日，《中华人民共和国农村土地承包经营纠纷调解仲裁法》（以下简称《农村土地承包经营纠纷调解仲裁法》）正式施行，表明此类主张已得到肯定，也表明农村已初步建立起了土地纠纷仲裁制度。就此而言，现在应着力针对该法存在的不足，积极完善农村土地纠纷仲裁制度，实现土地纠纷化解便民化，维护农民权益。总体来看，完善措施主要有如下几方面。

（一）仲裁机构的性质"去行政化"

《农村土地承包经营纠纷调解仲裁法》第 12 条第 2 款规定："农村土地承包仲裁委员会在当地人民政府指导下设立。设立农村土地承包仲裁委员会的，其日常工作由当地农村土地承包管理部门承担。"可见，在机构的设置上，该法做出了把仲裁机构和土地管理部门密切地绑定在一起的规定。但这与机构的设置宗旨在一定程度上不相谐和。农地纠纷仲裁机构要体现出独立性，为保障公正裁决就不能和行政机关存在密切的联系。因此，有必要在前述法条中增加"仲裁委独立于当地行政机关，并负责其日常工作"的有关规定，以保障其独立性、公正性。

（二）仲裁机构的设置便民化

按照现行法律的规定，仲裁机构的设置被限制在设区的市、不设区的市及县（市辖区），这就意味着在广大的农村地区存在机构真空。因此，《农村土地承包经营纠纷调解仲裁法》的设置与《中华人民共和国仲裁法》的内容不同。此外，因为农作物的生长与管理具有明显的时效性，假如纠纷耗时过久，反倒容易耽搁农时。鉴于此，从便民的角度出发，对现行法律规定进行修改和完善，在农村地区采取派出仲裁庭的方式，既可填补机构真空，又更加贴近、方便群众。

（三）确立"仲裁终局"原则

"仲裁终局"原则是域外国家广泛确认的一项基本原则，这有利于保障仲裁裁决的权威性，便于使仲裁的优势获得更充分的发挥。《农村土地承包经营纠纷调解仲裁法》第 48 条规定："当事人不服仲裁裁决的，可以自收到裁决书之日起三十日内向人民法院起诉。逾期不起诉的，裁决书即发生法律效力。"这就表明在经过仲裁程序后，该案还可能进一步占用国家司法资源。因此，确立"仲裁终局"原则将为农地纠纷仲裁实行"或裁或审"制度提供保障和法律依据，树立农地纠纷仲裁的法律权威，从而发挥农地纠纷仲裁程序的分流作用。

四、建构农村纠纷行政化解机制

在农村纠纷化解机制的众多方式中，行政化解方式的独特意义不容忽视。行政化解机制是指积极发挥农村基层行政机关的独特作用，从而实现纠纷快速、合理解决的途径选择。通过运用行政化解方式，亦可较好地达到消解纠纷的目的，实现纠纷的合理分流，同时非常有利于节约司法资源。因此，应该发挥农村纠纷行政化解方式的作用。现有法律中也对此进行了相关规定。例如，《中华人民共和国农业法》《中华人民共和国土地管理法》《中华人民共和国水法》等都对农村纠纷的处理做出了相应的规定，都为行政机关依法化解相应纠纷提供了明确的法律依据，有利于实现纠纷化解的便利化与权利救济渠道的多样化。然而，我们也应当看到，现实生活中还存在大量的纠纷未被纳入具体法律部门中，即没有明确的法律依据，导致相关纠纷迟迟难以解决。有学者把此类难以通过法律渠道解决的纠纷界定为法治剩余问题，如"外嫁女"权益纠纷问题。以农村"外嫁女"为代表的法治剩余问题牵涉众多的因素，属于影响到整个基层治理的复杂纠纷，加之缺乏相应的法律规范，其他利益相关者也积极参与到利益分配过程中的博弈中来，从而加大了纠纷处理的难度。针对法治剩余问题，既不能完全依靠法院诉讼方式，又不能大开信访渠道的"口子"。如果信访方式成为万能的救济方式，那么必将进一步固化民众"信访不信法"的心理。因此，基层行政机关在具体化解以"外嫁女"为代表的法治剩余纠纷时，正确的做法是把单个的纠纷置于基层社会治理视域中，把纠纷当事方的利益关系置于社会网络中处理，全面考虑纠纷之外的直接与间接因素，积极利用法与情等正式与非正式资源平息纠纷，并使基层社会重归和谐有序的状态。如果因社会条件的变化致使先前积极实现的社会相对和谐有序的状态被再次打破，如新的征地拆迁项目出现，那么基层政府应当针对出现的新纠纷再次启动社会纠纷化解机制。

基层行政机关也应重视构建起消解农村纠纷的责任机制，以便能更好地促进农村基层治理。职权与职责是不可分割的，有权力就有责任，权责对等是法治的要义。现实中因排查调处不力致使纠纷激化的，要严格追究有关单位和人员的责任。对于因过错导致纠纷发生的，要采取双罚制度，追究公职人员和职能部门的责任并予以通报公示，要求责任者查找过错原因、进行整改和对过错后果予以补救补偿。构建责任追究制度时，要注意准确认定因果关系，避免因追责错位而对工作人员或职能部门不公平对待。具体而言，①实现责任追究机制。具体的责任追究包括对纠纷当事人的责任追究和对化解主体的责任追究。实践中要坚持对纠纷化解主体不作为的责任追究，落实"属地管理"等原则，把责任具体落实到纠纷处理的单位或个人，加强对纠纷调处的监督力度。另外，应选拔综合素质过硬的优秀人员从事行政执法工作，经常对相关工作人员进行法律知识培训，以适应新形势、新任务的需求。②建立事后监督回访机制。纠纷化解工作要真正落到实处，必须有相应的监督机制。有些纠纷，特别是征地拆迁等引发的不安定事端，虽然暂时得到了化解与处置，但因种种缘由仍存在着"复发"的可能。因此，应该始终强化跟踪调查、预测等措施，及时反馈情况，巩固处理成果，消除纠纷隐患。这就要求做到定期回访双方当事人，了解农村纠纷的实际化解情况，减少纠纷的反复发生，促进纠纷的妥善解决。③落实信息整理与反馈工作。各农村纠纷调处机构应经常对纠纷化解的工作经验和教训进行总结，对纠纷化解中所发现的问题和原因进行归纳总结，并将这些信息及时反馈给相关的机构或者个人，以便从宏观政策及制度规范层面及时进行完善和改进。这样一来，根据信息反馈情况，就能采取不同的纠纷预防措施，促进多元化解机制的良性循环与运转。

综上而言，农村社会纠纷消解法治化机制的完善是系统、复杂的长期工程，需要国家、各级党委与政府、社会、普通公民等各个层面的努力，也需要从不同视角进行探索与尝试。全面依法治国为这一机制的完善创新提供了全新的视角与思路。就此而言，为推动农村基层治理法治化，我们要主动适应法治建设和依法治国的要求，积极吸取该机制运行的经验教训，努力完善社会纠纷消解机制，全面、有效、及时地预防与化解农村社会纠纷，让法治思维和法治方式消解农村社会纠纷成为常态化的运行机制。

第六节　构建农村基层治理法治文化和环境

一、培养农村基层治理主体的法治化思维

所谓法治思维，是权力主体将法律规范、原则、精神和方法等贯穿和运用于认识、分析和处理问题全过程的思维方式，是以法律规范为基准的理性思考方式。从外延而言，是底线思维、权利思维、规则思维与契约思维的有机体。底线思维要求权力行使要以宪法和法律为底线和边界，权利思维倡导

公权力要以维护和保障公民权利为目的，规则思维要求对规则的遵守和执行，契约思维倡导执政者要明晰权力乃人民所授、应为人民服务、要遵守契约讲究诚信。从治国理政视域认知法治思维，实际上就是强调权力主体内心建构起对法治的信仰和对法治价值的追求，并将之贯穿治理实践。当前，乡村治理实践中治理主体越位、错位现象丛生，办事不依法、不用法，从某种程度而言，这主要源于治理主体内在法治思维缺失。推进乡村治理法治化，就是要培育治理主体法治思维，将法律作为权力行使的最高准则和依据。

要建立和完善基层干部法治培训的长效机制。法治思维不是与生俱来的，而是在后天的学习与实践中将法治理论、法治精神、法治原则等内化形成的。只有心中知法懂法，才能规范用法、严格执法，因此要将法治教育和培训落到实处，促成法治培训和学习的常态化。据报道，"中组部干部监督局在分析违法犯罪的多名原领导干部反省材料后发现，81.4%的人认为自己犯罪与不懂法有关"。由于主观认识不足、工作内容繁杂，很多干部的法治学习要么流于形式，要么没有开展，法治知识的匮乏导致其诉诸行为的必然是超越法律底线的脱缰行径。此外，要完善基层干部考评机制，将法治思维能力和依法办事能力作为衡量和评价基层干部的重要指标。考核评估机制是无形的"指挥棒"，科学的考评机制能倒逼权力主体法治思维的养成。在考评中，对法治思维缺失、法治观念淡薄、权力行使超越边界、损害公民权利的干部，应当给予相应的惩戒或教育，通过制度化形式促使其重视和培养法治思维。

外因只有通过内因才能起作用，基层干部自身要坚持学法、懂法、用法，将法律学习与运用贯彻工作全过程。伴随中国特色社会主义进入新时代，乡村社会进入新的历史发展时期，发展不平衡、不充分的矛盾愈发凸显，精准扶贫、精准脱贫任务异常艰巨，这对基层干部的治理能力尤其是法治思维能力提出了更高的挑战。基层干部要坚持带头学法、带头守法，将法律内化为内心的约束与责任感，尊重宪法和法律权威，恪守法律底线，形成一种以正确理性、具体规则和正当程序为基本特质的法治思维。当然，法治思维并非简单的法律知识积累，亦非口头上的法治说辞，而是价值取向上的法治信仰、实践指向上的法治践行，"要在执政实践中体现为一种操作的可能性、技艺性和现实性"。从这个层面而言，基层干部不仅要学习法律理论，更要在工作中充分运用法治思维、贯彻法治方式，将法治作为权力运行的最高准则，坚持依法办事、依法解决矛盾纠纷。

二、培养农村基层民众的法治意识

历史唯物主义认为，人民群众是历史的创造者，是人类社会发展最为重要的推动力量。乡村法治文化的形塑、治理法治化的实现最终要落脚于人民，要依靠人民群众来实现，离开基层民众对法律的遵从和信仰、对乡村基层事务的实质性参与，治理法治化将犹如无源之水、无本之木，难以真正奏效。卢梭认为，"一切法律中最重要的法律，既不是刻在大理石上，又不是刻在铜表上，而是铭刻在公民的内心里。"法治信仰是实现治理法治化的精神支柱，只有公民发自内心拥护法治、出自真诚信仰法治，全面依法治国，才会涌现磅礴力量，治理法治化也将为期不远。因此，必须将培育基层民众的法治意识、法治信仰置于乡村治理法治化的全局着眼，持续发力、久久为功。

当前，我国乡村民众的法律意识相较过去虽然有了较大提升，但存在重权利而轻义务、重私利而轻公利的现象，遇事找法、办事靠法的观念依然不足，法治意识、法治素养同新时代乡村社会发展的现实需要存在较大差距。决策部署得以贯彻的关键在于"人"，欲使法治化在乡村治理实践中得到有效贯彻，对乡村社会长远发展和乡村振兴实施产生深刻影响，就"必须依赖于实施或运用这些制度的具备现代人格和品质的完全意义上的人"，这对基层民众的法治意识提出了较高要求，必须培育新时代具有法治意识和法治观念的新型农民。因此，在乡村治理法治化实践中，要重视对村民的法治教育，通过形式多样的途径开展法律教育和法律宣传活动，如播放法治宣传视频、法律事例现场讲解、现场办理民事纠纷案件等多种渠道，让基层群众切身感知法律的价值和作用，增进村民对法律的认知，增强其法治意识，使村民认识到法律不仅是其行为处事应当遵守的规范，还是维护合法权益的重要武器，进而逐步树立对法律的信仰。同时，拓展渠道，鼓励村民依法参与乡村事务，引导村民运用法律解决各种矛盾纠纷，推动村民在法治实践中深化法治认知和法治信仰。

三、打造农村基层公共精神

公共精神是基层群众对乡村社会发展目标整体认同的反映，是维系乡村法治化治理的内在稳定力量，是法治文化的重要内容。公共精神着眼于寻求社会的利益共同点，促进各治理主体的平等化，推动个体发展与社会发展的有效衔接，进而增强个体的社会认同感。在乡村治理法治化过程中，各治理主体利益诉求不尽相同，价值取向各有差异，需要通过公共精神维系和凝结各治理主体共识，推动实质性参与。

要以公共利益为纽带，营造平等民主、风清气正的环境氛围，增强各治理主体的认同感。缺乏公共利益的引导和制约，个体膨胀的自私和偏见将彻底动摇协商治理的合法性根基，因此乡村社会应当重视公共精神的构建，摒弃私利的局限，以公共利益为纽带，增进认同感。基层政府是公权力的行使者，公共服务是其重要职能之一，在乡村治理实践中，基层政府应当主动下放权力，鼓励基层群众参与，凡是涉及村民利益与农村发展的事务应当主动倾听基层呼声。基层干部是联系政府与村民的纽带，一言一行均代表政府形象，应提高自身素质，牢记为民服务的宗旨，科学依法行使权力。村委会是村民自治组织，是乡村治理法治化的主要践行者，应严格按照"四个民主""两公开"，确保权力行使的公平公正性。乡村民间组织是农民依据发展需要而建立的非政府组织，它的存在契合了社会公共性的发展要求，也是践行乡村公共精神的重要载体。民间组织以公共性为价值追求，能够有效弥补基层政府、村委会权力行使的漏洞，吸引普通村民广泛参与，提升治理效能。

要加强乡村公共文化建设，凝聚基层民众共识。当前，基层民众权利意识不断增强，懂得以"权利"之名维权，但对"权利"的理解较为肤浅，过于强调个体权利而忽视集体义务，缺乏对公共事务的责任感和担当感。因此，必须建设乡村公共文化，以文化凝聚民众共识。在乡村治理法治化过程中，只有各治理主体自觉地将个体"小我"与社会"大我"有机结合，认识到自我发展与社会发展的内在关联，认同并遵循治理价值与目标，乡村治理法治化才能真正落到实处。

四、优化乡村法治文化供给

法治文化的熏陶与渗透是一个长期的、渐进的过程，这一过程需要不断丰富和完善法治文化供给。事实上，在乡村治理法治化过程中，有效的法治文化供给能营造良好的法治文化氛围和法治环境。鉴于当前乡村法治宣传形式单一、内容不接地气、设施建设薄弱等现实问题，应当紧跟时代发展，优化法治文化供给。

（一）创新法治宣传方式

乡村社会具有特殊性，农民文化水平相对较低，学法意愿和需求不强，在送法下乡、宣传法律的过程中，应当从乡村社会实际出发，重在向村民"送思想、送观念，而不仅仅是送条文和送规范，不能指望农民记住繁杂的法律条文"。要创新法律宣传方式，可以通过组织观看法治视频，通过直观生动的画面让群众了解法治的价值与魅力。要充分发挥互联网的作用，开展"指尖上的普法"，通过建立普法微信群、微信公众号及时发布相关法律内容，让群众随时随地接收最新的法律政策。要以案说法，通过身边的法律案例宣讲，让群众更加清晰、理性地理解法律在生活中的功用与价值，激发群众学法用法的主动性和积极性，促使群众在观念上知法、思维上懂法、行为上守法用法。

（二）是更新法治宣传内容

我国法律体系庞大、内容丰富、类型多样，送法下乡不可能将所有法律呈送给基层群众，因此在内容的选择上应该充分考虑乡村实际和农民的可接受性，推进精准普法。应当首要选择与农民关联度大、生活密切相关的法律内容，选择具有常识性的、需要农民应知应会、必知必会的法律内容，如《中华人民共和国婚姻法》《中华人民共和国农村土地承包法》等，以丰富农民法律知识、提升法律素养为重要目标。当然，送法下乡、宣传法律是一个长期的过程，不能希冀通过一次或短期的宣讲就能产生实效，要分批次、分阶段进行有针对性的法治宣传，在不同的宣传阶段内重视内容的渐进性。

（三）建设法治文化设施

法治文化设施是以宣传法律知识、传播法律理念、展示法律成果为目的而广泛分布在公共空间的固定设施，是法治文化的重要承载者，具有潜移默化的熏陶作用，能激发群众学法用法的积极性。可以通过建设法治文化墙、文化长廊、文化宣传栏等形式，以问答、格言、图片演绎等形式展开，旨在为基层群众提供丰富多样的法治文化产品，让法治真正融入乡土社会，使法治真正根植于群众内心，内化为信念，外化于行动。

第七节　我国地方基层治理法治化实践案例探索

"枫桥经验"是化解基层矛盾的经验。20 世纪 60 年代初浙江省诸暨市枫桥镇的干部群众在社会主义教育运动中创造了"依靠和发动群众，坚持矛盾不上交，就地解决，实现捕人少治安好"的经验。"枫桥经验"自此诞生。在此后 40 多年的时间里，尽管中国大地上经历着翻天覆地的变化，基层矛盾的性质特点也发生了历史性的深刻变化，但在不同的历史时期，"枫桥经验"依然能与时俱进地创造出化解社会矛盾的不同方法。岁月的流逝非但没有带走"枫桥经验"的精髓，反而使其获得了越来越丰富的历史和时代内涵。

一、久经考验的"枫桥经验"

（一）"四前"工作法

"四前"即组织建设走在工作前、预测工作走在预防前、预防工作走在调解前、调解工作走在激化前。加强化解基层矛盾的组织网络建设，发挥党政机构和民间力量两方面的积极性；将化解矛盾的重点环节前移。强化预测、预防的环节；当矛盾纠纷一旦发生，重在加强各种途径的调解。"四前工作法"的精髓是将矛盾纠纷化解在基层。

（二）"四先四早"工作机制

"四先四早"即预警在先、矛盾问题早消化；教育在先、重点对象早转化；控制在先，敏感时期早防范；工作在先，矛盾纠纷早处理。通过"四先四早"着力化解人民内部矛盾。实际上，"四前工作法"和"四先四早"工作机制都是预防和化解基层矛盾的机制和方法。

（三）大调解机制

经过长期努力，枫桥镇形成了党政领导、部门参与、上下联动、优势互补的"大调解"格局和机制。枫桥镇先后建立了镇管理处，村（居、企）三级人民调解组织网络，全镇共建调委会 59 个，有人民调解员 358 名，纠纷信息员 328 名，已形成了"组织成网络、人员遍角落"的人民调解工作体系，并建立"镇村联动"工作机制，一旦发生纠纷，村（居、企）调解员及时受理，快速调处。对于没有经过调解直接起诉到法院的矛盾纠纷，劝导当事人首先寻求调解途径解决纠纷。

（四）网格化管理

近年来，枫桥镇以社会管理网格化为抓手，构筑起了"纵向到底、横向到边"和"纵向联动、横向整合"的社会管理网格系统。在纵向上，全镇分为三级网格。镇作为一级网格区，责任主体是镇党委政府，由镇综治工作中心具体负责。二级网格区是片区网格，全镇按片分为三个二级网格区。网格责任主体是三个片综治分中心，主要职责是调处各村上交的矛盾纠纷，对不能调处的矛盾纠纷按程序移交镇综治中心。三级网格区是村一级，全镇按村分为 28 个三级网格区。网格责任主体是村两委会，主要职责是细化、实化村级综治网格化管理。村级网格将村以村民代表数划分为相应数量的网格，每个村民代表直接联系一个网格内的农户；每个村两委干部通过联系若干村民代表、间接联系若干个网格内的农户。在横向上，主要是从"纠纷化解网格化、土地管理网格化、社会人管理网格化、社区警务网格化、安全生产网格化和应急管理网格化"六个方面实现整合。

近年来，"枫桥经验"在坚持以人为本、化解矛盾、促进发展的基础上又创造了靠富裕群众减少矛盾、靠组织群众预防矛盾、靠服务群众化解矛盾的新经验。纵观"枫桥经验"的演变，发动群众、依靠群众、服务群众始终是"枫桥经验"的根本。

二、新时代"枫桥经验"标准化的尝试与创新

（一）尝试工作开展背景微探

浙江省在我国较早地实施了标准化战略。2007 年 10 月，浙江省政府根据习近平关于标准化的重要讲话和批示精神制定了《浙江省人民政府关于加强标准化工作的若干意见》。后来浙江省又出台了《浙江省标准化管理条例》《浙江省地方标准管理办法》《浙江省专业标准化技术委员会管理办法》

（TC/SC）等法规、标准化工作政策及制度体系，对标准化战略进行顶层设计和逐层分解。近年来，浙江省以创建"平安浙江"为主要抓手和载体，通过标准化推进机制，促进公共、市场、社会服务的提供者、监管部门以及公众代表相互配合、共同参与，针对浙江综治、市场监管、综合执法、便民服务"四个平台"建设和"最多跑一次"工作进行规范，对"网格化管理、组团式服务"等一批在全国有影响的新做法、新经验进行归纳总结，形成了可复制的标准。

浙江省诸暨市也长期探索基层社会治理标准化建设，创造性地提出了符合基层社会实际的相关标准，并得到浙江省乃至国家的肯定和推广。在"枫桥经验"的发源地诸暨市枫桥镇，因为要不断满足全国各地学习"枫桥经验"者的现实需求，该镇较早开始谋划、制定基层社会治理的标准。2014年4月，国家社会管理和公共服务标准化工作联席会议办公室〔2014〕84号文件批准枫桥镇成为全国第一批社会管理和公共服务综合标准化试点项目。这是当时唯一获得立项的乡镇主体。绍兴市的《关于打造"枫桥经验"升级版建设"平安中国示范市"实施计划（2016—2018）》中也提出要以标准化为手段，提升乡镇政府服务能力，通过规范化、标准化达到促进工作、提升治理能力的目标。

（二）开展过程解析

1. 在启动阶段建立标准化工作的领导、工作机构

2014年8月，中共诸暨市委办公室、市政府办公室印发《"枫桥经验"——基层社会治理综合标准化试点项目实施方案》。2014年9月，"枫桥经验"基层社会治理综合标准化试点项目启动会召开，这标志着"枫桥经验"标准化工作的启动。整个标准化工作经历了启动、建设、实施、推广、完善和验收等阶段。在领导机构方面，诸暨市成立"枫桥经验"基层社会治理综合标准化试点工作领导小组（以下简称"领导小组"），对试点项目的策划、实施、推广进行指导和监督。在工作机构方面，枫桥镇成立以镇党委书记、政法委副书记为首的项目实施团队，团队包括浙江省标准化研究院和浙江大学公共管理学院的专家，并吸收了20多家业务主管单位的工作人员参与。

2. 在建设阶段深入调研、制定、实施标准

首先，在调研基础上明确乡镇层面的工作内容和实施进度，制定相应方

案。2014 年 10—11 月，项目团队根据《服务业组织标准化工作指南》（GB/T 24421—2009）要求，结合枫桥镇社会治理工作实际，梳理制定了标准的清单。2014 年 12 月，领导小组制定了《枫桥镇基层社会治理综合标准化试点项目实施方案》。

其次，开展调研，确定标准体系。自 2015 年 1 月开始，项目团队在枫桥镇以走访、座谈等方式深入基层单位，了解治理状况和工作模式，梳理关键环节和总结主要经验。2015 年 2—3 月，汇编标准体系及重点领域标准，形成了《枫桥镇社会治理工作手册》，并在全镇范围发布和推广。2015 年 3 月，最终确定标准体系框架。

再次，进行标准体系和重点标准的培训、学习。2015 年 4—6 月，专兼职标准化人员和社会治理相关部门负责人以《枫桥镇社会治理工作手册》为内容进行了集中培训。

最后，标准研制和评审。2015 年 6—7 月，重点标准初稿形成并进行了多次讨论修改。2015 年 8—9 月，第一批 6 个重点标准和第二批 5 个重点标准分别申报诸暨市地方标准获得立项。2015 年 10—12 月，评审会对第一、第二批标准进行了评审。

3. 推广、完善、验收并最终完成 22 个标准

2015 年 12 月之后，根据试点工作情况，结合国家标准化管理委员会《社会管理和公共服务综合标准化试点细则（试行）》及试点任务书的要求，项目团队进一步完善、修改并形成了完整的基层社会治理标准体系。例如，利用各地来诸暨考察"枫桥经验"的机会，广泛听取意见和建议。在标准实施过程中，与标准适用对象、业务主管部门密切沟通，在推广实施中进行完善。在诸暨市地方标准申请成功后，再按浙江省地方标准的要求进行凝练和提升。

2017 年 7 月 11 日，试点项目终期验收举行，围绕重点标准的实施、推广及示范进行全面评估，最终标准化工作的成果"枫桥镇基层社会治理标准化项目重点标准"以高分通过。

基层社会治理标准化建设是一个长期的过程，标准也需要和特定时间、特定社会发展条件相适应。枫桥镇的标准化工作虽然不能涵盖"枫桥经验"的全部，也并非尽善尽美，但毕竟走出了重要的一步，值得深入研究。

三、标准化工作的创新解析

（一）实现精细化治理的目标

"枫桥经验"基层社会治理的标准立足于基层社会治理的实践，重视可操作性，规范专门领域，提出具体目标，建设组织体系和机构，对工作人员提出明确要求，并将工作流程化，加强量化考核，旨在实现精细化的治理，取得了良好的治理效果。

1. 规范专门领域提出具体目标

22项标准致力解决乡镇层级的社会治理常态化事项，每项标准均包含具体的实施细则。例如，在《乡镇社会治安防控体系建设规范》中，强化乡镇社会服务管理中心规范化建设和村（社区）综治工作站规范化建设，具体规定了组织建设、场地与设施设备、标示标识、台账建设、机制建设五个方面。《乡镇行政服务中心管理与服务规范》第4项"建设要求"一级中心办公场所应设置8个以上办事窗口，二级中心办公场所宜设置4个以上办事窗口，窗口应放置"审批服务事项告知单"和格式文本，工作人员应亮牌上岗，桌牌应印制工作人员姓名、照片、职务、联系电话等都做了非常详尽的要求。

2. 建设组织体系，优化机构职能配置

22项标准中的14项标准（超过六成）对相关工作的组织架构、组织体系或机构设置、人员构成做出了明确规定。例如，《基层社会矛盾纠纷大调解体系建设规范》明确了"大调解组织体系"；《社会治理"一张网"建设与管理规范》和《基层网格员管理规范》对"网格化管理、组团式服务"三级网格的网格员及其职责进行了明确，把基层网格管理事项按照职能划分为社会矛盾、公共安全、违法监管、公共服务四大类，对不同类型的网格员（"一长三员"："一长"是网格长，"三员"是专职网格员、专业网格员和兼职网格员）分别界定其概念并划职定责。

3. 对工作人员提出明确要求

很多标准对工作人员的选择、培训、管理和服务事项提出了明确要求。《乡镇行政服务中心管理与服务规范》第5项"人员与培训"规定窗口工作人员进驻中心时间不宜少于2年；进驻乡镇行政服务中心的工作人员，其业务培训由市主管部门和本乡镇组织，培训次数每人每年不少于 2 次。《应急联动管理规范》第 6 项"队伍建设"不仅规定有入职培训、业务培训和综合管理培训等，还要求定期开展各类应急预案的演练，每年应急演练不少于 2 次。

4. 将工作流程化

合理的工作流程是保障工作质量和提升工作效率的重要前提。为了让相关流程看起来一目了然，很多标准都编制了流程图。《基层社会矛盾纠纷大调解体系建设规范》就明确了人民调解的流程。

5. 加强量化考核

在 22 项标准中，除《养老保险管理工作规范》《医疗保险管理工作规范》和《乡镇优抚管理工作规范》外，其他标准均规定了具体的考核评估办法。《乡镇行政服务中心管理与服务规范》就专章规定了"服务要求"，明确提出首问责任制、AB 岗位责任制、限时办结制等要求，并以附录形式详细规定考核与评价的量化标准。《基层社会矛盾纠纷大调解体系建设规范》虽没有专列考核办法，但是明确将以回访形式对调解效果做出评估。

（二）将标准化和智能化相结合

近年来，我国提出了基层社会治理的智能化。所谓基层社会治理的智能化，就是在网络化基础上，通过信息技术使治理过程更加优化、科学、便捷，提升社会治理层次水平和能力。2015 年 7 月，国务院发布《关于积极推进"互联网 +"行动的指导意见》，从国家战略层面将互联网与大数据的发展纳入国家治理体系，提出要将互联网和大数据运用到社会治理中。

新时代"枫桥经验"适应网络化、信息化、智能化的时代需要，通过"雪亮工程"、"大联动"平台、"四个平台"和"一张网"以及网上普法、网络问政、线上矛盾纠纷化解、网上金融风险防控等方式，实现"互联网 +社会治理"。2018 年中央政法委工作会议首次明确提出"网上枫桥经验"，要求"推动社情民意在网上了解、矛盾纠纷在网上解决"，实际上就是要运用智慧化的治理方式，采取全覆盖的舆情治理、全方位的平安建设、全环节的公共服务。

标准化和智能化能互相促进，两者联动常态化，构建起了立体化的工作体系。首先，智能化是实现标准化的重要手段。通过"互联网 +"平台促进标准化治理工作。这方面典型的例证是浙江"最多跑一次"改革。该项改革通过智能化手段打破了过去公共服务管理部门化、碎片化的弊端，实现了以网上办事的线上服务为主，以"一窗受理、集成服务"的线下模式为辅的政务服务新标准。浙江政务服务 App 目前已经实现省市县网上政务服务导航、认证、申报、查询、互动、支付、评价一体化。还有诸暨市推进的"一证通办一生事"，即以身份证件作为唯一标识，融合市民社保、医疗、养老、纳税等 48 个事项"一证"管理服务。其次，标准化也能够促进智能化。智能化需要依托各种标准，通过类型化的方法将相应信息与数据予以标记、标识。例如，构建综合治理工作、市场监管、综合执法、便民服务四个平台，就要完成四个平台的各自标准，真正做到管理清晰、职责明确，将标准与网络相融合，设计成软件系统，利用网络技术实现县乡各部门之间的职责重构、资源共享、体系重整，有效解决在各层级之间的职责断层现象。又如，建设标准化的"网格"，并借助"网络"实现"两网融合"，实现"网络 + 网格"同步创新发展。2014 年，枫桥镇推出社会治理"一张网"工程，并制作成标准，工作比以前更高效。对于排查出来的纠纷信息，相关标准要求网格员第一时间上报、预警，要求"3 小时网上回应，48 小时限时办理"。

（三）利用标准化工具对乡村自治予以规范

基层群众自治制度是《宪法》《中华人民共和国村民委员会组织法》《中华人民共和国城市居民委员会组织法》规定的我国基本的民主制度之一。我国基层自治的思想和制度由来已久。基层群众性自治是广大农民、居民直接行使民主权利，实行自我管理、自我教育、自我服务的一项基本制度。我国已经建立了以农村村民委员会、城市居民委员会和企业职工代表大会为主要内容的基层民主自治体系。在法治社会中，自治从来都不是随意的无秩序的治理，而是一种规则之治。对于自治而言，政府既不能大包大揽，又不能放任自治的无序化。标准是规范自治的规则之一。

首先，"枫桥经验"对村规民约的制订和修订有明确的标准。当代村规民约在基层社会治理中的复兴有赖党和政府的长期推动与建构。例如，枫桥镇陈家村在 21 世纪初曾保有 6 份有代表性的村规民约。2007 年 4 月—2008 年 8 月，该村在专家学者的帮助下制定出了 14 份新的村规民约。2015 年，诸暨市政府印发了《关于抓紧组织开展乡村治理试点工作的通知》和《关于全面开展制订修订村规民约社区公约活动的通知》，发动全市农村开展村规民约制订工作。枫桥镇 22 项标准中就专门有《村规民约制订修订规范》，该标准提出制定、修订村规民约的各种实体和程序要求，目标是构建 "1（1 套村民自治章程）+1（1 套村规民约）+X（多个实施细则）" 的乡村自治规则体系。

其次，"枫桥经验" 对民主法治村如何建设有相应标准。2008 年，枫桥镇印制了《民主治村手册》，把各项民主治理制度汇编成册，推动各村规范化操作。2015 年，枫桥镇印制了《村级权力清单手册》，提升了民主治村标准，对村级重大决策、村级招投标管理、村务财务管理、村集体资产处置等事项共 13 大类 36 个方面的操作流程进行统一规定，推动村自治规范有序。在此基础上，枫桥镇进一步制定了《民主治村规范》。在该项标准中，提出 "三上三下两公开" 村级重大事项民主决策制度，建立 "6446" 规范化监督标准体系，以村干部 "四不" 公开承诺以及 "四违" 管理等为重点，实现全面监督。

四、标准化和法治化的结合是基层社会治理的发展方向之一

进行标准化工作的过程中，在运用标准化提升治理效能的同时，应当结合基层社会治理的特点制定实施好标准，要把标准化和法治化相结合，充分发挥标准对法治化的补强作用。

（一）标准和法律（制定法）既有联系又有区别

首先，从目前学界的研究看，不论是否承认标准为法律，都没人否认两者有密切联系。关于标准是否具有法律属性，学界有否定和肯定两类观点。否定的观点主要基于两者在制定主体、程序、实施和监督等方面的不同。肯定的观点认为标准具有法律属性：基于技术法规的理论，有观点认为标准中的强制性标准属于技术法规；基于标准著作权争议案件处理的需要，有观点认为政府制定的标准尤其是强制性标准具有法规性质；基于 "软法" 的理论，有观点认为标准是一种 "软法"；基于特定法域里标准与法律的密切联系，有观点认为标准是法律体系的组成部分。笔者认为，标准法律属性论的产生与我国特殊的社会经济背景有关，标准与法律属于不同性质的规范系统。标准和法律都是基层社会治理工作的规范、准绳。在基层，标准和法律紧密结合，都旨在解决基层社会治理工作中的随意化、主观化问题，提升规范化水平。

其次，标准的制定类似于立法，也要遵循统一性、协调性、适用性、规范性和程序性。统一性是指标准结构、文体、术语和形式的统一。标准要具有"透明性"，即用"定义明确且普遍接受的含义"，从而能为受众所理解。协调性要求同一领域内的标准要协调，同级公共服务标准之间不能交叉、重复甚至矛盾，下级标准不能与上级标准相抵触。适用性要求可操作，便于使用和实施，便于被其他标准或文件引用。规范性要求制定标准活动本身既要遵守通用标准的编写规则，又要遵循 2017 年 12 月 29 日国家发布的《标准编写规则第 5 部分：规范标准》（GB/T 20001.5—2017）所规定的服务标准编写规则。程序性强调按照公共服务国家标准制定程序要求，依次经过预研、立项、起草、征求意见、审查、批准、出版、复审等阶段。和法律一样，标准也具有相对稳定性，但是标准并非一成不变，可以像法律一样适时修改。

再次，标准特别是其中的强制性标准（具有 GB 代号的标准）和法律一样，在实施方面具有刚性。标准作为规制公权力的工具，对行政机关产生拘束作用，对相关人员产生外部规范效果。从行为约束力这一层面看，标准实际是解决行政合理性即解决行政裁量基准问题的。所以，标准制定出来就是为了实施，也应当能实施，更要严格实施。标准一旦制定颁布就具有规范性、可问责性。

最后，从标准和法律两者区别看，其制定主体、程序、规范调整的范围、强制力的保障都有所不同。法由立法机关制定，多涉及宏观领域，调整范围也是整个国家，调整事项具有一般性。而标准最早针对产品技术领域，最近才被纳入政府公共服务和社会治理领域，多涉及微观，调整范围、事项主要是专业领域，主要针对某项具体工作。

（二）标准对法治具有补强作用

首先，从标准对法治的意义看，有学者认为，有必要将标准与标准化提升到国家法治战略的高度来认识，重视标准与标准化对全面依法治国、实现国家治理体系和治理能力现代化的意义。在具体法治的环节中重视对标准化成果的利用。在立法、执法、司法和守法的过程中重视标准，积极吸收标准化的成果。将标准引进法律，发挥标准对法律的支撑作用，更好地实现法律规范行为、调整社会关系的目的。

其次，标准能够弥补法律的空白。规制理论中，标准的类型有利用公法手段制定的标准、利用财政资源或权力通过契约方式形成的标准和运用管理权威设定的不具有法律约束力的标准。无论是哪类标准，都能够产生实际规范效果。当法律缺位、不完善或处于模糊地带时，标准往往发挥技术性规范的作用，形成相应的制度保障。标准成为有效执行中央和上级政策、法律的具体工具，成为政策、法律实施"最后一公里"的有效手段，某种程度上可以弥补法律的局限性。

再次，标准能够促进法治的统一和落实。在基层社会治理中，根据法治要求，制定有关工作标准，标准化的过程实际就是落实法律制度的过程。标准化作为法治化的辅助，集中体现在公共服务和执法裁量等领域。诚如某位学者所说："在公共政策领域……可以利用非政府主体的标准制定，通过各种实施机制来实现公共目标……这种机制还为标准的民主决策过程提供了替代途径。"今后的研究可能要更为详细地探讨非政府标准制定体系面临的压力，讨论其应与政府、市场及社会保持怎样的关系，从而能在何种程度上实现新的治理平衡。

基层社会治理要适应新时代社会主要矛盾的变化，满足人民日益增长的美好生活需要，就必须在党的领导下实现以下五个方面的"多元"。①治理格局的多元，即共建、共治、共享。②治理形态和模式的多元，即自治、法治、德治，三治融合或结合。③治理主体的多元，即实现党委领导、政府负责、社会协同、公众参与。众人拾柴火焰高，必须相信群众、动员群众，最大限度赢得民心、汇集民力、尊重民意，让城乡群众成为基层社会治理的最大受益者、最广参与者、最终评判者。④治理方法的多元，即通过多元化的矛盾纠纷化解机制形成不同主体之间相互配合、相互支撑的合力，以达到预防和化解矛盾的双重效果，实现实质正义。⑤规范的多元。规范的多元要求国家必须重视丰富基层社会治理的制度资源，扩大制度的供给。在基层社会治理中，不只是运用国家立法"送法下乡"或"普法"，而是要发挥非正式法律渊源、其他社会规范的效用。多元化的规范既包括法学界关注较少而本书着重研究的基层社会治理标准化工作，又包括法学界已经长期关注并重视的民间法（村规民约）、"软法"（社团规范）、行业法（习惯）等规范形态。标准作为多元规范之一，在基层社会治理中必不可少。标准化对形塑治理格局和秩序、生成治理形态和模式、规范治理方法等都有重要的意义，所以未来应该成为基层社会治理的发展方向之一。

第八章　农村基层治理法治化的思考

第一节　中国梦即法治梦

一、中国梦概述

中国梦是中国共产党召开第十八次全国代表大会以来，习近平所提出的重要指导思想和重要执政理念。习近平把"中国梦"定义为"实现中华民族伟大复兴，就是中华民族近代以来最伟大梦想"，并且表示这个梦"一定能实现"。

"中国梦"的核心目标可以概括为"两个一百年"的目标：到2021年中国共产党成立100周年和2049年中华人民共和国成立100周年时，逐步并最终顺利实现中华民族的伟大复兴，具体表现是国家富强、民族振兴、人民幸福，实现途径是走中国特色的社会主义道路、坚持中国特色社会主义理论体系、弘扬民族精神、凝聚中国力量，实施手段是政治、经济、文化、社会、生态文明五位一体建设。

（一）中国梦的理论内涵和特质

中国梦是关于如何实现中华民族伟大复兴的战略思想，是党的十八大以来党的理论创新的重大成果，具有丰富的理论内涵和鲜明的特色。

1. 系统的理论架构

中国梦具有全面系统的理论架构，是由多层次、多维度子系统交织而成的理论体系。它涵盖了中国特色社会主义经济建设、政治建设、文化建设、社会建设、生态文明建设、执政党建设、国防和军队建设、国家统一、外交等诸多领域和层面，融合了建设经济富国、政治大国、文化强国、军事强国、美丽中国、和谐世界等多个维度的内容。

2. 科学的思想品质

中国梦是在科学理论指导、科学制度保障、科学方法运用的基础上探索形成的符合人类社会发展规律、社会主义建设规律、共产党执政规律的战略思想。一方面，它从实际出发，初步回答和解决了"什么是中国梦、为什么要提出中国梦、怎样实现中国梦"等一系列重大理论问题；另一方面，它将解放思想、实事求是、与时俱进、求真务实的思想精髓贯穿其中，倡导空谈误国、实干兴邦的追梦理念，将实现中国梦的过程自觉置于理论与实践、主观与客观有机统一的轨道上。

3. 深远的指导意义

中国梦思想是中国特色社会主义理论体系的重要组成部分。随着我国改革开放的全面深化和广大人民群众的广泛认同，中国梦的内涵外延将不断拓展、体系架构将日益完善、作用意义将全面体现，对我们全面深化改革、实现社会主义现代化具有深远的指导意义。

（二）中国梦的实践内涵和特质

中国梦是在我国全面深化改革开放、全面建成小康社会的实践过程中，立足我国实际和现实国情、顺应人民期望而形成的理想追求。因此，中国梦不是静态的，而是动态的；不是坐而论道的清谈，而需要身体力行。

1. 实践路径的自主性

中国梦是我们自己的梦，实现中国梦只能靠我们自己，靠我们独立自主、自力更生、艰苦奋斗，靠每个中国人为之付出热情和心血。如果我们自己不主动找出路、不自觉深挖潜力，而单纯将希望寄托于外人外部外力、外国，往往会事与愿违。因此，实现中国梦必须走稳中国道路、弘扬中国精神、凝聚中国力量。

2. 实践过程的长期性

中国梦不是一朝一夕可以实现的，而需要经历一个长期的历史过程。在不同的时期、背景、形势之下，中国梦呈现不同的阶段性特征。近代中华民族陷入生死存亡的危机以来，仁人志士发出了民族复兴的呐喊，并鼓舞带领民众为之积极行动。在当下的社会主义初级阶段，中国梦的展开是以建设中国特色社会主义为理想追求的。在未来的社会主义高级阶段、发达阶段，中国梦的展开将以实现共产主义为最高理想追求。

（三）中国梦的意义

1. 打开了中国特色社会主义的理论大门

"中国梦"是中国新一届中央领导集体在把马克思主义基本原理与当今中国国情相结合的基础上，在深刻分析了社会主义理论发展至今的规律、中国特色社会主义的理论道路以及当今世界发展的时代特征之后提出来的。"中国梦"的提出赋予了中国特色社会主义道路、理论和制度新的内容，为坚持和发展中国特色社会主义注入强大正能量，标志着马克思主义中国化、时代化、大众化达到了新的历史高度。

（1）"中国梦"进一步发展了中国特色社会主义的理论体系

"中国梦"深刻回答了"树立什么样的理想、怎样实现理想""实现什么样的目标、怎么实现目标"这一关乎党和国家命运的根本理论与实践问题，并对事关中国特色社会主义的若干重大问题，如发展道路、依法治国、改革开放、执政根基、从严治党、意识形态建设等进行了系统阐述，具有鲜明的整体性、层次性、严谨性特征，初步形成一个比较完整的理论构架，从而把中国特色社会主义理论体系推进到新的境界。

（2）"中国梦"进一步推进了中国特色社会主义理论的大众化

推进中国特色社会主义理论大众化，实现话语表达方式通俗化、生活化，是使广大人民群众在思想、情感上认同和接受中国特色社会主义理论的关键环节。"中国梦"以及同它密切联系的如中国道路、中国精神、中国力量等话语表达方式大众化，拥有清晰的理念和亲和的风格，打通了学术话语与政治话语、民间话语与官方话语、中国话语与外国话语之间的隐性阻隔，受到广大人民群众的普遍认同，同时受到国际社会的广泛赞同和热烈回应。

2."中国梦"承载着党的执政目标

习近平提出，"实现中华民族伟大复兴的中国梦，就是要实现国家富强、民族振兴、人民幸福"。实现"中国梦"的三大追求分别从历史责任感、民族使命感和民生关爱感上显示了中国共产党以国家、民族和人民的利益作为自己矢志不渝的预定目标及努力方向，表明了中国共产党勇于担当的强烈责任意识和为中华崛起奋斗不止的坚强意志，体现了马克思主义执政党光明正义的政治品格、高瞻远瞩的战略眼光、求真务实的踏实作风、牢不可摧的刚强决心。

3."中国梦"集中体现了党的执政宗旨

习近平强调，"中国梦归根到底是人民的梦"。这一论述深化了党的执政宗旨，回答了为谁执政的问题。同时，在实现"中国梦"的实践中，中国共产党强调要实现人民幸福，让"生活在我们伟大祖国和伟大时代的中国人民，共同享有人生出彩的机会，共同享有梦想成真的机会，共同享有同祖国和时代一起成长与进步的机会"。这也是对全党更好地践行党的宗旨、实现人民幸福的具体要求。

4.彰显中华民族的共同理想

"中国梦"不是一般意义上的梦想，而是一种特定的、整体性的思想意识和目标指向，是思想意识和目标指向的高度融合统一，是中华民族正在万众一心、努力奋斗的共同理想。

（1）"中国梦"进一步呈现了中华民族伟大复兴的宏伟蓝图

习近平在阐述"中国梦"时提出了两个百年的目标。一个是到中国共产党成立 100 年时全面建成小康社会，另一个是到中华人民共和国成立 100 年时建成富强民主文明和谐美丽的社会主义现代化国家。这两个百年的奋斗目标勾勒出了中华民族伟大复兴的宏伟蓝图，成为实现"中国梦"的里程碑式标志。

（2）"中国梦"进一步凝聚了中华民族的整体力量

"中国梦"最大限度地兼顾和包容了各族人民的根本利益，让各个阶层、各个领域、各个方面的群众都能从民族复兴的光明前景中看到自身利益所在，都能从国家富强、民族振兴中实现自身生活的幸福，从而有利于把全国人民更好地凝结成"利益共同体"和"命运共同体"，焕发出实现共同理想、完成共同目标、共同事业所需的强大凝聚力。

（3）"中国梦"进一步激发了中华民族奋斗的勇气和力量

"中国梦"的提出，描绘了民族复兴的光明前景，表达了中华民族万众一心、戮力奋斗的共同理想，并给当代中国社会和中国人民树立了一个既有憧憬有超越又看得见摸得着的目标，必将激发全党全国人民投身中国特色社会主义伟大事业的壮志豪情，激发人们继续奋斗的勇气和力量。因为民族的梦与个人的梦不仅相关，而且路径相同。唯有艰苦奋斗、脚踏实地、实干兴邦的奋斗精神才能实现。

二、中国梦即法治梦

习近平指出："中国梦不仅意味着综合国力提高、人民生活富足，更重要的是人民更加幸福、更加有尊严，是法治梦。"

党的十八大、十九大报告提出 2020 年全面建成小康社会的宏伟目标指日可待，令人神往。习近平关于中国梦的伟大构想更是激励人心，催人奋进，引起全国人民的强烈共鸣。中国梦，归根到底，是人民的梦，是国家富强、民族振兴、人民幸福的中华民族伟大复兴之梦。而国家富强、民族振兴、人民幸福必须通过法治来实现。法治兴则国兴，法治强则国强。"法治中国"既是中国梦的具体宏伟目标，又是实现中国梦的坚强保障和动力，更是中华民族复兴梦想的内在要求。

中共十八届四中全会于 2014 年 10 月 20—23 日在北京举行，全会审议通过了《中共中央关于全面推进依法治国若干重大问题的决定》，明确了全面推进依法治国的重大任务，确立了建设中国特色社会主义法治体系和社会主义法治国家的总目标。

法治国家，平安中国，是关乎百姓福祉、关乎民众幸福的大事。法治维护社会公平，事关我们生存的权利；法治维护个人权利，事关我们的尊严；法治维护我们生存的社会环境秩序，事关我们的安全。有了法治，老百姓的财富、公平、尊严、安全感等才有了保障。

法律是保证公民享有公平和正义的红线，法治是一个国家走向现代文明的标志，是现代国家的基石，也是改革成功与否的界限。

中共十八届四中全会是改革开放以来第一次将"依法治国"确立为中央全会的主题，矛头直指"权大于法"这一公权力痼疾，直至中共十九届四中全会再次提出全面提升依法治国、依法执政能力的主体。历次会议的召开既是对我们党法治思想、法治实践的总结，又为中国法治建设指明了方向，将会掀起"全面推进依法治国"的新篇章，开启反腐斗争的新阶段——在深入揭查贪官的同时，探索长效机制，健全廉政制度。中国的反腐工作也将迎来从"治标"到"治本"的节点。

人治还需法治，治标更要治本。反腐能够遏制公务员违法犯罪，是实现依法治国的重要手段，是"治标"；建设廉政的法治环境则是避免腐败滋生的规范动作，是"治本"。只有建设廉政的法治环境，才能将反腐从"治标"推进到"治本"的新阶段，将廉政建设推向新的高度，最终形成依法治国的良性循环。

在法治环境下，歪风邪气必将无处安身，腐败只有死路一条。依法治国，建设廉政的法治环境，其根本性任务是健全打击和预防腐败的法律体系。习近平提出的"抓紧形成不想腐、不能腐、不敢腐的有效机制"这一反腐斗争目标，随着中共四中全会的召开正在逐步向现实迈进。

党的十九大后，习近平提出要逐步实现"国家富强、民族振兴、人民幸福"的伟大梦想。中国人的强国梦苏醒了。而国家的强盛必须由法治来保障，一个讲究法治、讲究规则的社会，身处其间的民众才会焕发出创富的热情。"依法治国"是实现中华民族伟大复兴中国梦的必经之路。中国梦首先是"法治梦"。没有法治，一切都是梦中的梦。

三、法治梦承载中国梦

中国梦必须是法治梦。法治承载着一个国家的立国理想，构筑起一个国家的治国大厦。国家和人民从来没有像今天这样，对法治提出如此广泛、如此迫切的要求和希望。真正意义上的强大不是看有多么炫耀的 GDP 或外汇储备，有多少豪华高楼、摩天大厦，有多少尖端科技"上天入地"，而是人民是否过上了自由、平等的生活，这样的生活是否有完善的法律保障。中华民族的伟大复兴，除了在经济、文化上具有强大的竞争力外，还应该在法律上、制度上证明自己的优越性，应该对世界做出贡献。这个贡献就是致力建设法治中国，建设一个公平、正义的法治社会，沿着宪法所体现的民主、法治和尊重人权方向，让每个中国公民都感觉到公平公正，感受到安全和尊严。

法治兴则国兴，法治强则国强。中国有悠久的人治传统，有破坏法治的恶性和冲动。法治梦作为中国梦的坚强保障和动力，是对本届政府改革雄心和良心的艰巨考验，是中国真正崛起和强大的起点和终点，还是我们每个中国人必须去做的真梦、大梦。中国梦不仅是中华民族的复兴梦，也是我们每个公民的自我实现之梦。我们需要实现什么？需要实现幸福，而要实现幸福，离不开法治的关切和保障。没有法治做后盾，国家和社会不可能长治久安，权利、利益无法保障，自由、幸福将大打折扣。中国人要过上看得见、摸得着的幸福生活，就必须靠我们全体中国人来共筑法治梦。

那么，法治梦到底应该是个什么梦呢？法治的核心是限权和保民，没有法治的约束，权力就会肆无忌惮，公民就没有基本的人身安全。而要实现这个梦想，就要不折不扣地推行宪政，把权力关进笼子，限制和约束政府的行政权，确保司法独立，实行法律面前一律平等，任何组织、任何个人都不得有超越、凌驾于宪法和法律之上的特权；没有保民的举措，人民就不会热爱祖国、遵守法律。法治梦要着力保障每个人的基本生存权利和发展权利，毫不偏袒地为所有人提供法律保护，让宪法确定的权利得到真正的落实和保障，一旦走到司法程序，每个人都能得到公平对待，每一个案件都能得到公平处理。让每个人不因地位、身份、财产的不同而有不公正的际遇。

如今，中国的司法处在高歌法治与信仰危机并存的时代。一方面，人们为改革开放以来法治建设取得的巨大进步而感到欣慰；另一方面，厌法、弃法、玩法、压法的情形还很突出。进入司法这个职场的法律人，理想与现实的落差，前行道路上的很多挫折、失败或反复，在改变着一些人的方向和追求。当梦想一次又一次被现实嘲笑、讽刺、打击时，一些人已经没有了昔日对法治的希望、梦想和信仰，一些人已经变得失望悲观，甚至妥协、放弃。走到这个节点上，何去何从是对我们梦想的考验，也是我们必须做出的选择。

法治作为一项实践的事业，不能靠幻想，不能停留在书本上的呼喊和宣言。法律的生命在于实施，法治的点滴进步必须靠实际的行动和艰难的推动。如果没有"具体法治"，如果没有永不放弃、永不抛弃的精神，如果没有夸父追日、精卫填海的毅力和担当，法治是不可能自动来临的。

第二节　乡村振兴战略下农村基层治理法治化的发展方向

一、促进国法与民法的良性互动

国家法与民间法不是独立的两种知识系统，两者有共同的基础，是在长期互动和相互影响中逐渐形成的。故而，在乡村振兴战略的大背景下，如何有效促进两者的良性互动乃至融合是未来最重要的前提之一，也是法治化发展方向必不可少的部分。在多元格局的社会秩序中，我们不是受到国家法的约束，就是受到民间法的调整。国家法是普适性知识，调整的是整个社会的行为规范，而民间法是地方性知识，调整的是特定地域、特定群体的行为规范。但地方性知识经过市场经济的融合和城镇化的发展有可能成为通用的规则，而普适性的规则也有可能成为调整特定领域的地方性知识，两者在内容上有一定的重合。传统的乡土社会运用引礼入法、礼法合一等方法将伦理、习惯与国家法统一，实现国家法律的伦理化，并在民间法与国家法相一致的范围内将两者统一于国家的治理；两者的最终价值目标具有一致性，都是公平和正义，不以公平正义为导向的规则注定被历史淘汰。值得一提的是，国家法追求的正义是严格遵照法律和程序的规定，村民所追求的正义是朴素的正义观，以人情、伦理为基础。国家法与民间法在调整对象、具体内容、价值追求方面的一致性是两者实现良性互动的前提和基础。

（一）国家法吸纳、融合民间法

民间法是村民自治的重要依据，是村民在长期的生活中总结出的维持农村生活秩序的行为规范。它不同于国家法制定和遵守的强制性，但民间法又是在国家法的框架下制定，靠国家法的强制力保障实施的，并不能完全独立于国家法。国家法和民间法在乡村和国家治理现代化中的任务和目标是一致的，并在各自的调整领域中发挥着作用。

国家法的制定并不是立法者的凭空捏造，"国家法大多是从民间法、习惯法及惯例中演化而来，这些民间法、习惯法也是法律规则形成的渊源"。

很多的国家制定法都吸纳了民间法，将民间法中最重要的习惯上升为国家法的过程就是民间法融入国家法的过程。

国家法吸纳民间法就是使民间法合法化的过程，《宪法》《村民委员会组织法》等法律、法规对民间法给予认可和支持，赋予民间法必要的发展空间，为民间法作用的发挥提供了法律依据。国家法律、法规对民间法的认可和支持，不仅赋予民间法以正式法律的地位，还明确规定民间法的基本功能，为民间法在社会治理中发挥积极作用提供了法律依据。

（二）国家法引导，重构民间法

从法治进程的角度看，构建统一的法律制度使民间法向国家法转化已成为必然趋势。首先，民间法调整的是熟人社会特有的人际关系，市场经济的快速发展导致人际关系渐趋陌生化和原子化，在与不信任的人交往时，民间法很难发挥作用。法治的现代化是国家法的现代化，而不是民间法的现代化，依法治国依据的也是国家法，市场经济的统一性和国家治理的现代性都会使民间法失去生存的土壤。其次，司法得以运作是靠国家强制力保证实施，依据的是国家统一的法律规则，普通民众对法院的敬畏是出于对国家法的敬畏，这是民间法的任意性不可比拟的。最后，民间法调整的是特定村庄和社区的日常事务，多是婚姻、财产此类民事纠纷，实体内容和操作程序都比较简单，成本低、效率高是民间法的优势。然而，简化的程序可能使民间法失去了程序公正，没有了规范的纠纷解决流程，如此民间法只能处理简单的民事纠纷，难以应对复杂的纠纷处理。

国家法在保护公民基本权利、维持乡村社会秩序及纠纷的解决方面比民间法更能适应现代化的要求。所以，对于乡土社会中客观存在的民间法，予以引导和重新建构是国家法的首要任务。首先，国家法具有适用的强制性和优先性，民间法在某些方面不适应乡村的发展、侵害村民的基本权利，甚至与法律规则相抵触。当两者冲突时，为了保证国家法优先适用，民间法与国家法不一致的内容将直接被抛弃。其次，国家法在立法程序和司法过程中对民间法的吸纳本身就是对民间法的重构和引导，将民间法中与立法和司法精神相一致的内容保留下来，抛弃与之相抵触的一面。最后，随着市场经济的发展和现代观念的深入，民间法地方性的局限显现出来，乡村社会需要国家法的介入来统一交易规则，当事人对国家法的选择增多在一定程度上弱化了民间法的调解场域。

二、理顺权力边界，保障村民自治

法治化是一个动态的、发展的过程，在这个过程中每前进一步都离不开民主这一前提。我国社会主义民主和法制建设已经有了很大成效，社会生产力的发展、人类社会一切先进的民主法制成果的借鉴，使我国走法治化之路成为可能。现行《宪法》和《村民委员会组织法》都规定，村民委员会是基层群众性的组织，村民依法行使自治权是农村社会基层的直接民主，是法治化过程的必然归属之一。

（一）理顺乡镇政府与村委会的关系

政府是法治进程的推动者，乡镇政府是乡村法治进程的推动者。作为国家权力在农村的延伸，乡镇政府对乡村的法治化治理和村民自治都起到了直接的作用。实践中，乡镇政府对村委会的过度干预阻碍了村民自治的实现，理顺两者的关系可以有效限制公权力对乡村的不当渗透，保障村委会作为村民自治组织的独立性。具体而言，理顺乡镇政府与村委会的关系需要明确法律制度的规定。

第一，《村民委员会组织法》第5条明确了乡镇政府与村民委员会之间不是领导与被领导关系，而是指导与被指导的关系，后者要协助前者开展工作。但《村民委员会组织法》对乡镇政府和村委会的关系界定过于抽象，在具体事务的处理上和职责权限上规定不明，因此要细化《村民委员会组织法》。

首先，对乡镇政府的政务和村委会的村务明确界定："政务是国家行政权管理的范围，乡镇政府的政务包括维护乡村社会的治安、国家税收的征集等。村务是村庄内部与村民利益息息相关的各类事务，包括村庄公共道路的修建、村民之间纠纷的调解等。"

其次，明确乡镇政府指导、帮助、支持的具体内涵和界限范围以及村委会的具体权利，明确村委会对乡镇政府协助的范围，避免权限不清引发纠纷。在规定权利的同时要明确两者的法律责任，在《村民委员会组织法》中增加法律责任和法律后果的条款，对乡镇政府干预村务的行为进行处罚，并对村委会违反村民意志，危害村民利益的行为进行制裁，以此来约束村委会，维护村民利益和行使自治权。

第二，期待"村民自治法"和"乡村关系法"的出台。村民自治的法律依据主要是《村民委员会组织法》，《村民委员会组织法》维持着乡村的秩序，实现了乡村的经济、政治发展，对村民自治的实现有着重要作用，但《村民委员会组织法》对乡镇政府与村委会的权限规定过于原则化，操作性不强，尤其是对自治权主体的规定不具体，导致乡镇政府随意干涉村委会的自治权。

首先，"村民自治法"要对村民自治权的主体、村民自治权与基层行政权、党的领导权明确界定，规范自治权的具体内容，严格界定乡镇政府、村委会与基层党组织的界限，保障自治权的实现，为乡村治理的现代化、法治化奠定基础。其次，"乡村关系法"明确多元乡村治理各主体的关系，最重要的是理顺乡镇政府与村委会纷繁复杂的关系，明确两者的权责范围，限制乡镇政府的干预，切实维护村民的利益。

（二）保障村民自治的实现

村民自治制度是历史的必然选择，然而在自治权的实现中，由于乡镇政府等公权力的不当干预，自治权处于有名无实的状态。公权力干预的根本原因在于相关法律制度的不完善，因此完善《村民委员会组织法》等相关法律制度是村民自治实现的保障。另外，村民是自治的主体，在法律的框架内保护村民的公民权是村民自治发展的基础。

第一，村民自治是国家的制度安排，依据是相关法律法规。保障村民自治的实现，完善村民自治的法律制度是关键。

首先，完善《村民委员会组织法》的相关规定。《村民委员会组织法》是村民自治所依据的基本法律，但该法存在较多问题。①对村民自治的内容没有做出全面规定，只对民主选举做了重点规定，对民主决策、民主管理、民主监督方面规定较少，因此应当对这三项做出全面而细致的规定。②对村委会的选举规定过于原则化，如对参加选举的候选人资格只规定了积极条件，而没有资格限制和资格审查，从而无法为选举提供明确的依据和规则，为贿选等选举中的违法现象的发生提供了条件。选举制度是《村委会组织法》规定的重点，也是村民自治的主要形式。完善《村民委员会组织法》，重点在于选举制度，如以列举的方式规定候选人不得参选的条件，这样对候选人的资格审查有了明确的依据，一定程度上也避免了选举中违法现象的发生。

其次，完善其他相关法律制度。①完善《刑法》中关于破坏选举的法律责任，对破坏选举的违法行为加大惩罚的力度并处以最严厉的制裁。②扩大

《中华人民共和国行政诉讼法》中起诉的主体范围，在乡镇政府干预村民自治时，赋予村民起诉的主体资格。③完善乡规民约。乡规民约作为民间法的具体表现形式，对村民自治有着重要的规范作用。乡规民约本身的不规范阻碍了村民自治的运行。具体来说，要保证村规民约内容的合法性、落实的全面性、制定的民主性。

第二，哈贝马斯强调，"在民主国家的利益表达机制中，越是重视公民集体的高度组织化，越有可能造成每一个权利主体地位的缺失，这种对公民民主地位否认所带来的危险，将最终成为国家政权瓦解的导火索。"村民自治实现的核心在于治理主体，治理的权利最终也应是村民所有。虽然村民自治是代表全体村民意志的村委会的民主表达方式，但村民个体在集体组织中发挥的作用更重要。村民自治是全体村民对本村公共事务的管理和集体利益的维护，所以村民自治的主体应该是村民。

村民基本权利的实现就是村民自治制度的实现。保护农民的公民权是实现村民自治和乡村法治的重点。首先，我国乡村逐渐由乡土社会向后乡土社会过渡，由传统社会向现代社会过渡，村民的现代意识和理性意识增强，按照现代社会的权利观念衡量利弊，对自我的身份定位也由"农民"转向"公民"。其次，现代法治在乡村的推进是通过大量的普法宣传和法律下乡活动进行的，在现代法律的不断冲击之下，村民的法律意识和权利意识增强，逐渐建立起在法律信仰上的公民身份意识，并且市场经济的发展带动了村民的流动，他们将这种身份意识和权利意识带离乡村之外的世界，促进全社会公民意识的觉醒。正如夏勇所说，"村民的公民意识和公民身份应通过现代法律建立，在法律框架内的权利体系建构的基础上，形成普遍的权利意识，由此形成国家范围内的公民身份和公民意识。"最后，在我国城乡二元结构之下，乡村社会的人本身就具有两种身份——"农民"和"公民"，根据双重身份建立了双重的价值观念和角色期待。围绕着城乡二元结构建立的配套的户籍制度和福利制度也增强了村民的权利义务观念。

三、重塑司法权威与保障司法资源供给

乡村治理法治化包括基层司法的法治化，基层法院和基层法官是乡土社会法律的传递者，塑造基层法官的法治权威是实现法治乡村的必要条件。然而基层法官的法治权威却由于种种原因而缺失，司法资源的供给也不充足，因此重塑基层法官的法治权威、保障司法资源供给必不可少。

（一）重塑基层法官的法治权威

基层法官的地方化、行政化弱化了基层法官的法治权威，这是由我国当前的司法体制决定的。法官在这种体制之下，承担了多元的角色：传递法律规则的"法律人"、行政体制下的"行政人"、乡土社会中的"社会人"。基层法官在传递和确认法律与解决纠纷之间徘徊，在法律规则的运用与地方知识的运用之间取舍，由此带来的是对法律适用的弱化和对法治权威的漠视。在重塑法治权威的过程中，基层法官必须明白基层司法的司法性质，将基层司法与行政事务区别开来，将法律与"地方性知识"区别开来。

同时，基层法官要明确司法治理的内涵。苏力教授在十年前提出的我国法治建设的现代化方案指出，治理的法治化是国家治理的目标，也是乡村治理的目标，法治是治理所要达到的最终目的，而治理是法治的手段和过程。从这一角度看，治理和法治所追求的目标是一致的，可以说在某种程度上治理即法治。但仔细分析不难得出，"治理"一词虽在演变中具有了民主色彩，但本意是国家或政府的管理活动，政治色彩较浓厚；法治意味着用法治理，把法律作为治理的手段，体现了法律至上的精神。对基层司法的现状进行分析，不难得出基层法官在司法活动中多是将带有政治色彩的"治理"作为司法手段，而不是将其作为规则导向和目标意识。因此，基层法官需要理解司法治理的深刻内涵，弱化带有行政色彩的治理性，回归司法治理的本质。基层司法作为乡村社会治理的方式之一，具有明显的治理性作用，但需要明确的是这种治理应该是司法所追求的目标效果，而非司法运作过程中的具体手段或方式，否则就会落入司法行政化的困局，丧失司法原本的性质与功能。

（二）保障基层司法资源的供给

司法资源包括机构的配置、人员的保障等多方面，司法资源的充足是保证司法良好运作的支撑。由于城乡资源配置不均，基层司法资源处在供给不足的状态，基层司法资源供给不足表现在基层司法资源的短缺和司法的介入与乡村的需要不能完全匹配。

首先，对于基层司法资源存在现实的短缺，增加乡镇司法所的数量，使机构配置满足村民的实际需求，提高基层司法人员的专业素质，适应农民逐渐增强的法律意识；有计划地调整城乡的二元结构，将乡村的法治建设也纳入我国法治建设的重心。

其次，基层司法资源的供给不能适应农村的具体需求。换句话说，司法作为现代的纠纷解决机制与乡村固有的运用民间法解决纠纷的机制格格不入。法治乡村在推进过程中并没有导致乡村社会的人际交往和社会秩序发生本质的变化。民间法等非正式法律制度在村民解决纠纷、处理事务中仍发挥着作用。

在"法律下乡"的浪潮下，乡村社会在礼治乡村向法治乡村的道路上迈进。换句话说，乡村社会的法律秩序在很大程度上是一个国家法与民间法、正式制度与非正式制度、传统文化与现代观念良性互动，同时可能存在着冲突与矛盾的多元混合体。因此，在基层司法的过程中，发挥民间法在审判和调解中的作用，将民间法与国家法有机结合，是完善基层司法资源供给的必要条件。

因此，为了达到民间法与国家法在基层司法中的平衡，使司法效果与村民的心理预期不至于相差太大，可以在具体案件中选择使用，前提是使用的民间法不能与国家的内容相冲突，不能损害公民的基本权利，逐渐把法律逻辑与人们的生活逻辑相结合，把依法办事的观念与解决具体问题相结合。

发挥民间法在司法审判中的作用，并不意味着民间法将取代国家法作为正式法律制度在司法中的地位，更不意味着动摇基层法官的法治权威。法治化是现代化不可逆转的方向，乡村治理的法治化需要正式法律制度做基础，基层法官也要明确正式法律与地方性知识的区别，在将民间法引入司法的过程中，防止民间法主导审判思维，弱化正式法律制度的权威。

参考文献

[1] 桂华 . 社会组织参与农村基层治理研究 [M]. 武汉 : 华中科技大学出版社 , 2019.

[2] 李长健 . 中国农村社区治理与法治化前沿 [M]. 武汉 : 湖北人民出版社 , 2016.

[3] 章志远 , 张伟 , 黄雪元 . 基层社会治理法治化的杨舍实践 [M]. 苏州 : 苏州大学出版社 , 2016.

[4] 林化宾 . 社会管理法治化理论与实践 [M]. 北京 : 上海社会科学院出版社 , 2012.

[5] 刘恒 , 徐武 . 基层治理法治化与法律风险管理 [M]. 北京 : 中国法制出版社 , 2018.

[6] 周铁涛 . 走向法治化的乡村治理 [M]. 北京 : 中共中央党校出版社 , 2015.

[7] 张帆 . 多民族地区社会治理法治化建设研究——以贵州省为考察中心 [M]. 北京 : 法律出版社 , 2016.

[8] 易凤兰 , 姚锐敏 . 和谐社会视角下乡镇政府行政法治化问题研究 [M]. 北京 : 中国社会科学出版社 , 2014.

[9] 唐晓腾 . 基层民主选举与农村社会重构——转型期中国乡村治理的实证研究 [M]. 北京 : 社会科学文献出版社 , 2007.

[10] 邱春林 . 中国共产党农村治理能力现代化研究 [M]. 济南 : 山东人民出版社 , 2017.

[11] 桂家友 . 边缘化郊区到现代化城区 : 以浦东基层社会治理探索为视角 [M]. 上海 : 上海人民出版社 , 2016.

[12] 魏礼群 . 创新社会治理案例选 [M]. 北京 : 中国言实出版社 , 2017.

[13] 本书编委会 . 农村基层干部工作手册 [M]. 北京 : 党建读物出版社 , 2015.

[14] 饶旭鹏，陈东．新农村建设与农村社会治理创新 [M]．兰州：甘肃文化出版社，2015．

[15] 曾文．农村社会治理新理念研究 [M]．北京：光明日报出版社，2017．

[16] 傅建林．创新社会治理全面加强基层基础建设 80 例 [M]．宁波：宁波出版社，2016．

[17] 张谦元．推进法治甘肃建设研究 [M]．兰州：甘肃文化出版社，2016．

[18] 北京大学，国家行政学院，MPA 联合教育指导委员会办公室．政府治理体系与治理能力现代化研究 [M]．北京：国家行政学院出版社，2015．

[19] 刘子富．新社会治理观 [M]．北京：新华出版社，2016．

[20] 汪习根，申来津，廖奕．发展、人权与法治研究 [M]．武汉：武汉大学出版社，2014．

[21] 《国土资源工作改革创新与法治国土建设实务》编委会．国土资源工作改革创新与法治国土建设实务 [M]．北京：经济日报出版社，2017．

[22] 国务院发展研究中心公共管理与人力资源研究所"我国社会治理创新发展研究"课题组．我国社会治理的制度与实践创新 [M]．北京：中国发展出版社，2018．

[23] 温铁军，周谊，卢祥之．农村基层干部政策指南 [M]．长沙：湖南科学技术出版社，2007．

[24] 程彬．基层民主协商制度研究 [M]．上海：上海人民出版社，2015．

[25] 蔺丰奇．地方政府治理问题研究——基于公共治理的视角 [M]．石家庄：河北科学技术出版社，2015．

[26] 王伟．村基层组织人员职务犯罪研究 [M]．武汉：武汉大学出版社，2016．

[27] 阳娟，李树生．农地流转下的乡村治理研究 [M]．北京：北京理工大学出版社，2016．

[28] 北京市依法治市领导小组办公室，北京市司法局．法治北京 [M]．北京：海洋出版社，2006．

[29] 上海市社会治安综合治理委员会办公室，上海市法学会社会治安综合治理研究会组．创新社会治理　深化平安上海建设 [M]．上海：上海社会科学院出版社，2016．

[30] 蒋旭峰．农村社区化服务体系创新研究——基于传播学的视角 [M]．杭州：浙

江大学出版社 , 2017.

[31]　靳连芳 . 农村基层党支部工作手册 [M]. 北京 : 中国法制出版社 , 2010.

[32]　上海市依法治市领导小组办公室 . 上海依法治市 2010 实践探索与理论研讨 [M]. 上海 : 上海社会科学院出版社 , 2011.

[33]　尚培林 , 胡澜 . 凉山彝区农村社会问题研究 [M]. 成都 : 四川大学出版社 , 2017.

[34]　夏周青 . 治道变革与基层社会矛盾化解 [M]. 北京 : 国家行政学院出版社 , 2014.

[35]　郭光磊 . 北京市农民增收和乡村治理问题研究 [M]. 北京 : 中国言实出版社 , 2016.

[36]　赵树凯 . 乡镇治理与政府制度化 [M]. 北京 : 商务印书馆 , 2010.

[37]　刘艳军 , 刘晓青 . 基于传统家训文化视角的现代乡村治理与农民社会主义核心价值观培育研究 [M]. 北京 : 光明日报出版社 , 2016.

[38]　齐文远 . 新农村建设中的法治建构 [M]. 武汉 : 湖北人民出版社 , 2007.

[39]　江东洲 . 法治广西 村警故事 与广西 350 名优秀村警面对面 2015[M]. 南宁 : 广西人民出版社 , 2016.

[40]　任钢建 . 欠发达地区社会治理创新理论与实践 [M]. 北京 : 知识产权出版社 , 2016.

[41]　刘尚高 , 赵萍 . 北京市海淀区新型城镇化发展研究 [M]. 北京 : 现代出版社 , 2016.

[42]　姜彦君 . 历史性突破 : 浙江法治建设的价值探索 [M]. 杭州 : 浙江大学出版社 , 2008.

[43]　王泽厚 , 田建军 . 农村政策法规 [M]. 济南 : 山东人民出版社 , 2016.

[44]　上海市社会科学界联合会 . 全面深化改革与现代国家治理 [M]. 上海 : 上海人民出版社 , 2014.

[45]　浙江省人事厅 . "法治浙江" 与和谐社会建设 [M]. 杭州 : 浙江人民出版社 , 2008.

[46]　黄松涛 . 加强社会主义民主法治建设理论探究（上）[M]. 北京 : 经济日报出版社 , 2016.

[47]　殷昭举 . 创新社会治理机制 [M]. 广州 : 广东人民出版社 , 2011.

[48] 丁国民.法治"三农"[M].北京:知识产权出版社,2007.

[49] 李红梅.新型城镇化进程中新农村生态文明建设研究[M].武汉:中国地质大学出版社,2015.

[50] 李劲民.山西农村集体产权制度改革研究[M].北京:中国社会出版社,2016.

[51] 郭燕平,贾桂梓.张友渔法学思想与灵石县法治建设[M].北京:中国社会出版社,2008.

[52] 魏永忠,张福松,孙穆群.农村社会安全应急管理[M].北京:群众出版社,2014.

[53] 马玉祥.西部生态环境与法治[M].兰州:甘肃文化出版社,2010.

[54] 花明,陈润羊,华启和.新农村建设:环境保护的挑战与对策[M].北京:中国环境科学出版社,2014.

[55] 刘金国,蒋立山.中国社会转型与法律治理[M].北京:中国法制出版社,2007.

[56] 中国战略与管理研究会.战略与管理——农村土地制度改革[M].海口:海南出版社,2015.

[57] 周文斌.现代化进程中的中国农村可持续发展[M].长沙:湖南人民出版社,2003.

[58] 焦守田.北京农村年鉴2006[M].北京:中国农业出版社,2006.

[59] 史云贵.中国现代国家构建进程中的社会治理研究[M].上海:上海人民出版社,2010.

[60] 董礼胜.村委会选举中的贿选及其治理研究[M].北京:中国社会出版社,2005.